GESTÃO COMO
DOENÇA SOCIAL

VINCENT DE GAULEJAC

GESTÃO COMO DOENÇA SOCIAL

Ideologia, poder gerencialista
e fragmentação social

DIREÇÃO EDITORIAL:
Carlos da Silva
Marcelo C. Araújo

CONSELHO EDITORIAL:
Avelino Grassi
Márcio F. dos Anjos
Roberto Girola

TRADUÇÃO:
Ivo Storniolo

COORDENAÇÃO EDITORIAL:
Denílson Luís dos Santos Moreira

REVISÃO TÉCNICA:
Pedro F. Bendassolli

COPIDESQUE:
Mônica Reis

REVISÃO:
Ana Lúcia de Castro Leite

DIAGRAMAÇÃO:
Juliano de Sousa Cervelin

CAPA:
Antônio Carlos Ventura

TÍTULO ORIGINAL: *La Société Malade de la Gestion: Idéologie Gestionnaire, Pouvoir Managérial et Harcèlement Social*
© EDITIONS DU SEUIL, 2005
ISBN 2-02-068912-X

Todos os direitos em língua portuguesa, para o Brasil,
reservados à Editora Ideias & Letras, 2021

9ª impressão

Avenida São Gabriel , 495
Conjunto 42 - 4º andar
Jardim Paulista – São Paulo/SP
Cep: 01435-001
Editorial: (11) 3862-4831
Televendas: 0800 777 6004
vendas@ideiaseletras.com.br
www.ideiaseletras.com.br

Dados Internacionais de Catalogação na Publicação (CIP)
(Câmara Brasileira do Livro, SP, Brasil)

Gestão como doença social: ideologia, poder gerencialista e fragmentação social / Vincent de Gaulejac; [tradução Ivo Storniolo] – Aparecida-SP: Ideias & Letras, 2007. (Coleção Management, 4)

Título original: *La Société Malade de la Gestion: Idéologie Gestionnaire, Pouvoir Managérial et Harcèlement Social*
Bibliografia
ISBN 978-85-98239-97-2

1. Administração – Aspectos psicológicos 2. Administração – Aspectos sociais 3. Administração industrial 4. Cultura corporativa 5. Economia gerencial 6. Poder (Ciências sociais) 7. Sociologia organizacional I. Título. II Série.

07-8759   CDD-658.001

Índice para catálogo sistemático:

1. Gestão social: Administração 658.001

A Eustache

Índice

Prefácio de Pedro F. Bendassolli 11
Introdução 27

PRIMEIRA PARTE

Poder e ideologia gerencialistas – 39

Capítulo 1 – *O gerenciamento,*
 entre o capital e o trabalho 43
 A obsessão pela rentabilidade financeira 44
 A abstração do capital e do poder 49
 O gerenciamento a serviço do capital? 51
 A dominação das multinacionais 56
 Liberdade para o capital,
  desregulamentação para o trabalho 60

Capítulo 2 – *Os fundamentos da ideologia gerencialista* ... 67
 Gestão e ideologia 68
 Compreender é medir 71
 A organização é um dado 74
 O reino da *expertise* 75
 A reflexão a serviço da eficácia 77
 O humano é um recurso da empresa 79

Capítulo 3 – O gerenciamento, a qualidade
e a insignificância 85
Os "conceitos-chave" da qualidade 86
O discurso da insignificância 93
A "não prescrição" normalizadora 95
A quantofrenia ou a doença da medida 98
A qualidade, uma figura
do poder gerencialista 101
A falsa neutralidade dos instrumentos
de gestão 104
Resistências e desilusões 106

Capítulo 4 – As características
do poder gerencialista 111
Do poder disciplinar ao poder gerencialista 112
A adesão a um universo paradoxal 119
Um sentimento de onipotência
que torna impotente 122
Uma submissão livremente consentida 126

Capítulo 5 – A moral dos negócios 129
O capitalismo perdeu sua ética 130
A "ética" de resultados 133
Os "negócios" e a moral 136
Business is war! 141

SEGUNDA PARTE

Por que a gestão provoca doença? – 147

Capítulo 6 – Não sabemos mais a qual
sentido nos consagrar 151
"Era a única decisão que fazia sentido" 152
O sentido do trabalho é posto em suspenso 154

Entre o *nonsense* e o insensato 158
O indivíduo abandonado a si mesmo 161

Capítulo 7 – *O poder e o dinheiro* 165
O sucesso, um valor pervertido 166
"Quero ser número um" 170
O dinheiro entre a necessidade e o desejo 174
A corrida para o sempre mais 177

Capítulo 8 – *A gestão de si mesmo* 181
O capital humano 182
O gerenciamento familiar 184
A contabilidade existencial 188
A realização de si mesmo 190

Capítulo 9 – *A parte maldita do desempenho* 195
As duas faces da gestão de desempenho 196
Managing in a High Performance Culture 200
"Somos muitos, custamos
   demasiadamente caro" 203
A degradação das condições de trabalho 207
As violências inocentes 211

**Capítulo 10 – *Uma sociedade de indivíduos
   sob pressão*** 217
A pressão do sempre mais e a ameaça
   de perder o lugar 218
As novas patologias do trabalho 221
O estresse, estímulo ou doença? 224
Assédio moral ou moral do assédio? 227
Uma violenta busca de reconhecimento 230
A externalização dos custos psíquicos
   e sociais do trabalho 234
Parada ao produtivismo e ao
   ativismo desenfreado 237

Capítulo 11 – Explosão das classes sociais
e luta pelos lugares 245
O risco de perder o lugar 246
Uma sociedade de desintegração 248
A explosão da classe operária 250
A explosão da burguesia 254
Uma nova classe dominante? 257
A explosão das classes não é o fim
das desigualdades 260

Capítulo 12 – A política contaminada pela gestão .. 265
O primado do econômico sobre o político 266
A educação a serviço da economia 269
A ditadura da cifra 271
A ideologia gerencialista mata a política 278
O cidadão-cliente 280
Perda de credibilidade e impotência 282
A construção de um mundo comum 285

Capítulo 13 – A ligação vale mais que o bem 289
Uma gestão mais humana dos recursos 290
Do indivíduo-recurso ao indivíduo-sujeito 293
Dar novamente sentido à ação 297
Encontrar de novo a alegria de dar em público ...301
Da sociedade de mercado à economia solidária ...304

Conclusão 311

Referências bibliográficas 319

Anexo 1 331

Anexo 2 335

Prefácio

O mal-estar na sociedade de gestão e a tentativa de gestão do mal-estar

Pedro F. Bendassolli (FGV)

Em um condomínio fechado de classe média, típico conclave pós-moderno em que profissionais liberais fazem confluir suas reservas financeiras na busca de segurança, educação profissional dos filhos e uma vida higienicamente controlada, estoura uma revolução. Advogados, publicitários, médicos, arquitetos e professores universitários são enlevados por um líder que defende bandeiras "contra a sociedade". No centro da reivindicação, a liberdade da classe média, soterrada mais e mais pelo alto valor das hipotecas de suas casas, das mensalidades escolares, das taxas de estacionamento — em frente à própria casa! — e do valor das prestações do automóvel. Denominados de o "novo proletário" do século XXI, a classe média põe-se à luta.

Em *Terroristas do milênio* (Companhia das Letras, 2005), o ficcionista inglês J. G. Ballard (autor, entre outros, de *Cocaine Nights*, Flamingo, 1997, e *Super-Cannes*, Flamingo, 2000) mostra uma verdadeira, e surpreendente, inversão da imagem comum que temos das classes sociais. Pelo legado marxista, temos conhecimento de que lutas de classe envolvem, ou envolviam, como atores, uma parcela ínfima de pequenos burgueses endinheirados — os chamados capitalistas, detentores dos meios de produção — de um lado, e uma grande massa de despossuídos, ou semidespossuídos, de outro — denominados de o proletário. No centro desse embate clássico a luta por melhores condições de trabalho, moradia, alimentação e coisas do gênero. Do ponto de vista ideológico, tais lutas tinham ainda como corolário a abolição das contradições entre capital e trabalho.

Mas não se trata aqui desse gênero de revolução. Ballard descreve um outro tipo de ator revolucionário — precisamente a classe média. Nessa obra ficcional, o autor, creio eu, já consagrado pela habilidade irônica e provocante de descrever os hábitos deste que chama de o novo *lumpen*, aborda a temática da falta de sentido, da futilidade consumista e rasa com que esta classe — ou seria subclasse? — vem tendo de conviver.

O tédio, a falta de propósito para a vida que não a troca do *laptop* ou do microondas, na ficção por ele descrita, dá lugar a um motim que envolve desde a queima de carros *Volvo* e *BMW* até atos terroristas na paisagem londrina — explosão de bomba em aeroporto, queima de casas no condomínio, explosão de uma vídeo-locadora, repleta de filmes norte-americanos, o assassinato de uma atriz famosa e outros atos terroristas do gênero. Atos terroristas cometidos, não por muçulmanos seguidores de um Bin Laden, mas por profissionais até então bem-comportados. A passagem abaixo, que compõe um diálogo do mentor-revolucionário da trama, Dr. Richard Gould, desnuda o universo psicológico e, principalmente, moral desta classe. Seu interlocutor, o psicólogo David Markham, personagem em franca crise existencial e motor da narrativa.

"'E não gostamos de nós, por isso. Eu não gosto, e você também não, David.' Gould me observava enquanto eu me virava para abrir a torneira da pia lotada.

'As pessoas não gostam mais de si, hoje em dia. Somos uma classe rentista que sobrou do século passado. Toleramos tudo, mas sabemos que os valores liberais se destinam a perpetuar nossa passividade. Achamos que acreditamos em Deus, mas os mistérios da vida e da morte nos aterrorizam. Somos profundamente autocentrados, mas não conseguimos lidar com a ideia de nossas individualidades finitas. Cremos no progresso e no poder da razão, mas vivemos assombrados pelos lados mais obscuros da natureza humana. Estamos obcecados pelo sexo, mas tememos a imaginação sexual e precisamos de tabus aos montes para nos proteger. Acreditamos na igualdade, mas odiamos as classes inferiores. Tememos nossos corpos e, acima de tudo, temos medo da morte. Somos um acidente da natureza, mas acreditamos ocupar o centro do Universo. Estamos a poucos passos do esquecimento, mas esperamos ser, de algum modo, imortais...'" (pp. 157-158).

Para escapar desse vazio ontológico, dessa planificação subjetiva, a recomendação do Dr. Gould é: pequenos gestos terroristas que quebrem o pacto de normalidade, "discretas" passagens-ao-ato que friccionem a vida pequeno-burguesa, pretensamente feliz (mas altamente tutelada e vulgar) em que a maioria dos quase-afluentes vive.

A sociedade da gestão

Em flagrante oposição, e distante 47 anos de *Terroristas do milênio*, a obra clássica de Wrigth Mills, *White Collar* (Galaxy Book, 1956), registrava a emergência e temperatura da então nova classe média norte-americana, que ficou conhecida como a dos *white collars*. A emergência dessa classe, na brilhante caracterização de Mills, era decorrente de um fenômeno sem precedentes na história daquele país: a regressão da base de pequenos proprietários que compunham a matriz da economia e do capitalismo norte-americanos no século XIX. A antiga classe média, substituída pelos *white collars*, era formada por pequenos agricultores independentes e pequenos homens de negócio. A característica comum de ambos era o fato de serem donos do próprio meio de subsistência — a terra, a pequena empresa. Havia sido essa sociedade de pequenos empresários a criadora das aspirações e mitos da classe média norte-americana, como a aspiração de construir uma sociedade de homens livres e independentes, que competiriam com base em regras meritocráticas, e que zelariam pela formação de um caráter diligente e pelo valor atribuído ao trabalho árduo e contínuo.

A principal consequência da reestruturação econômica na estrutura de propriedade dos Estados Unidos foi a conversão da sociedade, ou de grande parte dela, em uma sociedade de empresa. Os antigos proprietários perderam suas posses e, em compensação, tinham de passar a trabalhar para uma grande corporação — as quais cresciam na época, juntamente com a espiral tecnológica. Era vetada ao indivíduo a condução de uma vida independente. Como resultado desta "assalarização" da sociedade, uma nova ideologia, uma nova imagem, em suma, uma nova moral estaria, pouco a pouco, substituindo o espírito empreendedor dos primeiros norte-americanos.

Para Mills, alguns dos principais componentes dessa nova moral era o conformismo, a passividade, a docilidade e o sonho de "conquistar o primeiro emprego" ou de manter o atual. Aos poucos, constituía-se uma nova elite de gestores, profissionais liberais e técnicos devotados à grande empresa ou então de algum modo orbitando, dependente e vassalamente, em torno dela. A empresa, e suas necessidades, começam a ditar as prioridades, os valores e as imagens ideais da nova subjetividade da classe média. E ancorada em uma dupla raiz: na dependência econômica dos indivíduos e, mais revelador, em sua dependência psíquica e social (empresa: lugar de pertencimento e espaço de convívio). Estavam lançadas as bases da sociedade da gestão, que, no decorrer do último século, nomeadamente, nos últimos cinquenta anos, veio sendo incrementada ideologicamente a partir das inumeráveis engenharias gestionárias encapsuladas nas teorias, ondas e modismos gerenciais. A sociedade gerencial nada mais é do que um sistema que tem, no centro, o universo econômico, social e cultural ditado pela empresa. Ocorre que, nestas últimas décadas, esta sociedade e seu aparato ideológico transformaram-se novamente, bem como sua constelação de valores, ao menos do modo como descrita por Mills. Talvez hoje, nos grandes centros, esta "nova" classe (pós-moderna...) possa ser melhor vislumbrada pelo tipo de descrição que lhe dão autores como Ballard.

A natureza do mal-estar

Não há dúvida de que o núcleo duro da classe média dos *white collars*, do ponto de vista ideológico, era a ética do trabalho. De acordo com seu maior investigador, Max Weber, tal ética foi forjada a partir do corpo de valores espirituais do protestantismo, particularmente na vertente elaborada por Calvino. Secularizados, esses valores logo mais converteram-se no ascetismo leigo que esteve, segundo Weber, na origem do homem econômico – e este, por sua vez, na origem do capitalismo.

Autodisciplina e autonegação, tendo em vista as gerações futuras, compunham um complexo de comportamentos coerentes com a acumulação de capital e com o trabalho duro. Com a transformação da classe média pelas novas forças econômicas e sociais na segunda metade do século XIX, este berço ético foi sendo substituído, primeiro pelo consumo e, segundo, pela perda de importância de que foi alvo o trabalho nesse período. A crença de que, com diligência e disciplina, negando os próprios desejos, se poderia enriquecer foi pouco a pouco perdendo o sentido no âmbito da "nova" classe média. Sabe-se hoje que a linha reta e segura do progresso pessoal depende de variáveis que escapam do controle do sujeito.

O vazio deixado pela crise da ética do trabalho foi preenchido de diversas maneiras, mas provavelmente todas incompletas. A primeira, como mencionado, foi o consumo. O trabalho, ao deixar de ser um fim em si mesmo, torna-se um meio para a aquisição de mercadorias. Trabalha-se para consumir, nem que seja a própria identidade. A segunda, por pequenos projetos burgueses, eles próprios com tradição mais ampla, como o amor romântico e suas adjacências. Em outras palavras, os temas ligados à vida privada, como sexo e parceiro amoroso são reabsorvidos na atualidade no momento em que o trabalho não é mais a única porta de esperança para a felicidade. Em terceiro lugar, pelos temas de interesse narcísico — afora o sexo e o amor —, como o que alguns autores chamam de "estetização" da existência: a busca da identidade, novo fervor espiritual, o lazer e o entretenimento.

Mesmo desconsideradas as idealizações de que o passado é frequentemente vítima, o fato é que a ética tradicional do trabalho permitia, ao menos para os integrados ao sistema, uma narrativa coerente, não só de si como também do relacionamento com as outras pessoas, as instituições e o próprio país. Ao valorizar o trabalho, mesmo a grande empresa, a ideologia da sociedade da gestão tradicional permitia um arranjo de posições e de expectativas. Na ausência de narrativas como essa, a necessidade de reinvenção torna-se permanente — reinvenção do próprio trabalho, das tarefas, dos relacionamentos, dos vínculos, da sexualidade etc.

O mal-estar, podemos hipotetizar, tem a ver com um problema de pacto civilizacional. Freud, em *O mal-estar na civilização*, aborda o modo como as forças civilizacionais impõem "justificativas aceitáveis" para a renúncia das pulsões. Quando tais forças estão em equilíbrio relativo, exigem renúncias que, de um modo ou de outro, são "compensadas" por pequenas gratificações, pequenos ganhos. A renúncia ao consumo imediato das classes médias tradicionais — ou dos indivíduos que a compunham — era compensada com a certeza de um futuro promissor, senão para si, para os filhos pelo menos. O trabalho duro de hoje seria recompensado por uma consciência satisfeita consigo mesma pelo cumprimento do dever; o indivíduo seria "dignificado".

Na ausência desses marcos, o indivíduo não tem mais "dívidas" com a civilização; isto é, não lhe precisa prestar contas, tampouco ela o exige. Consequência: liberdade, sim, mas muito relativa – ou então a um altíssimo preço –; mas o que mais se observa, ao contrário, é desorientação. Na fragilidade do pacto, o indivíduo é entregue a si mesmo e a seu fluxo pulsional. Na ausência de "outros" (de uma ética, no caso aqui descrito), a promessa de infinitude, para os desejos, para as conquistas e... para os fracassos. O mal-estar de hoje, seja ou não na sociedade de gestão, é um sinal de que o pacto civilizacional, nesse sentido psicanalítico, vem sendo rompido.

Sequer as "ferramentas" gerenciais podem lidar com isso perfeitamente. Na ausência de um trabalho com orientação ética — no sentido de pacto —, o indivíduo tem de reinventar. Na ausência de autoridade clara, no caso, no próprio ambiente de trabalho, o indivíduo tem de descobrir os sinais que lhe dão visibilidade de sobre como está indo. O cenário é duplamente ameaçador como também positivo, afinal, talvez ninguém julgasse um indivíduo de classe média, tal como descrita por Mills, como o ideal moral — e, sobretudo, sensual... — que desejaria para si.

Obviamente, tais ferramentais gerenciais, em novos tempos — os nossos — preferem, de forma tão otimista quanto charlatã e cínica muitas vezes, realçar os aspectos exageradamente positivos da Era do Vazio, na sugestiva denominação de Gilles Lipovetsky.

A gestão do mal-estar em terra de empresa

Considere o ambiente de uma ou outra corporação denominada de simbolismo intensivo (que apela com frequência para conteúdos simbólicos da gestão do vínculo indivíduo-organização), ou então, especialmente, um programa com algum "guru" de gestão do momento. É impressionante a galvanização que se consegue com o público, cada vez mais fascinado pelas acrobacias do que por conteúdo. Pois "conteúdo" oscila para o lado da "teoria" e o "mundo dos negócios", é afirmado, orienta-se pela "prática" — aliás, Saint-Simon já alardeava tal perspectiva no século XIX! É provável, inclusive, que o humor, que subitamente invadiu as salas de aula, em escolas ou empresas, seja corolário de um esvaziamento das grandes narrativas, como a do próprio conhecimento (como manejo de conteúdos simbólicos com relativa autonomia por parte do indivíduo), ou de modalidades de cultura "reflexiva".

Além deste humor alegre e descontraído, vejamos outras três peculiaridades e estratégias da gestão — sobretudo de pessoas – na atualidade para se lidar com o mal-estar. Primeira, um discurso que busca, menos atingir o "superego" das pessoas, como ocorria na ética do trabalho, do que seu "id" — nome dado por Freud àquela instância, dentro de nós, que simboliza a fruição e o prazer imediato — ao contrário do superego, que é o responsável pelo zelo da lei. Esse discurso da gestão, flutuando no ar rarefeito dos valores da classe média tradicional (novamente, na designação de Mills), incita o sucesso fácil, o ganho imediato e a esperteza dos melhores. E com um fundo genuinamente de autoajuda, em estilo de Samuel Smiles, já em 1859, tido por "pai da autoajuda" em terra de empresa. Curiosamente, na fraqueza da ética do trabalho, as pessoas receiam poder "subir na vida" — mas para onde? — tão rápido quanto um gesto frenético na bolsa de valores. E evidências não faltam para, um caso em um milhão, comprovar a existência dessa porta que foi aberta pela nova economia. Então, o discurso gerencial é um discurso do princípio do prazer.

Segunda, ferramentas de gestão que se valem da mobilização do que, em psicanálise, é chamado de eu ideal. Trata-se, para simplificar ao máximo, daquilo que temos de alcançar de qualquer modo para nos sentirmos completos, realizados. A dinâmica do eu ideal é uma de verve compulsória: não existe alternativa, não existe "plano B" em relação a ele: ou o indivíduo o conquista, ou está fadado à angústia da falta, do vazio, do "faço de tudo, tenho de tudo, mas ainda continuo me sentindo vazio". Como se engendra essa dinâmica do eu ideal? Entre outras estratégias, pela *promessa*. Pela promessa de que, se você tiver determinada coisa, se você for determinada pessoa (ou, o que quase dá no mesmo, se você for *como* certa pessoa — um grande empreendedor, um grande empresário etc.), você estará realizado. O *ethos da promessa*, sedutor e cativante contribui para que, em momento de incertezas — como, aliás, quase sempre houve na história da humanidade — o indivíduo consiga reorganizar, ou organizar, seus desejos. Neste livro, Gaulejac propõe esta característica do contrato simbólico com a organização como regido por uma ótica narcísea — precisamente uma transação em que a organização *promete* compartilhar com o indivíduo *seu* sucesso.

Terceira, no universo da gestão de pessoas há a necessidade contínua de se manejar um importante paradoxo: o da autonomia *versus* dependência. No mesmo ano em que houve a publicação do *White Collar*, de Mills, outra obra tornou-se clássica no que concerne ao estudo das transformações na ética do trabalho diante das novas demandas da sociedade industrial. Trata-se do livro *The Organization Man*, de William Whyte (1956). Nele, o autor discute tese semelhante à de Mills, de que o espírito empreendedor que inspirou os momentos épicos do capitalismo estava sendo substituído por um humor conservador, materializado na busca pelo emprego. Os jovens de então preferiam compartilhar a premissa de que os objetivos da organização eram os mesmos que os seus — do mesmo modo que a sua moral se confundia com a da organização. Esta última, para Whyte, ocupava então a vaga deixada em aberto pela ética tradicional. Whyte denuncia, na verdade, a diluição do indivíduo no grupo, no âmbito do que denomina de "ética social" emergente.

Cinquenta anos depois, a natureza do vínculo indivíduo-organização apresenta diferentes matizes. De um lado, a crescente individualização da sociedade nesse período reforça a necessidade de autonomia e impele os indivíduos a pensarem-se como tal, com desejos, expectativas e gostos destacados. Gostos, inclusive, referentes à carreira, progressão na empresa e estilo de trabalho. De outro lado, não é menos verdade que as empresas, como instituições, assistiram a uma ampliação de seu poder ao redor de todo o mundo. O reposicionamento do Estado e o declínio das formas republicanas de gestão da cidadania (do estatuto da pessoa na coletividade), com o progressivo domínio do vocabulário econômico fazem com que temas importantes da convivência coletiva sejam tratados a partir da linguagem da empresa.

Dentro das organizações a realidade não é diferente — aí também podemos observar o paradoxo da autonomia *versus* dependência. Ao mesmo tempo em que as práticas de gestão incentivam o individualismo, sobretudo na forma de competição e diferenciação por desempenho, também são levados em conta, e cada vez mais insistentemente, ao menos no discurso, a participação em grupo. Afirma-se hoje que o "ideal" é a combinação satisfatória entre cooperação e competição. Mesmo assim, a constatação de Whyte talvez não esteja muito longe do que presenciamos hoje no contexto organizacional, sobretudo no Brasil (sociedade considerada como "coletivista"): o predomínio do grupo sobre o indivíduo — entenda-se aqui o predomínio do *gueto* organizacional sobre o indivíduo.

Primeiro sinal dessa força do grupo sobre o indivíduo é a importância do pertencimento à empresa, ou seja, àquele dado coletivo. Pertencer não significa apenas um vínculo formal de trabalho, mas uma identidade de empréstimo. Em uma época em que se celebra a glorificação do indivíduo autônomo, não é desprezível a hipótese de que este mesmo indivíduo continue sob regimes tutelares. Neste caso, um regime tutelar simbólico, passar por uma empresa — e dependendo de sua *logomarca* — possibilita tomar para si parte do *status* desta. Apesar de o discurso oficial corrente defender a criação de uma *marca própria*, o que alguns autores chamam de *Indivíduo S.a.*, é inegável a discrepância entre o poder deste último e o da marca da empresa. O mal-estar decorrente da falência das éticas de trabalho tradicionais é, dessa forma, em parte saldado pelo apoio simbólico-institucional da empresa, mesmo que esta brinde o indivíduo com relativa liberdade de movimentos.

Sendo assim, fica difícil saber se um indivíduo que, preocupado com a sua própria "desatualização", faz um curso de especialização, pós-graduação ou de reciclagem está se fortalecendo com relação à empresa ou se, pelo contrário, está tacitamente confirmando o poder dela: afinal, ele se tornará "melhor" para... a empresa! Tanto isso é verdade que, não raras vezes o indivíduo costuma descrever-se a partir da lógica da empresa, mesmo sem perceber claramente. Por exemplo, quando pensa em fazer outro curso de reciclagem, antes mesmo de terminar o que está fazendo; quando se avalia a partir do *feedback* recebido de chefes ou gestores e segue à risca — mesmo que discorde no seu íntimo — o que foi avaliado; ou quando escolhe ideais de carreira que não são os próprios. O fato é que, na relação da chamada *média gerência* com a empresa, a orientação de conteúdos simbólicos está estritamente a favor da empresa — sobretudo se consideramos "empresa" em sentido amplo, incluindo o próprio indivíduo *como uma empresa*.

Autores recentes vêm cunhando outros termos para descrever os tipos de relação entre o indivíduo e a organização. Osvaldo López-Ruiz, por exemplo, em tese defendida recentemente (*O ethos dos executivos das transnacionais e o espírito do capitalismo*, Unicamp, 2004), denomina o grupo de altos executivos de uma empresa de "capitalistas em relação de dependência". De acordo com isso, tais executivos, se de um lado não podem ser tratados pela categoria clássica de empregados — dado que são frequentemente remunerados com ações e altos salários —, por outro, eles próprios continuam presos em algum tipo de dependência com relação à empresa.

A tradição crítica francesa

Encerro este prefácio com a esperança final de fazer uma breve apresentação do livro que o leitor ora tem em mãos. Creio que há notavelmente uma tradição francesa de análise organizacional e dos discursos sobre gestão. Em particular em relação a Vincent de Gaulejac, certamente celebrizado por seu livro, em parceria com Nicole Aubert, *Le Coût de L'excellence*, 1991, esta tradição se apresenta entrelaçada por correntes como a psicanálise, a sociologia e, forte na França há algumas décadas, a psicossociologia. Autores como E. Enriquez, M. Pagès, P. Bourdieu, C. Castoriadis, R. Castel, J. Donzelot, M. Gauchet, A. Ehrenberg, J. Dubost, J.-P. Le Goff, entre tantos outros, diferenciam-se por análises críticas dos fenômenos organizacionais como produtos de intrincados processos sociais, culturais, psíquicos e institucionais. Diferentemente da tradição norte-americana do gerencialismo, a francesa é matizada por perspectivas menos "pragmáticas" e instrumentais e sim reflexivas e intuitivas. O gerencialismo é uma "escola" genuinamente norte-americana, embebida na tradição positivista e industrial daquele país. Na França, a transferência de suas principais premissas esbarram em outras tradições da intelectualidade daquele país, historicamente mais sensíveis ao marxismo e à psicanálise, por exemplo. O resultado é uma decantação às vezes ácida, às vezes pessimista, às vezes até catastrófica, da chamada civilização pós-industrial.

O fato é que a França possui uma história bem distinta daquela contada, a propósito da sociedade norte-americana, por autores como Mills e Whyte. Em primeiro lugar, há uma diferença entre uma tradição aristocrática e outra burguesa. Em segundo lugar, a ética tradicional do trabalho que esteve na base do capitalismo, tal como narrada por M. Weber, enraizou-se em países de tradição espiritual protestante, ao contrário dos países de catolicismo reformado, onde o papel da Igreja e da teologia cristã católica encaminharam a questão do trabalho, do capitalismo e sua "moral" por outras direções. Em terceiro lugar, as diferenças individuais são tratadas de forma distinta na história dos dois países — enquanto na França vários modelos políticos buscaram resolver as diferenças com base no acesso à cidadania igualitária — modelo republicano, por exemplo —, ou então com o modelo do Estado-providência, nos Estados Unidos o estímulo ao individualismo está na base da democracia naquele país, como já apontou Tocqueville.

Mesmo correndo o risco de leviandade, não é de estranhar que haja certa "desconfiança" de alguns autores franceses a respeito da invasão dos valores empresariais em pautas que antes eram de cunho exclusivamente político. E a década de 1980 foi, na França, como também na Inglaterra, com o governo de Margareth Thatcher, e nos Estados Unidos, com Ronald Reagan, período de reformas que tinham na linha de frente as prerrogativas do gerencialismo, ou da *corporate culture*. Foi nesse período que as atuais teorias de gerencialismo invadiram não só as empresas como também o setor público. Empreendedorismo, competição, desempenho ou *performance* e, logo mais, as primeiras fissuras no modelo do Estado de bem-estar social trouxeram à tona o problema de conciliar as dimensões política, econômica e social nesses países. Até hoje setores franceses nacionalistas opõem-se à globalização, ou então desenvolvem contra ela pesadas críticas e barreiras simbólicas.

Este livro de Vincent de Gaulejac segue um estilo próprio de analisar os efeitos que a atual gestão tanto de empresas como de pessoas tem sobre indivíduos, grupos e sociedades. Ácido, mas lúcido, o autor explora temas como moral nos negócios, poder gerencial, os fundamentos da ideologia, e uma longa parte da obra é dedicada a análises de uma espécie de pequena psicopatologia da vida cotidiana em empresa. Parte importante é também dedicada a uma micropsicologia do indivíduo, tratando de pontos como identidade, gestão de si, sofrimento e prazer nas relações de trabalho.

Dentre os autores franceses dessa tradição, a crítica é elemento indispensável, mas o panorama geral é mais preocupante do que esperançoso. Ao menos não na esperança convencional, ufanista, típica da sociedade humorística que é a nossa hoje. E creio que não é para menos, afinal, o autor está às voltas com um profundo e crescente buraco no centro do pacto civilizacional, por algum tempo sintetizado pela ética tradicional do trabalho e outras bases locais e que agora está aberto e quase à deriva. A obra é excelente roteiro para a identificação destes buracos e vai provavelmente levar o leitor a pensar em suas microssoluções.

Introdução

A DEFESA, dia 31 de julho, sexta-feira, às 11h30min:
— *Alô, Alain? Bom dia, é Hervé. Como vai?*
— *Bem, em forma.*
— *E os filhos?*
— *Ótimos.*
— *Bem, diga-me Alain, estou ligando porque parece que você não deu sua contribuição.*
— *Minha contribuição?*
— *Sim, você sabe, o que foi decidido no primeiro comitê de direção... Cada um deve indicar um nome em cada dez unidades.*
— *...*
— *E Jacques? Você não vai, de fato, conservá-lo?*
— *... Voltarei a ligar.*

Alain desliga o telefone, abatido. "Eu tinha o sentimento de estar durante a guerra diante de um alemão que exigia nomes de reféns para executá-los. Um em cada dez!"
Hervé e Alain se conhecem há tempo. Um e outro trabalham em uma multinacional; Hervé como diretor de recursos humanos e Alain como chefe de projeto. Doze pessoas trabalham com ele, um dos quais, Jacques. Três meses antes, este último se atirara da janela, em seu escritório. Conflitos conjugais, dificuldades profissionais, depressão; ele havia "perdido o rumo". Não se saiu demasiadamente

mal na situação: seis semanas de hospitalização, com fraturas múltiplas. No hospital, Alain se mostrou muito consciente; ao sair, Jacques fora reintegrado em sua equipe.

A "contribuição" pedida a Alain segue-se à preparação de um plano social, decidida pela direção alguns dias antes. Cada chefe de seção havia recebido a ordem de indicar, entre os de sua equipe, os futuros dispensados, com a concorrência de 10% dos efetivos.

A situação de Alain não tem nada de excepcional. Ela ilustra o exercício cotidiano do gerenciamento nas empresas hipermodernas. Responsável por um projeto decisivo para o futuro da empresa, Alain deve reunir "recursos humanos" ao redor de si. Seu sucesso depende de sua capacidade de mobilizar pessoas competentes e motivadas. Mas a lógica de investimento qualitativo em médio prazo se choca com uma lógica de gestão quantitativa do presente. A redução global dos efetivos é apresentada como uma necessidade de sobrevivência em um ambiente hipercompetitivo. "Não temos escolha!", dizem em coro todos os *managers*[1] do planeta. A lei do mercado e a competição generalizada são dados aos quais todos devem se adaptar.

Alain é um chefe de equipe estimado por suas qualidades humanas: atencioso com os colegas, sensível aos esforços deles, preocupado com as dificuldades encontradas por uns e por outros. Ele pratica, conforme a expressão consagrada nos manuais de gerenciamento, a consideração pela pessoa, e isto sem perder de vista os objetivos fixados. É com essa lógica que ele tratou o caso de Jacques: ele sabe, conforme deixa claro, que "cada um pode ter momentos de depressão, problemas pessoais". O essencial, segundo ele, é "construir uma equipe solidária tanto na dificuldade como no suces-

---

[1] O termo "manager", apesar do uso recorrente, será utilizado de forma estilizada, em itálico, na sequência deste livro, pois trata-se de palavra estrangeira.

so". O retorno de Jacques, sua reintegração na equipe, sua renovada motivação no trabalho constituem para ele seu melhor desempenho do ano, em todo caso, o mais significativo. Mas a lembrança de seu colega, diretor de recursos humanos, confronta-o com uma evidência dolorosa: diante do pragmatismo e da eficácia, as considerações éticas e humanistas devem se apagar.

"Na hora da guerra econômica, de nada serve ter estados de alma." "Para ganhar essa guerra é preciso fazer sacrifícios e todo combate exige perdas humanas." "Os mais corajosos não duvidam." "De nada serve cobrir o rosto diante dessa dura realidade": Hervé não tem necessidade de lembrar essas considerações para Alain. São as regras do jogo que cada *manager* deve integrar, caso queira aceder a postos de responsabilidade e neles se manter. Um *manager* deve ser humano quando é preciso, mas deve igualmente saber assumir suas responsabilidades diante de escolhas difíceis. Entre a lógica do lucro e o respeito pelas pessoas, as armas não são iguais. De um lado "a dura realidade", à qual é preciso se adaptar; do outro, "estados de alma", sobre os quais é preciso "passar por cima". Cada um pode se achar, em um ou outro momento, na situação de Alain, confrontado com uma contradição entre sua preocupação de beneficiar — a empresa — e sua consciência pessoal; ou então na de Hervé, obrigado a lembrar as regras que ele julga necessárias, sem forçosamente aprovar suas consequências; ou ainda, na situação de Jacques, habitado por um sofrimento que o torna particularmente vulnerável às dificuldades e à competição. Jacques, sem dúvida, está condenado.

Na sociedade hipermoderna cada indivíduo pode ser ao mesmo tempo produtor e produto do sistema, ser o ator e o agente dele, fazê-lo funcionar, tanto quanto suportá-lo. Hervé "não faz mais que sua obrigação". Ele é pago para isso, para aplicar decisões tomadas no comitê de direção. Todavia, o que significa "fazer sua obrigação"?

Hervé não é um burocrata zeloso nem uma personalidade insípida, submissa ao poder da autoridade. É um quadro "dinâmico", uma personalidade forte que foi contratada para o posto de diretor de recursos humanos por causa de suas qualidades de saber ouvir, de sua franqueza, de seu gosto pela relação. Em sua ligação telefônica para Alain não há duplicidade nem má fé. Ele conhece as qualidades de seu interlocutor. Sabe que ele apoiou Jacques e o felicitou. Ele, simplesmente, é um homem realista, pragmático, eficaz: não é mais hora de compaixão, mas de luta, sem envolvimentos afetivos.

Ao desligar o telefone, Alain percebe a magistral distância entre aquilo que lhe é pedido e aquilo em que acredita. A imagem da guerra se impõe como uma volta à barbárie e à insensatez. Ele, que está ligado a certa concepção do trabalho, respeitosa para com os indivíduos, cultivando as solidariedades e as reciprocidades, acha-se pego em falta. A ordem do comitê de direção põe em questão os fundamentos de sua ética, de sua adesão à empresa, do sentido que ele dá a seu trabalho. Como conservar a autoestima quando devemos realizar atos contrários a nossos valores? Como respeitar aqueles que pedem a vocês coisas que não são respeitáveis?

Parece-nos crucial compreender profundamente essas situações, que levam assim, a cada dia, homens e mulheres equilibrados, de boa vontade, a produzir tal violência. Compreender e analisar por que a empresa se tornou um mundo guerreiro e destrutivo, ao mesmo tempo suscitando a adesão de seus membros. Atingir os fundamentos da "luta dos lugares" que se desenvolve no coração de nossas sociedades. Compreender por que, enquanto a riqueza não pára de aumentar, a vida parece sempre mais difícil para muitos.

A questão da guerra econômica participa da construção de um imaginário social (Castoriadis, 1975) que serve de para-vento para o exercício de uma dominação, da qual cada um sente claramente os efeitos sem, por vezes, detectar suas causas. Alimentamos a ideia de que estamos atravessando uma crise cujos remédios são econômicos. Estamos, dessa forma, em pleno paradoxo. Esperamos da economia as respostas a problemas que tocam a própria significação do que a sociedade faz. As sociedades hipermodernas não são economicamente frágeis. Em contrapartida, elas parecem perder o sentido delas próprias. A mobilização sobre o trabalho leva a inverter a ordem das prioridades, como se a sociedade inteira tivesse de se colocar a serviço da economia. As necessidades de gestão se impõem às opções políticas e sociais. Os homens procuram na gestão um sentido para a ação e até, por vezes, para sua vida e para seu futuro. A economia política se torna uma economia gestionária, na qual as considerações contábeis e financeiras importam mais que as considerações humanas e sociais.

A primeira parte desta obra apresenta uma análise do gerenciamento e da gestão. O gerenciamento como tecnologia de poder, entre o capital e o trabalho, cuja finalidade é obter a adesão dos empregados às exigências da empresa e de seus acionistas. A gestão como ideologia que legitima uma abordagem instrumental, utilitarista e contábil das relações entre o homem e a sociedade. Sob uma aparência pragmática e racional, a gestão subentende uma representação do mundo que justifica a guerra econômica. Em nome do desempenho, da qualidade, da eficácia, da competição e da mobilidade, construímos um mundo novo. Uma sociedade global, marcada por um desenvolvimento paradoxal, na qual a riqueza e a pobreza aumentam, assim como o conhecimento e a ignorância, a criação e a destruição, o bem-estar e o sofrimento, a proteção e a insegurança. Como compreender essas contradições? A gestão, que se apresenta como simples meio para tratar esses problemas é, de fato, uma das causas de sua aparição e de sua reprodução.

Tentaremos compreender, na segunda parte, por que e como a sociedade se deixa "contaminar" pela ideologia gerencialista. Nascida na esfera do privado, ela tende a se espalhar nos setores públicos e no mundo não comercial. Hoje, tudo se gere — as cidades, as administrações, as instituições, mas também a família, as relações amorosas, a sexualidade, até os sentimentos e as emoções. Todos os registros da vida social são atingidos. Cada indivíduo é convidado a se tornar o empreendedor de sua própria vida. O humano se torna um capital que convém tornar produtivo.

A rentabilidade ou a morte: tal parece ser a única alternativa que os gestionários propõem à espécie humana. Temos aí algo de mortífero nessa busca de desempenho. A gestão capitalista obedece a uma lógica de obsolescência. Ela destrói continuamente aquilo que produz pela necessidade de produzir outra coisa. Diante desses efeitos devastadores, os modos de legitimação e de regulação estão em crise. Os discursos sobre a ética soam ocos. A "elevação da insignificância" (Castoriadis, 1996) arrasta cada pessoa em uma busca de sentido e de reconhecimento jamais satisfeita, como uma competição sem limites, que gera um sentimento de assédio generalizado. A cultura do alto desempenho se impõe como modelo de eficiência. Ela põe o mundo sob pressão. O esgotamento profissional, o estresse, o sofrimento no trabalho se banalizam. A sociedade se torna um vasto mercado, no qual cada indivíduo está comprometido em uma luta para encontrar um lugar e conservá-lo. Diante dessas transformações, a política, contaminada pelo "realismo gestionário", parece impotente para desenhar os contornos de uma sociedade harmoniosa, preocupada com o bem comum.

*

Podemos dizer de uma sociedade que ela está doente? (Enriquez e Haroche, 2002). Trata-se, é claro, de uma metáfora. Se a expressão se presta à discussão, ela indica que certa concepção gerencialista tem efeitos deletérios sobre os próprios fundamentos daquilo que constitui sociedade e consequências patogênicas sobre os indivíduos que a compõem. A gestão não é um mal em si. É totalmente legítimo organizar o mundo, racionalizar a produção, preocupar-se com a rentabilidade. Com a condição de que tais preocupações melhorem as relações humanas e a vida social. Ora, cada um pode verificar que certa forma de gestão, a que se apresenta como eficaz e de perfeito desempenho, invade a sociedade e que, longe de tornar a vida mais fácil, ela põe o mundo sob pressão.

Minhas reflexões sobre o mundo gestionário datam dos anos 1970. Um jogo de circunstâncias fez de mim o "primeiro" doutor da universidade de Paris 9-Dauphine. Não que eu seja o melhor, mas porque defendi minha tese em 1971,[2] antes dos outros. Nessa época, a gestão não era uma disciplina ensinada nas universidades. Fundada depois dos acontecimentos de maio de 1968 por Edgar Faure, ao mesmo tempo que a universidade de Vincennes (hoje Paris-8), a universidade de Dauphine fora concebida por H. Brochier e P. Tabatoni para desenvolver as "ciências da organização" a partir de três disciplinas: a economia, as matemáticas e a psicossociologia. Tive a honra de ensinar nessa universidade de 1971 a 1988. Pude constatar a transformação do projeto inicial, a perda de influência dessas disciplinas em favor das "ciências da gestão", ou como um projeto científico inovador e original foi desviado em favor de um projeto de

---

[2] Essa tese foi defendida com Jean-Pierre Buffard e Christian Larcher, diante de uma mesa composta por A. Aymard, H. Brochier e M. Pagès. *Qu'on ne me parle plus de communication*, tese de 3° ciclo de ciências das organizações, universidade de Paris 9-Dauphine, 1971.

formação de *managers* operacionais, aptos a se colocarem a serviço das empresas. Selecionando estudantes escolarmente brilhantes, saídos das categorias sociais mais favorecidas, essa universidade não teve nenhuma dificuldade para modelar para si uma reputação de excelência junto aos empregadores e para atrair a si os louvores dos meios patronais.

Esses futuros gestionários consideravam as ciências sociais e humanas como um verniz cultural, um pouco à semelhança dos cursos de desenho e de música no liceu. Exceto para os estudantes mais velhos que, depois de alguns anos passados na empresa, voltavam de novo para a universidade, a fim de tentar compreender o sentido de sua experiência. Eles estavam preocupados com a evolução da universidade empresarial, na qual a pesquisa do desempenho parecia cada vez menos compatível com suas aspirações.

Foi nesse contexto que o Laboratório de mudança social, fundado por Max Pagès, desenvolveu um programa de pesquisa sobre o poder nas organizações e sobre a evolução das práticas de gerenciamento nas empresas. Não era fácil, nos anos 1970, continuar esse tipo de pesquisa. As empresas entendiam os sociólogos como esquerdistas. Os sociólogos do trabalho consideravam a sociologia do gerenciamento como uma ideologia a serviço do grande capital. A multidisciplinaridade era percebida como ecletismo. Os cortes entre a universidade e a empresa, entre a teoria e a prática, entre a pesquisa e a intervenção eram profundos. O projeto do Laboratório de mudança social de início se inscreveu em uma nova colocação em questão dessas clivagens (Pagès, 2000). As pesquisas realizadas depois trazem sua marca. Esta obra continua a reflexão feita depois disso. Ela se inscreve em uma problemática construída com Max Pagès e Michel Bonetti, depois com Nicole Aubert, a partir de duas pesquisas, *L'Emprise de l'Organisation* (1979) e *Le Coût de l'Excellence* (1991). Ela se enriqueceu com trabalhos e intercâmbios elaborados com meus colegas do Laboratório de mudança social. Ela se alimentou, finalmente, com as contribuições de doutorandos que aprofundam e renovam os caminhos abertos por seus antecessores.³ Ela é um sinal de reconhecimento e de gratidão por aquilo com que me contribuíram. Ela se construiu na encruzilhada de diversas posturas, como *manager*, pesquisador, interventor e cidadão. Pelo fato de eu próprio ser um "gestionário" como diretor de um laboratório universitário, sinto diariamente a contradição entre a ética da responsabilidade (gerar os meios disponíveis para o melhor das expectativas e dos interesses de cada um) e a ética da convicção (criar as condições ideais para desenvolver conhecimentos sobre o homem e sobre a sociedade). Sinto concretamente a tensão entre as necessidades de liberdade, de tempo e de respeito para fazer pesquisa e as exigências inevitáveis para adaptar as produções humanas em termos de meios, forçosamente limitados, de normas, forçosamente obrigatórias, e de regras, forçosamente burocráticas. Podemos denunciar com veemência a "gestão contábil" da saúde, da educação e da pesquisa, ao mesmo tempo reconhecendo a necessidade de se adaptar às exigências econômicas e institucionais.

---

³ Devo manifestar meu reconhecimento aos colegas do Laboratório, particularmente a Pierre-Jean Andrieu, France Aubert, Nicole Aubert, Jacqueline Barus-Michel, Frédéric Blondel, Jean-Philippe Bouilloud, Teresa Carreitero, Eugène Enriquez, Gérard Guénat, Fabienne Hanique, Claudine Haroche, Dominique Lhuilier, Max Pagès, Jacques Rhéaume e Elvia Taracena, assim como aos colegas dos comitês de pesquisa de "Sociologia clínica" e de "Empresa e sociedade" da Associação internacional de Sociologia e da Associação internacional dos sociólogos de língua francesa, particularmente Ana-Maria Araújo, Jean-François Chanlat, Geneviève Dahan-Selzer, Véronique Guienne, Jean-Louis Laville, Pierre Roche e Norma Takeuti. Agradeço igualmente os doutorandos que continuam a aventura da sociologia clínica, Jean-Émile Berret, Valérie Brunel, John Cultiaux, Marie-Anne Dujarier, Emmanuel Gratton, Jean-Marc Fridlander, Aude Harlé, Farida Mennaa, Rachid Merzouk, Stéphanie Rizet, Sylvette Uzan-Chomat, Laurence Viry e Hélène Weber. Agradeço muito particularmente Guy Atlan por seus prudentes conselhos.

O pesquisador que sou prefere obedecer a considerações militantes, mais que gestionárias, colocando a pesquisa a serviço do bem comum e da demanda social, mais do que a critérios de utilidade e de lucratividade. A reflexão sobre a mudança social não pode se limitar a uma descrição dos processos de transformação e à análise de seus efeitos. Ela não pode permanecer totalmente estranha a uma preocupação de melhoria, de progresso. Ela não pode permanecer insensível a todas as formas de violência, de dominação, de exploração, de exclusão e de humilhação.

Como cidadão, estou preocupado com as derivações de uma sociedade na qual as desigualdades aumentam, o meio ambiente se degrada, o debate político se torna insignificante e o desencantamento chega a seu ponto máximo. Entre o rigor do pesquisador que deve apresentar uma análise aumentada, fundada sobre hipóteses verificáveis, e o compromisso do cidadão que leva adiante suas opiniões, seus ideais, seus sentimentos, suas indignações e suas inquietações, há por vezes uma grande distância. O discurso da denúncia é pouco compatível com a ambição de neutralidade e de objetividade da pesquisa.

Como clínico, sou particularmente sensível àquilo que produz o mal-estar e o sofrimento. Etimologicamente, *klinikê* designa a prática médica que consiste em se manter "junto do leito dos doentes". Na sociologia, o procedimento clínico consiste em se aproximar o mais perto possível da vivência dos atores (Gaulejac e Roy, 1992). Minhas reflexões se apoiam sobre pesquisas de campo e das intervenções feitas em empresas privadas e públicas. Há três decênios pude constatar as mutações do mundo do trabalho, acompanhando aqueles que as vivem no cotidiano. Partilhei com eles não só suas análises dessas transformações, mas também seus sofrimentos e suas esperanças.

Como compreender a complexidade sem sermos nós mesmos pegos em uma postura complexa? Ainda mais que o próprio objeto desta obra leva a utilizar referenciais teóricos heterogêneos. A economia, a psicologia, a antropologia, a sociologia serão convocadas do lado das ciências sociais, mas também o direito, a finança, a contabilidade, a comunicação, do lado das "ciências da gestão". As aspas indicam aqui o caráter particular do conhecimento produzido no domínio da gestão, cuja epistemologia não é evidente. Com Max Pagès (1979), preconizamos a "problematização múltipla", para apreender o poder nas organizações. A ambição pode parecer desmedida: cruzar e articular referenciais teóricos saídos de disciplinas tão diferentes quanto a economia, a sociologia ou a psicanálise. Mas ela é necessária uma vez que as relações são estreitas entre a economia financeira e a economia libidinal, entre as normas gerencialistas e a mobilização psíquica, entre a gestão das empresas e a gestão de si mesmo.

Significando inicialmente administrar, dirigir, conduzir, o termo "gestão" remete atualmente a certo tipo de relação com o mundo, com os outros e consigo mesmo, da qual convém delinear os contornos. O assunto desta obra consiste em mostrar que certa concepção da gestão se tornou a ideologia dominante de nosso tempo. Combinada com a emergência de práticas gerencialistas, ela constitui um poder característico da sociedade hipermoderna.[4]

---

[4] A noção de organização "hipermoderna" foi proposta por Max Pagès (Pagès et al., 1979) na pesquisa que realizamos juntos sobre o poder em uma grande multinacional. A presente obra se inscreve na filiação desse trabalho, cujas hipóteses, vinte e cinco anos depois, não foram desmentidas pelos fatos. Aprofundamos, por ocasião de um debate organizado por Nicole Aubert na ESCP-EAP com o Laboratório de mudança social sobre "o indivíduo hipermoderno". A modernidade se caracteriza pela valorização da razão, do progresso e do indivíduo. A noção de hipermodernidade descreve a exacerbação das contradições da modernidade, particularmente a dominação "irracional" da racionalidade instrumental, a realização de progressos tecnológicos e econômicos que são fatores de regressões sociais, a conquista de autonomia dos indivíduos, que os põe em dependência. Para uma discussão aprofundada dessa noção, poderemos nos referir à obra publicada sob a direção de Nicole Aubert (2004).

Primeira parte

PODER E IDEOLOGIA GERENCIALISTAS

> Em suma, é preciso admitir que o poder é exercido mais do que é possuído.
>
> Michel Foucault

O que é a gestão? Nos manuais, ela é apresentada como um conjunto de técnicas, destinadas a racionalizar e otimizar o funcionamento das organizações. Esse objetivo operatório compreende diversos aspectos:

• práticas de direção das empresas: do gerente ao *manager*, trata-se de definir orientações estratégicas, de otimizar as relações entre os diferentes elementos necessários para pôr em ação um sistema de ação coletiva, de definir a estrutura e a política da organização;
• discursos sobre os modos de organizar a produção, de conduzir os homens que a isso contribuem, de ordenar o tempo e o espaço, de pensar a empresa como uma organização racional;

• técnicas, processos, dispositivos que conciliam as atividades, fixam os lugares, as funções e os estatutos, definem regras de funcionamento.

A gestão é, definitivamente, um sistema de organização do poder. Por trás de sua aparente neutralidade, é preciso que compreendamos os fundamentos e as características desse poder que evoluiu consideravelmente no tempo. Entre a organização científica do trabalho (Taylor, 1912) e o gerenciamento das empresas multinacionais, as modalidades de exercício e a própria natureza do poder gestionário se transformaram consideravelmente.

Esta primeira parte descreve as mutações do poder gerencialista. Entre as direções, cada vez mais submetidas à pressão dos acionistas, e o enquadramento que tenta inventar mediações entre lógicas contraditórias, o poder gestionário fica obscurecido. Torna-se difícil identificá-lo por causa da distância crescente entre, de um lado, sistemas de organização complexos, reticulares (em rede), transnacionais, virtuais e, por outro lado, os indivíduos encarregados de pô-los em prática. À abstração do capital correspondem a mobilidade, a flexibilidade e a instabilidade do trabalho. Entre os dois, o gerenciamento procura produzir regulações. Mas essa visão de um poder de mediação, que exercemos sem possuí-lo, é parcial. Para melhor compreender o poder gestionário, é preciso que compreendamos por quais motivos o gerenciamento se pôs maciçamente a serviço do capital (capítulo 1).

Sob uma aparência objetiva, operatória e pragmática, a gestão gerencialista é uma ideologia que traduz as atividades humanas em indicadores de desempenhos, e esses desempenhos em custos ou em benefícios. Indo buscar do lado das ciências exatas uma cientificidade que elas não puderam conquistar por si mesmas, as ciências da gestão servem, definitivamente, de suporte para o poder gerencialista. Elas legitimam um pensamento objetivista, utilitarista, funcionalista e positivista. Constroem uma representação do humano como um recurso a serviço da empresa, contribuindo, assim, para sua instrumentalização (capítulo 2).

Observamos essa evolução em primeiro lugar nas empresas multinacionais, com uma extensão, a partir dos anos 1980, em todas as grandes organizações privadas e públicas. As multinacionais, com a colaboração ativa dos gabinetes de consultores, elaboram essas tecnologias gestionárias que designamos com o termo de "poder gerencialista". O gerenciamento pela qualidade (*quality management*) é uma ilustração, entre outras, das mutações nos modos de dirigir e de avaliar a produção, dos efeitos de poder que elas induzem e do modo com que elas contribuem para normalizar os comportamentos, eliminando toda crítica. A gestão gerencialista é uma mistura não só de regras racionais, de prescrições precisas, de instrumentos de medida sofisticados, de técnicas de avaliação objetivas, mas também de regras irracionais, de prescrições irrealistas, de painéis de bordo inaplicáveis e de julgamentos arbitrários. Por trás da racionalidade fria e "objetiva" dos números dissimula-se um projeto "quantofrênico" (a obsessão do número) que faz os homens perderem o senso da medida (capítulo 3).

Essa ideologia suscita muitas resistências e desilusões. Ela provoca reações contraditórias. Gostaríamos de escapar disso, mas não podemos deixar de a ela aderir. O primado da racionalidade instrumental se desenvolve em um universo cada vez mais paradoxal. Como compreender a natureza profunda desse poder que suscita adesão e críticas, fascinação e rejeição, prazer e ansiedade? Se o poder disciplinar, analisado por Michel Foucault (1975), tinha como função tornar os corpos "úteis, dóceis e produtivos", o poder gerencialista mobiliza a psique sobre objetivos de produção. Ele põe em ação um conjunto de técnicas que captam os desejos e as angústias para pô-los a serviço da empresa. Ele transforma a energia libidinal em força de trabalho. Ele encerra os indivíduos em um sistema paradoxal que os leva a uma submissão livremente consentida (capítulo 4).

Pode parecer iconoclasta apresentar a gestão como uma ideologia uma vez que ela tem apenas a ambição de racionalizar de modo pragmático o funcionamento das organizações. Ou, ainda, analisar o gerenciamento como um sistema de poder, embora ele se apresente como um exemplo de práticas de execução da parte de agentes a serviço da empresa. Todavia, uma e outra concepção preenchem um vazio. A ideologia gerencialista preenche o vazio ético do capitalismo a partir do momento em que este se dissociou da ética protestante, que fundava sua legitimidade. O poder gerencialista se desenvolve diante do duplo movimento de abstração e de desterritorialização do capital, do qual não sabemos mais exatamente quem o possui. Nesse contexto, "os negócios" se desenvolvem, a ética de resultado substitui a moral, o projeto capitalista procura em si mesmo sua própria finalidade (capítulo 5).

Capítulo I

O gerenciamento entre o capital e o trabalho

> O espírito do capitalismo é o conjunto das crenças associadas à ordem capitalista, que contribuem para justificar essa ordem e para sustentar, legitimando-as, os modos de ação e as disposições que são coerentes com ele.
>
> Luc Boltanski e Ève Chiapello

O *manager*, mais que qualquer outra pessoa, interioriza fortemente a contradição capital/trabalho. De um lado, uma forte identificação com "o interesse da empresa", uma interiorização da lógica do lucro, uma adesão às normas e aos valores do sistema capitalista; do outro, uma condição salarial submetida às imprevisibilidades da carreira, ao risco de dispensa, à pressão do trabalho e a uma competição feroz. O gerenciamento é a garantia da organização concreta da produção, ou seja, da conciliação dos diferentes elementos necessários para fazer a empresa viver. Sua função consiste em produzir um sistema que liga e combina elementos tão disparatados quanto o capital, o trabalho, as matérias-primas, a tecnologia, as regras, as normas, os procedimentos. Na ordem da gestão cotidiana, o gerenciamento produz mediações entre esses diferentes elementos e favorece a integração entre lógicas funcionais mais ou menos contraditórias (Gaulejac, 1988).

Esse papel funcional põe o *manager* no coração de uma tensão entre as exigências de lucro trazidas pelos acionistas, a adaptação ao mercado ("o cliente é rei") e a melhoria das condições de trabalho. O modelo fordista procurava conciliar esses três polos em uma lógica de reforço recíproco: uma produção de massa que beneficia os assalariados-consumidores a partir de uma redução do preço dos meios de transporte, de um aumento das remunerações, assegurando uma alta contínua dos lucros. Esse modelo foi o motor do crescimento durante os "Trinta Gloriosos" anos de 1945-1975. A partir dos anos 1980, o duplo movimento da internacionalização e de financiarização da economia, impulsionado pelas empresas multinacionais, mudou profundamente as relações entre capital e trabalho.

A obsessão pela rentabilidade financeira

Em sua obra sobre *O culto da urgência*, Nicole Aubert (2003*a*) cita um dirigente de empresa que resume perfeitamente as consequências dessa evolução. "A grande mutação para nós, industriais, foram os cinco, seis últimos anos. Foi aí que tudo balançou [...]. Hoje, a Bolsa é a obsessão número um e é no meio dos anos 1990 que entramos de uma só vez em uma lógica de Bolsa, de valor da ação, de OPA, de fusão-aquisição e foi aí que vemos aparecer pela primeira vez uma exigência de rentabilidade de 15% ao ano sobre capitais investidos com uma direção que nos dizia: 'Se quisermos que os acionistas mergulhem de cabeça em nosso negócio, é preciso que lhes produzamos tanto dinheiro quanto se eles investissem no mercado financeiro'. Agora, portanto, nossos dirigentes ficam de olho na Bolsa todos os dias e, quando vocês abrem seu computador, a primeira coisa que aparece é nossa cotação na Bolsa!".

Três fenômenos maiores irão transtornar o funcionamento do capitalismo industrial no fim do século XX:

• As lógicas de produção estão cada vez mais submetidas às pressões das lógicas financeiras. A economia financeira substitui a economia industrial.

• O peso dos mercados e sua mundialização põem de novo em questão os modos de regulação econômica até então dominados pelo Estado/Nação. A desterritorialização do capital explode os ferrolhos que permitiam controlar sua circulação e de limitar os efeitos especulativos.

• A fusão das telecomunicações com a informática instaura a ditadura do "tempo real" e a imediatidade das respostas às exigências dos mercados financeiros.

A partir do momento em que a lógica financeira assume o comando sobre a lógica da produção, as relações de poder no seio da empresa se modificam. As relações entre o capital e o trabalho, que haviam progressivamente se equilibrado durante o período dos Trinta Gloriosos, vão se endurecer. A gestão do pessoal e das relações sociais é substituída pela gestão dos recursos humanos. Os efetivos são considerados como um custo que convém reduzir de todos os modos, uma "variável de ajustamento", que é preciso flexibilizar ao máximo, a fim de se adaptar às "exigências do mercado". Adaptabilidade, flexibilidade, reatividade tornam-se as palavras de ordem de um "bom" gerenciamento dos recursos humanos. "No universo hiperconcorrencial com o qual a empresa deve se confrontar, a imediatidade das respostas constitui uma regra de sobrevivência absoluta, e daí um encurtamento permanente dos prazos, uma aceleração contínua dos ritmos e uma generalização da simultaneidade" (Aubert, 2003 *a*). O desempenho e a rentabilidade são medidos em curto prazo, "em tempo real", pondo o conjunto do sistema de produção em uma tensão permanente: zero de atraso, tempo exato, fluxos tensos, gerenciamento imediato etc. Trata-se de fazer sempre mais, sempre melhor, sempre mais rapidamente, com os mesmos meios e até com menos efetivos.

Se essa evolução é patente para as empresas cotadas na Bolsa, cujo valor é diariamente avaliado pelos mercados financeiros, ela tende a se espalhar no conjunto das empresas que são seus clientes ou seus fornecedores. Estes últimos devem adaptar-se a seus modos de gestão pelo viés de sistemas de informação e de comunicação de empresa. Estes definem normas de gestão global, que os subtratantes devem aplicar, sob a pena de serem marginalizados ou despachados. Por exemplo, o logicial SAP (*Systems, Applications and Products in Data Processing*)[1] se espalha em alguns anos no conjunto do sistema produtivo. Ele impõe suas normas às finanças, aos recursos humanos, à logística, à gestão dos estoques, dos salários e de todas as funções da empresa.

A impregnação do conjunto da empresa pela lógica financeira abala os modos de organização e de gerenciamento construídos sobre lógicas de produção. Outrora era preciso ser bom, lançar produtos de qualidade para ser competitivo em um mercado concebido conforme os termos da oferta e da procura. Hoje, a própria empresa se tornou um produto financeiro cujo valor é diariamente avaliado conforme a medida dos mercados. Essa lógica do lucro imediato tem múltiplas consequências: publicação de resultados conforme um ritmo muito intenso (trimestral *a mínima*, e não mais anual); política de informação junto a analistas financeiros que penaliza as estratégias em longo prazo em favor de uma rentabilidade imediata; procura de ganhos de produtividade em curto prazo, em detrimento de investimentos sobre ciclos longos; pressão do número e dos instrumentos de medida, em detrimento de uma reflexão sobre os processos, os modos de organização e os problemas humanos. Nesse contexto, o contador substitui o estrategista, o curto prazo

---

[1] Em português, "Sistemas, aplicações, produtos no processamento dos dados". Criado em 1972, na Alemanha, o SAP se tornou a quinta sociedade de concepção de logiciais no mundo.

substitui o longo prazo, a procura de ganho imediato substitui a oferta de uma produção de qualidade.

A exigência de uma informação permanente dos mercados financeiros leva a reviravoltas estratégicas e a ajustamentos brutais, que não são mais decididos em função de considerações industriais e sim para responder às "inquietudes" dos mercados. Para não publicar resultados que acarretariam uma perda de confiança dos acionistas, os que decidem põem em ação planos de redução dos custos e, portanto, dos efetivos, com o risco de perturbar duravelmente a produção. Como se fosse necessário que à volatilidade dos mercados financeiros correspondesse uma volatilidade do mercado de trabalho: multiplicação de empregos precários, empregos temporários, contratos com duração determinada, demissões brutais... Tudo é bom para favorecer uma flexibilidade das políticas de contratação e de demissão, a fim de responder permanentemente às supostas exigências do mercado financeiro. As políticas chamadas de "recursos humanos" consistem em desenvolver uma flexibilidade máxima do mercado de trabalho. Os empregos não protegidos se multiplicam, chegando a representar 30 a 40% do pessoal. Eles servem como variável de ajustamento salarial, que permite responder rapidamente à "demanda dos mercados".

O capital se apoderou da empresa (Gréau, 1978). Os fundos de pensão exercem um controle cerrado dos dirigentes, aos quais eles conferem registros de boa ou de má conduta. Os dirigentes são cada vez mais submetidos às expectativas de acionistas, cuja motivação principal é financeira, uma vez que se trata de garantir a rentabilidade em curto, médio e longo prazo de seus fundos. Há uma disjunção entre o capital e a empresa. De um lado uma exigência de rentabilidade contínua com a permanente ameaça de sair do capital da empresa para investir em uma outra, considerada mais rentável. Do outro, uma exigência de perenidade da empresa, que deve fazer concessões a acionistas levianos e exigentes, ainda que tais concessões coloquem de novo em questão seu funcionamento interno por riscos de forte endividamento. Para obter uma rentabilidade elevada de fundos próprios — capitais + benefícios colocados em reserva —, os dirigentes põem em ação planos sociais para garantir os acionistas. Ou, ainda, adiam investimentos necessários em logo prazo que seriam considerados custosos em curto prazo.

A obsessão da rentabilidade financeira ocupa os dirigentes, por vezes até em detrimento do desenvolvimento da empresa. Ainda mais que sua remuneração sob a forma de *stock-options* leva a medir seu próprio sucesso em função da progressão do valor da ação na Bolsa. Para limitar os efeitos perversos desse dispositivo, uma cláusula retarda, em princípio, o momento em que os dirigentes podem liquidar os títulos que adquiriram sob essa forma. Um retardo de três a cinco anos é geralmente exigido. Nesse contexto de "curto-prazismo", eles têm interesse em obter uma valorização máxima das ações, com o risco de tomar decisões para produzir efeitos de anúncio que se fazem em detrimento do interesse em médio prazo da empresa e de sua perenidade.

O conjunto das funções da empresa está subordinado à lógica financeira pelo viés de técnicas de gestão que levam os agentes a interiorizar a exigência de rentabilidade. Cada equipe, cada serviço, cada departamento, cada estabelecimento têm objetivos a atingir, cuja medida, cada vez mais frequente é, por vezes, efetuada em tempo real.[2] A obrigação de resultados, medida conforme o metro da rentabilidade de cada um, deve ser assumida por cada elemento do sistema.

---

[2] Como para os caixas de supermercado ou os empregados para restauração rápida. Cf. H. Weber, 2005.

A abstração do capital e do poder

O desenvolvimento do capitalismo financeiro acarreta uma despersonalização das fontes do poder. Em 1936, falava-se de "duzentas famílias" que simbolizavam "o grande capital", designando os principais proprietários dos meios de produção na França. Identificava-se, desse modo, o poder econômico, encarnado por "grandes famílias", das quais se viam claramente as ramificações com o poder político (Bertaux, 1977). Hoje, a identificação do poder é menos evidente. A posse do capital não repousa mais sobre algumas famílias facilmente identificáveis. As ações pertencem a *holdings*, estabelecimentos financeiros, intermediários, gestionários de fundos de pensão que asseguram sua circulação mais ou menos flutuante, ou ainda a uma multiplicidade de pequenos proprietários que investem na Bolsa até sem conhecer as empresas das quais detêm os títulos. A mundialização, associada à informatização das Bolsas, transforma o mundo em um vasto cassino, no qual a lógica da rentabilidade financeira se impõe às estratégias de produção e às políticas econômicas dos Estados.

André Orléan evoca a esse respeito o capitalismo "patrimonial", no qual o poder é menos encarnado pelos grandes "chefes de indústria", fundadores de sua empresa e ligados a seu desenvolvimento, do que por uma diversidade de atores — assalariados, *managers*, pequenos acionistas, bancos, Estado etc. — com interesses diversos (Orléan, 1999, 2002).

Entre o proprietário que se identifica com o futuro da empresa da qual ele é o fundador ou o herdeiro, e os acionistas anônimos que se interessam em primeiro lugar pela remuneração de seu capital, a postura é radicalmente diferente. A desregulamentação do financeiro, a liberdade de movimento dos capitais, a importância das massas financeiras concentradas nos fundos de pensão, a dissolução das participações cruzadas entre as firmas para mutuamente se protegerem, todos esses elementos contribuem para reduzir o poder identificável dos grandes patrões do capitalismo industrial e para aumentar o poder, mais difuso, dos gestionários do capitalismo patrimonial. Os milhares de acionistas que investem nos fundos mutuários e nos fundos de pensão sem dúvida não têm o sentimento de exercer um grande poder sobre as sociedades das quais detêm ações, ainda mais que a variação dos cursos delas depende de fatores que grandemente lhes escapam. Ela é função de um mercado dominado pelo "mundo do financeiro", do qual mal se conhece as engrenagens e ainda menos as feições. O mundo anônimo dos "investidores institucionais" impõe sua lei sobre critérios implícitos e subjetivos: trata-se de oferecer-lhes confiança, avalizá-los, alimentá-los com a devida taxa de rentabilidade (Lordon, 2002). A nebulosa dos bancos de negócios, dos gestionários de fundos de investimento, dos estabelecimentos financeiros que investem na Bolsa representa um sistema de poderes difusos que determina a confiança ou a desconfiança dos famosos "mercados". Raramente nomeado, tal poder é fragmentado e opaco. Ele se exprime em jogos de influências, em montagens de operações complexas, em nomeações para postos-chave, em alianças circunstanciais... Mas ele se acha estruturado em torno de uma lógica de ação, um princípio organizador cuja bússola é determinada pelo campo magnético dos cursos da Bolsa.

Essa transformação do capitalismo favorece um processo generalizado de desterritorialização do poder. O lugar da atividade concreta está desligado dos lugares de tomada de decisão. As lógicas de produção, inscritas em espaços circunscritos e em temporalidades precisas, não parecem mais estar em coerência com as lógicas financeiras, mais abstratas e voláteis. Como se essas últimas não estivessem mais em fase com a economia real.

O desenvolvimento das *stock-options* leva a alinhar os interesses do gerenciamento sobre os interesses dos mercados financeiros, mais do que sobre os da empresa. Os *managers*, dominados por seus desejos de onipotência, ofuscados pela ameaça de serem dispensados, e os acionistas, interessados pela busca de taxas elevadas de rentabilidade, alegram-se de considerar o trabalho como uma variável secundária, que é preciso tornar flexível, a fim de adaptá-lo às exigências do mercado. Certo número de negócios mostrou que chefes de empresa, com a cumplicidade do gerenciamento de topo, procuravam inflar artificialmente os movimentos de ações, a fim de revendê-las da mais alta forma possível, sem se preocupar com o futuro dos assalariados. Ainda que tais estratégias, oportunistas para os *managers* e suicidárias para as empresas, são relativamente pouco frequentes, o curso da ação é o barômetro que guia as decisões do gerenciamento de topo. Numerosos planos sociais e de fechamentos de serviços são decididos por razões bolsistas. A desregulamentação financeira encoraja a vontade de poder de uns, a avidez cúpida de outros.

Será preciso concluir que os *managers* se tornaram "os valetes do capitalismo"?

O gerenciamento a serviço do capital?

O termo "gerenciamento" [em francês, *management*] evoca a ideia de arranjar, instalar e providenciar. A providência consiste em organizar em vista de uma produção coletiva, de uma tarefa a cumprir, de uma obra a realizar. O arranjo ou ordenação consiste em prestar atenção ao conjunto daqueles que contribuem para essa missão, a fim de melhor mobilizá-los em vista de um fim comum, para o proveito de todos. Hoje, em muitas empresas, o termo evoca mais a ideia de "arrumação". Há alguns anos ainda, ele era conotado positivamente, como sinal de sucesso, de modernismo, de dinamismo. Ele parece ter perdido seu valor. Etimologicamente, o termo *management* (= gerenciamento) vem do *manège* (= equitação), lugar em que se criam os cavalos e no qual se aprende a montá-los. Os giros, as voltas, as meias-voltas são igualmente figuras sobre a arte de conduzir os cavalos e de se comportar bem. Esses poucos comentários mostram a polissemia do termo, seus usos e suas diversas conotações. O gerenciamento tentou dar uma imagem relacional, pragmática e liberal do exercício do poder na empresa. Na prática, o termo se desviou a partir do momento em que foi colocado a serviço do poder financeiro.[3]

Lembremos que F. W. Taylor (1912) legitimava a autoridade gerencial sobre três princípios:

- a aplicação da pesquisa científica à organização do trabalho;
- o respeito pelos interesses dos trabalhadores;
- a cooperação entre o capital e o trabalho.

Para Taylor, o aumento dos salários e o aumento dos lucros deviam ser parceiros. O gerenciamento extraía sua legitimidade na defesa dos interesses dos trabalhadores. Ficamos surpresos ao constatar que, ao menos no plano das intenções, Taylor permanece muito mais progressista do que bom número de dirigentes atuais. Se estes evocam a consideração da pessoa, o desenvolvimento da iniciativa individual, a tomada em consideração do mérito de cada um, ao mesmo tempo evocam muito pouco o respeito pelos interesses dos trabalhadores e muitos consideram que a

---

[3] N.E. Conforme as observações do autor sobre o termo francês *management*, aqui traduzido por *gerenciamento*, lembramos que o termo francês é exatamente igual ao termo inglês. Em português, a melhor tradução de um ou do outro não seria o consagrado "gerenciamento", e sim "manejo" ou "manejamento", no sentido específico de *manipular, manobrar*.

cooperação entre o capital e o trabalho passa pela flexibilidade antes do aumento das remunerações, a rentabilidade antes da defesa dos interesses do pessoal.

Poderíamos fazer as mesmas observações a respeito dos clientes. Os interesses dos consumidores são levados em conta apenas à medida que favoreçam a compra de bens ou de serviços. As práticas do *marketing* procuram a satisfação subjetiva de sua necessidade, "esquecendo", ao mesmo tempo, seus interesses reais, seu bem-estar final. É assim que procuramos torná-los cativos por meio de políticas de abono, vender-lhes produtos até quando se verificam nocivos para sua saúde, criar produtos novos, que tornam obsoletos os antigos, sem trazer progressos evidentes. Por exemplo, os construtores de produtos de informática produzem novas gamas de produtos incompatíveis com os anteriores, obrigando os usuários a substituir sua instalação inteira. No campo dos eletrodomésticos, as máquinas são concebidas para funcionar apenas por alguns anos, a fim de assegurar sua renovação rápida. A assim-chamada ditadura do "cliente-rei" tem, como limite, a regra de ouro do lucro.

A globalização atual joga o capital contra o trabalho, favorecendo uma concorrência exagerada, naturalizando os deslocamentos, favorecendo a circulação de capitais e ao mesmo tempo controlando a dos homens, aceitando os paraísos fiscais, tolerando a especulação e certas formas de delinquência financeira. As tendências estão, hoje, globalmente em desfavor do trabalho. É forçoso constatar uma tríplice evolução, que se acentua há uma dezena de anos:

• As empresas têm a tendência de deslocar suas unidades de produção para os países em que a legislação é a menos favorável para os empregados.
• A credibilidade e o poder dos sindicatos são inversamente proporcionais à globalização das empresas. Quanto mais estas se tornam "multinacionais", mais aqueles perdem

seu poder crítico. A ação sindical tende a se reduzir a uma representação formal, fundada mais sobre regras legais do que sobre lutas coletivas.

• O gerenciamento liberal e a "gestão dos recursos humanos" produzem uma individualização das relações salariais, neutralizam as reivindicações coletivas e enfraquecem as solidariedades concretas.

A gestão gerencialista preocupa-se antes de tudo em "canalizar as necessidades dos clientes" sobre os produtos da empresa e de transformar os trabalhadores em agentes sociais de desempenho. O trabalhador é considerado se for rentável. O cliente é rei se for solvível. A gestão comercial e a gestão dos recursos humanos se dobraram às exigências da gestão financeira. A obsessão de resultados se impôs em todos os escalões da empresa. O gerenciamento se pôs a serviço do *share holder value* — o valor para o acionista.

Diversas razões se conjugam para explicar a submissão do poder gerencialista à empresa dos mercados financeiros:

• uma razão ideológica ligada à conversão dos dirigentes à *corporate governance*;[4] para "ter carta de jogo na corte dos grandes" e participar na grande aventura da globalização, é preciso sair do modelo capitalista industrial e se alinhar sobre o modelo do capitalismo patrimonial;
• uma razão econômica ligada à pesquisa de "crescimento externo": a empresa tem necessidade de capitais para

---

[4] Termo anglo-saxônico que designa o conjunto de dispositivos postos em ação para levar as direções a melhor defender os interesses dos acionistas: nomeação de administradores "independentes"; criação de comitês de auditoria no seio dos conselhos de administração; desenvolvimento de *stock-options* para tornar o gerenciamento de topo mais sensível aos desempenhos das bolsas. Ver a revista *Sciences humaines*, "Decidir, gerar, reformar. Os caminhos da governança", fora de série n. 44, março-abril-maio 2004.

lançar OPA (ofertas públicas de compra [fr. *Achat*]), pôr em ação estratégias para a aquisição de empresas concorrentes; trata-se de assegurar o desenvolvimento da empresa não mais por um crescimento da produção interna, mas por uma política financeira ativa de estímulo do curso da ação — a fim de se proteger das "ameaças" externas — e de aumento do porte pela tomada de controle de outras sociedades;

• uma razão psicológica, ligada à vontade de onipotência dos dirigentes obcecados pelo desejo de "tornar-se o número um" em seu setor. Ser o maior, o mais forte, o mais poderoso, tal é o novo credo dos "grandes *managers*", que esporeia o cavalo da conquista do mundo. Uma verdadeira "pulsão de expansão" se apodera do gerenciamento.

Este último vai contribuir maciçamente para pôr em ação a dominação do capitalismo patrimonial, dando mais poder a mercados financeiros que ele não domina. Esse comportamento irracional, do ponto de vista da análise estratégica, só pode ser compreendido pelo ofuscamento de uma "elite" persuadida a disso tirar benefício. Ela acreditou dominar as regras de um jogo que a vai despojar de seu poder para o lucro dos proprietários do capital e dos acionistas. Os *managers* vão, então, entrar em um período de turbulência que levará muitos deles a serem "ejetados".

Os *golden parachutes*[5] são sintomas interessantes que dissimulam mal os fracassos estrondosos que eles financeiramente acabam por cobrir. Os dirigentes na ativa fazem discursos flamejantes para denunciá-los, ao mesmo tempo negociando nos bastidores montantes consideráveis para o dia em que eles próprios não estiverem mais no posto. O mais espanto-

---

[5] Os "golden parachutes en or" denotam os benefícios contratualmente negociados.

so, nessa evolução, é a cumplicidade maciça do ambiente e da classe política que assistem sem reagir a uma espécie de "hold-up planetário": as riquezas nacionais são raptadas para o proveito de multinacionais e de grupos financeiros inatingíveis. A desregulamentação facilitou movimentos esporádicos de capitais. O aparecimento de novos produtos (os *sicav*, fundos comuns de investimento, planos de poupança em ações) drenou uma parte crescente da poupança financeira das economias domésticas e influ os volumes em circulação sobre os mercados de ações. A recolocação em circulação de uma proporção importante do capital das empresas sobre os mercados tornou-as mais vulneráveis (Lordon, 2003). Por que as direções das grandes empresas fizeram a opção de pôr novamente em questão as participações cruzadas que garantiam sua "tranquilidade capitalista"? Por que elas se entregaram às imprevisibilidades dos mercados financeiros?

Ofuscado por um desejo de conquista, cada *manager* está persuadido de que só pode sair disso ganhando. Ele não consegue conceber que perderá sua independência, sua tranquilidade e seu poder ao favorecer tal evolução. A maioria desses dirigentes pensa que a globalização só pode lhes ser proveitosa, uma vez que ela acarreta uma "desterritorialização" da empresa e lhes permite escapar dos "poderes locais", dos controles das instâncias políticas, das legislações nacionais, sentidas como exigências insuportáveis. De onde um apoio maciço à desregulamentação, à livre circulação dos capitais e das mercadorias, à globalização da economia e ao desenvolvimento das multinacionais.

A dominação das multinacionais

Conforme um estudo da CNUCED [Conferência das Nações Unidas sobre o Comércio e o Desenvolvimento], no ano de 2000, 29 das 100 mais importantes entidades econômicas mundiais eram firmas transnacionais, e as outras eram países.⁶ Aqui não se trata de uma comparação entre os produtos internos brutos dos Estados e os números de negócios das multinacionais, mas de um cálculo mais afinado, que mostra melhor o poderio econômico real dos países e das firmas. Conforme essa classificação, Exxon Móbil, cujos ativos atingem 63 bilhões de dólares em 2000, representa um poderio econômico equivalente ao do Chile ou do Paquistão, assim como a General Motors, a Ford ou a Daimler-Chrysler, cujos ativos representam entre 40 e 45 bilhões de dólares. A influência dessas empresas na mundialização é exercida diretamente pelo viés de seu poderio econômico mas, igualmente, de modo mais oculto, pelo viés de um *lobbying* ativo sobre as políticas dos governos e das instituições internacionais.

O poder no seio das multinacionais repousa sobre uma aliança entre *managers*, que fazem opções estratégicas, e acionistas, que esperam dividendos. Ora, tais opções estratégicas não são realmente postas em discussão. É assim que a própria estrutura do processo democrático é truncada, tanto em seu funcionamento como em suas consequências. No plano do funcionamento, as decisões escapam ao debate público, ao passo que elas têm efeitos diretos sobre a sociedade. Os políticos se mostram impotentes para controlá-las. Eles podem tentar gerir suas consequências, velar pelo respeito ao direito, eventualmente tentar reforçar regras exigentes para limitar demissões. Mas essas regras são pouco eficazes e frequentemente contraprodutivas. Sua possibilidade de serem contornadas as torna facilmente caducas, como pudemos constatar a respeito das tentativas de controlar os circuitos financeiros ou de reforçar o direito do trabalho. Os homens políticos praticamente não têm nenhum poder sobre as estratégias pos-

---

⁶ K. P. Sauvant, *Rapport de la conference des Nations unies sur le commerce et le développement*, 2002, citado por Christian Losson, *Libération*, 15 de agosto de 2002.

tas em ação por firmas cujo poderio permite escapar às leis nacionais. As consequências de um sistema desse tipo são graves: impondo ao mundo sua lei de mercado, as multinacionais perturbam os modos de regulação que permitiriam encontrar um equilíbrio entre os acionistas, os produtores e os consumidores. Os exemplos são numerosos; testemunha disso é a evolução do mercado do café:

> Nestor Osório, diretor da Organização internacional do café, demonstra como a lei do mercado favorece as multinacionais e destrói os pequenos produtores conforme uma lógica implacável. "Até o fim dos anos 1980, existia um sistema de cooperação entre os países importadores e os países em desenvolvimento exportadores. Mas, quando as ideias liberais começaram a dominar os debates, esse sistema de regulação foi rompido". Dez anos depois, a constatação é clara:
>
> • A produção aumentou mais de 20%, ao passo que o consumo aumentou apenas 10%.
> • O ganho dos produtores baixou mais de 50%, passando de 12,5 bilhões de dólares no início de 1990 a 5,5 bilhões em 2002.
> • A cifra de negócios das cinco empresas multinacionais que controlam mais da metade da produção e do comércio do café duplicou, passando de 30 bilhões de dólares no início de 1990 a 60 bilhões em 2002.
>
> Nestor Osório avalia em 500.000 o número de empregos diretos que foram perdidos na América Central e no México no mesmo período.
>
> Fonte: V. de Filippis, "A liberalização favorece apenas as multinacionais", *Libération*, 7 de junho de 2002.

O mais impressionante nessa questão é o silêncio que envolve essas opções estratégicas e as pessoas que as tomam. Os verdadeiros indivíduos que decidem querem permanecer anônimos, à imagem da sociedade que eles dirigem.[7] Da mesma forma, os "mercados" são designados pelos comentadores bolsistas como verdadeiros sujeitos cuja confiança ou desconfiança determinariam o comportamento dos atores econômicos. Os acionistas das multinacionais representam uma nebulosa, cujos contornos são difíceis de descrever. Sabemos que existem, mas não sabemos de fato quais são. As deliberações dos conselhos de administração são secretas. Os modos de designação e de substituição de seus membros obedecem a regras que escapam a qualquer controle democrático. A opacidade reina soberana. E, ainda, quando todas essas informações são consideradas como acessíveis, pouco numerosos são aqueles que se acham capazes de decifrar a natureza real desse poder.

A mundialização gera uma ruptura entre o poder político e o poder econômico. Um permanece localizado, territorializado, nacionalizado. O outro é desterritorializado, opaco, internacionalizado. A globalização econômica não foi traduzida por uma mundialização política. O poder político permanece concreto e palpável. Ele pode, portanto, ser o objeto de uma interpelação e de um controle relativamente democrático. Ao passo que o poder econômico é abstrato, inatingível. Ele pode, a seu bel-prazer, impor suas exigências. Ele tende a se desligar de suas inscrições sociais, culturais, nacionais, a romper com o mundo social do qual ele proveio no início. Ele gera seu próprio tempo, suas próprias normas, seus próprios valores, sua própria cultura. Ele pro-

---

[7] Ver a esse respeito o filme de Michael Moore, *Roger and Me*, que descreve as consequências da decisão do PDG da General Motors de fechar a indústria de Flint. M. Moore filma as incidências sociais dessa decisão e tenta encontrar, em vão, Roger Smith, o PDG.

cura impor seu modelo à sociedade, impor-lhe suas regras. Os trabalhadores são considerados como submissos a suas exigências. Até o ritmo da vida humana, que deve adaptar-se aos ritmos do trabalho. Pensamos nesse patrão do ITT, que impunha sua hora a seus colaboradores no mundo inteiro, como se os fusos horários não lhe dissessem respeito, como se sua boa vontade se tornasse uma lei para a humanidade. Quando sabemos que uma centena de multinacionais controla direta ou indiretamente mais de 50% da produção econômica mundial, estamos no direito de nos inquietarmos com seu poderio. Com efeito, quem controla as multinacionais? A evolução das relações entre o capital e o trabalho é sintomática do desequilíbrio gerado pela ausência de qualquer controle democrático sobre seu desenvolvimento.

Liberdade para o capital, desregulamentação para o trabalho

Dois fenômenos ilustram as transformações das relações entre o capital e o trabalho no fim do século XX:

- a emergência de uma política drástica dos recursos humanos no seio das grandes empresas. Aquelas que se orgulham das vantagens concedidas a seus empregados levam à frente uma política de baixos salários e de redução das vantagens sociais. É preciso agradar os acionistas, que exigem uma redução do custo do trabalho;
- a distância entre uma política mundial de liberalização dos mercados financeiros e as políticas locais de abrandamento das regras do direito do trabalho e de proteção social. A grande maioria dos gestionários considera que a liberdade econômica é um progresso para todos, que a economia de mercado e a livre-troca devem-se generalizar, que é preciso, portanto, liberar os mercados para o capital, para

os produtos, para os serviços e para o emprego. Como se houvesse uma equivalência entre o dinheiro, as mercadorias e os homens. Como se o mercado de trabalho pudesse ser considerado como um mercado como os outros.

Quando partidos ou homens políticos evocam as durezas que pesam sobre o mercado do trabalho e reclamam mais flexibilidade, os trabalhadores entendem: deslocamento, horários irregulares, trabalho noturno, desorganização da vida familiar e de seus ritmos biológicos. Para os primeiros, a liberdade deve traduzir-se por uma desregulamentação. Convém, portanto, suprimir todas as regras percebidas como outras tantas exigências que impedem as empresas de serem sempre mais competitivas. Para os segundos, não pode haver nisso liberdade sem um mínimo de segurança, de respeito pelo direito, de possibilidade de negociar as condições de trabalho, de ter peso nas decisões. A questão da liberdade não se coloca nos mesmos termos. Ela não se inscreve no mesmo espaço, na mesma temporalidade. Para uns, ela representa um conceito abstrato em um mundo globalizado; para os outros ela se inscreve concretamente em sua vida cotidiana.

A globalização transforma as relações entre o capital e o trabalho. À des-territorialização do capital corresponde uma re-territorialização do trabalho. Verificamos isso observando as estratégias de deslocamento das firmas. De um lado as pressões para abaixar os custos da mão de obra, abrandar as exigências do direito do trabalho. Do outro, as pressões para favorecer uma liberdade total da circulação dos capitais e das trocas comerciais. A diferença de tratamento entre a circulação das mercadorias, dos capitais e dos homens no mundo de hoje é considerável. A liberdade de circulação dos produtos e do dinheiro é quase total, ao passo que as restrições sobre a circulação dos homens são múltiplas. A transferência dos capitais é ilimitada, instantânea, incontrolada, enquanto a dos trabalhadores é limitada, trabalhosa e objeto de regras muito estritas. Essa constatação é sintomática das relações entre o capital e o trabalho na hora da mundialização. De onde uma expectativa maciça em relação aos organismos internacionais encarregados de regular a economia mundial. Os cidadãos esperam dessas instituições uma limitação do poder dos "mercados", uma proteção dos salários e uma harmonização das regras do direito do trabalho. O exame das políticas do FMI (Fundo Monetário Internacional) e do BIT (Birô Internacional do Trabalho) revela claramente a desigualdade de tratamento da qual são objeto o capital e o trabalho, e o peso da ideologia gerencialista nas políticas conduzidas pelos dois organismos.

Joseph E. Stiglitz, antigo conselheiro econômico de Bill Clinton e vice-presidente do Banco Mundial, prêmio Nobel de economia, descreveu com perfeição a dominação da ideologia gerencialista neoliberal nas instâncias internacionais encarregadas de regular a economia mundial (FMI), o desenvolvimento (Banco Mundial) e o comércio (OMC). Ele mostra que as decisões são tomadas por alguns experts e atores — ministros das Finanças, do Comércio e da Indústria, representantes dos bancos centrais — que "veem o mundo com os olhos da comunidade financeira" (Stiglitz, 2002). Os experts do FMI concedem ou recusam uma ajuda aos países em dificuldade em função de critérios preestabelecidos — taxas de inflação, taxas de endividamento, equilíbrio orçamentário, montante dos déficits públicos, peso da dívida externa — e não em função da situação real nesses países. Sob a capa de rigor e de pragmatismo, os experts das grandes instituições são de fato ideólogos que aprendem a realidade mergulhando em cifras abstratas sem contato com as realidades locais.

A ruptura é total entre a elite tecnocrática dos experts internacionais e as populações em questão. Uns tratam de taxas de desemprego, os outros são ameaçados de serem desempregados, se já não o forem. Uns tratam de taxas de inflação, os outros veem concretamente a defasagem entre seu nível de vida e sua possibilidade de consumo. Uns se preocupam com taxas de crescimento, os outros não sabem o que irão comer amanhã. A partir disso, há uma oposição crescente entre duas visões do mundo. Uma é obcecada pela necessidade de liberar os mercados financeiros, reduzir os déficits públicos, conter a inflação, suprimir as barreiras alfandegárias, abolir o protecionismo, reduzir os serviços públicos. A outra está preocupada com a pobreza, a saúde, a educação, a família, a segurança, o consumo cotidiano, a possibilidade de produzir suficientemente para ter acesso a condições decentes de vida. Se os primeiros estão persuadidos de que sua visão permitirá, em termos, responder às expectativas dos segundos, a resposta é sempre deferida no tempo, como se uma "cura de austeridade" fosse forçosamente necessária para ter acesso à abundância.

Concluindo, conforme Joseph Stiglitz, o FMI conduz uma política que está no oposto das missões que lhe haviam sido confiadas no início. "Nós o criamos porque considerávamos que os mercados funcionavam frequentemente mal, e eis que ele se tornou o campeão fanático da hegemonia do mercado. Nós o fundamos porque julgávamos necessário exercer sobre os Estados uma pressão internacional para levá-los a adotar políticas econômicas expansionistas [...], e eis que hoje, como regra geral, ele apenas lhes fornece fundos se eles praticarem políticas de austeridade."

Ao contrário do FMI, cuja missão é regular a economia mundial, o BIT foi fundado para melhorar a situação dos trabalhadores e regular as legislações entre as nações para chegar a uma melhor proteção social e jurídica do mundo do trabalho. A declaração "fundadora" do BIT (Birô Internacional do Trabalho) afirma com vigor a necessidade de melhorar a situação dos trabalhadores de todos os países do mundo, "levando em conta que a não adoção por uma

nação qualquer de um regime de trabalho realmente humano apresenta um obstáculo para os esforços das outras nações desejosas de melhorar a situação dos trabalhadores em seu próprio país".[8] A ideia era que todos os países do mundo deviam harmonizar sua legislação social paralelamente, a fim de evitar que uma disparidade demasiadamente grande dos custos de produção, de mão de obra em particular, prejudicasse o progresso social. Para isso, a OIT, que depois se tornou o BIT, elaborou normas nos domínios do direito do trabalho, dos direitos sociais fundamentais — liberdade sindical, direito de negociação coletiva, proibição do trabalho forçado...).
A cada ano essas normas são adaptadas por uma conferência internacional do trabalho, que reúne representantes dos governos, dos sindicatos e do patronato da quase-totalidade dos países do mundo. Essas normas apenas se aplicam visto que elas são ratificadas pelas instâncias responsáveis de cada país e seu não respeito não acarreta sanções verdadeiras. Vemos aí duas diferenças maiores entre o FMI e o BIT.

A política do FMI não dá lugar a grandes debates democráticos. Ela é definida pelos países do G 8, os oito países mais ricos do mundo, e elaborada por experts nas discussões privadas, país por país, em função de sua situação econômica. Suas decisões são sem apelação. Aqueles que elas atingem não podem discutir sua legitimidade. O não respeito das condições impostas pelo FMI tem uma sanção imediata: a recusa de conceder uma ajuda. O que não põe o país em posição de força para negociar a pertinência dessas condições. Para o BIT, as coisas são invertidas. A discussão é aberta, ela procura reunir um consenso muito amplo, tanto do lado político como do lado dos representantes dos trabalhadores e dos patrões, ela se fundamenta sobre a adesão

---

[8] Preâmbulo da constituição da Organização Internacional do Trabalho [OIT] (1919).

voluntária e não dispõe de nenhum meio de pressão para conseguir que os diferentes países do planeta melhorem a situação de seus trabalhadores.

Podemos espantar-nos pelo fato de que o FMI e o BIT não harmonizem suas políticas. Se o BIT demanda, o FMI sempre tomou suas distâncias. O mundo financeiro se interessa pouco pelo mundo do trabalho. Cabe ao mundo do trabalho, portanto, adaptar-se às exigências da economia financeira e não o contrário. O respeito das normas estabelecidas pelo BIT jamais foi uma condição colocada à frente para conceder uma ajuda. Pelo contrário, depois de 1990, o papel do BIT se enfraqueceu sob a pressão da concorrência internacional e da ideologia neoliberal. "Os valores de justiça social, de solidariedade e de equidade, ou os princípios da dignidade humana e o primado do homem sobre a economia, que guiam a ação do BIT, são cada vez mais transformados... A corrida louca para as fatias de mercado e a concorrência para manter ou atrair empresas fazem cada vez mais aparecer a regressão social como um instrumento de política econômica a serviço da competitividade" (Euzéby, 2000).[9]

É a mesma ideologia que se propaga, segundo a qual a proteção social é um peso que é preciso diminuir ("é preciso reduzir os encargos"), o salário mínimo é uma causa do desemprego ("é preciso mais flexibilidade"), o direito do trabalho é uma exigência ("é preciso abrandar as regras"). A regulamentação do trabalho é, definitivamente, considerada como um obstáculo para a liberalização dos mercados. Para o gestionário, os problemas econômicos e sociais são sempre considerados como decorrentes dos entraves à "liberdade". Nessa perspectiva, a melhoria só pode vir por meio da desregulamentação, da liberalização das trocas, do abaixamento das despesas públicas e do não intervencionismo do Estado.

---

[9] Alain Euzéby é professor de ciências econômicas no IEP de Grenoble.

Essas políticas conduzidas sobre os cinco continentes provocaram crises maiores — na Ásia e na América do Sul — e uma regressão implacável na África. O discurso, todavia, continua o mesmo. Alguns chegam a adiantar a ideia de que essas crises são uma passagem obrigatória, uma purificação, como os médicos de Molière, que preconizavam sangrias para curar o doente. Temos aí uma cegueira fundada sobre uma representação ideológica das relações entre a economia e a sociedade.

Capítulo 2

Os fundamentos
da ideologia gerencialista

Os gestionários são pessoas sérias e eficazes que, portanto, não têm tempo para perder com qualquer reflexão epistemológica.

Alain-Charles Martinet

A gestão apresenta-se como pragmática e, portanto, não ideológica, fundada sobre a eficácia da ação, mais do que sobre a pertinência das ideias. Ela se torna uma "metalinguagem" que influencia fortemente as representações dos dirigentes, dos quadros, dos empregados das empresas privadas, mais igualmente das empresas públicas, das administrações e do mundo político. Os experts da gestão tornaram-se pessoas que prescrevem modelos. Propõem encarregar-se dos negócios do mundo. Os modelos sobre os quais fundamentam sua competência são construídos sobre diferentes paradigmas. Um paradigma descreve o conjunto das crenças a partir das quais os pesquisadores elaboram suas hipóteses, suas teorias e seus métodos. Entre as ciências da gestão e a ideologia gerencialista, as relações são ambíguas. Às primeiras cabe descrever e analisar as modalidades de organização da ação coletiva. As segundas estão a serviço do poder gerencialista para garantir sua empresa. A gestão se perverte quando favorece uma visão do mundo na qual o humano se torna um recurso a serviço da empresa.

Gestão e ideologia

A gestão é amplamente concebida, pelos práticos e pela grande maioria daqueles que a ensinam, como um conjunto de técnicas destinadas a pesquisar "a organização da melhor utilização dos recursos financeiros, materiais e humanos" para garantir a perenidade da empresa (Bouilloud e Lécuyer, 1994). Sua reflexão é orientada para a realização de uma finalidade. Nessa perspectiva, a particularidade da gestão "reside no fato de que não se trata de perseguir uma finalidade escolhida por indivíduos, nem uma finalidade negociada no interior de uma coletividade, mas uma finalidade imposta do exterior".[1]

Criada por engenheiros, a gestão foi por muito tempo dominada por uma concepção física da empresa, representada como um conjunto mecânico. Mais recentemente vimos aparecerem outras preocupações que integram o fator humano, as interações e a complexidade. Ela se torna, então, uma disciplina multiforme, sem corpus próprio. Uma disciplina científica define-se antes de tudo por seu objeto: a natureza pela física, o ser vivo pela biologia, a sociedade pela sociologia, os comportamentos humanos pela psicologia... Ao se definir em relação a uma finalidade prática — fazer a empresa funcionar — a gestão passa ao lado de seu objeto. Ela se decompõe então em domínios especializados, como a gestão estratégica, a gestão de produção, a gestão comercial, a gestão contábil, a gestão financeira, a gestão de *marketing*, a gestão do pessoal e dos recursos humanos etc. Diversos saberes práticos que têm como função modelar comportamentos, orientar processos de decisão, estabelecer procedimentos e normas de funcionamento. Temos aí a construção de um sistema de interpretação do mundo social "que

---

[1] Jacques Girin, "A análise empírica das situações de gestão", em A.-C. Martinet (ed.), 1990. A epígrafe deste capítulo eliminada da obra.

implica uma ordem de valores e uma concepção da ação", ou seja, uma ideologia no sentido definido por Raymond Aron (1968).

Designar aqui o caráter ideológico da gestão é mostrar que, por trás dos instrumentos, dos procedimentos, dos dispositivos de informação e de comunicação encontram-se em ação certa visão do mundo e um sistema de crenças. A ideologia é um sistema de pensamento que se apresenta como racional, ao passo que mantém uma ilusão e dissimula um projeto de dominação; ilusão da onipotência, do domínio absoluto, da neutralidade das técnicas e da modelação de condutas humanas; dominação de um sistema econômico que legitima o lucro como finalidade. Esse projeto aparece claramente por meio dos mecanismos de poder, dos quais são objeto a formação e a pesquisa em gerenciamento. Na hora da globalização, elas são cada vez mais dominadas por um modelo americano que impõe suas normas ao mundo inteiro.

As ciências gerencialistas em questão

Cerca de 70% dos artigos publicados nas revistas de pesquisa sobre gestão, os mais cotados entre 1991 e 2002 são marcados por pelo menos um autor estabelecido nos Estados Unidos, sendo um fato que mais de 95% delas são americanas. Os Estados Unidos consolidam sua dominação por meio do saber em ciência gerencial. Suas normas contábeis se impõem a todos os países. A formação em gestão se torna uma arma geopolítica. Desse modo, uma das primeiras ajudas oferecida em 2002 pelo presidente Bush ao Iraque é um programa de bolsas de formação em gestão nos Estados Unidos [...].

Nas escolas de gestão, não se trata de estudar os fenômenos de poder e de dominação, como se repartem as desigualdades, quem paga e quem beneficia. Ficamos acantonados unicamente nos problemas situados acima da ação, bem como à concepção e à execução de soluções eficientes e eficazes. A referência é o quadro dirigente de uma organização econômica, e não a política da empresa e seu lugar na sociedade.

As revistas mais cotadas são-no por meio de um procedimento quantitativo (e, portanto, suposto como objetivo) amplamente regulado pelos universitários e instituições que se situam no topo do dispositivo. O escalonamento da qualidade das revistas repousa sobre as taxas de citações, cujos artigos figuram nas revistas mais bem classificadas. Entre autores, instituições e revistas da elite, a proteção do posto passa por práticas de autocitação e pelo esquecimento seletivo de revistas, autores e instituições que não fazem parte do mundo que eles compõem.

Ora, rendas acadêmicas induzem rendas financeiras. Os grandes gabinetes internacionais de conselho recrutam MBA. As doações das empresas vão para as escolas mais visíveis [...]. A ciência gerencial é comercializada e se torna um centro de lucro generalizado.

Fonte: Entrevista com Jean-Claude Thoenig, revista *Sciences Humaines*, "Decidir, gerir, reformar. Os caminhos da governabilidade", fora de série n. 44, março-abril-maio de 2004.

A serviço do poder gerencialista, a ideologia gerencialista se funda sobre certo número de pressupostos, de postulados, de crenças, de hipóteses e de métodos, dos quais convém verificar a validez. O paradigma objetivista dá um verniz de cientificidade à "ciência gerencial". Ele se declina segundo quatro princípios que descrevem a empresa como um universo funcional, a partir de procedimentos construídos sobre o modelo experimental, dominado por uma concepção utilitarista da ação e de uma visão economista do humano.

Compreender é medir

A preocupação de objetivação por muito tempo foi identificada com a quintessência da abordagem científica. Compreender é modelar, isolando certo número de variáveis e de parâmetros, que podemos então medir. A linguagem "régia" desse processo de objetivação é fundada sobre o modelo das matemáticas.

No mundo da racionalidade formal, todas as variáveis não mensuráveis são, de início, colocadas à parte, e depois, de fato, eliminadas. Referimo-nos a um *homo economicus*,[2] indivíduo de comportamento racional, que oferece aos pesquisadores uma comodidade maior: podemos prever seu comportamento, otimizar suas opções, submetê-lo ao cálculo e programar sua existência. Nessa lógica de pensamento, excluímos da análise tudo aquilo que é considerado como irracional, porque não objetivável, não mensurável, não calculável. Os registros afetivos, emocionais, imaginários e subjetivos são considerados como não confiáveis e não pertinentes. No limite, eles não existem porque não sabemos atingi-los, analisá-los ou traduzi-los em números.

O *homo economicus* pode ser assimilado a um "monstro antropológico habitado por uma suposta racionalidade que reduz todos os problemas da existência humana a um cálculo" (Bourdieu, 2000). Essa ficção autoriza certos pesquisadores a não mais se preocupar com a observação concreta da condição humana para se evadir no universo abstrato das equações matemáticas. Há um risco de quantofrenia aguda

---

[2] Aqui não se trata de assimilar gestão e economia. Um grande número de economistas há muito tempo denunciou o risco do economismo, ou seja, o viés que consiste em considerar os fenômenos sociais apenas por meio do prisma das teorias que se referem a um *homo economicus*. Para uma crítica aprofundada dessas abordagens, podemos nos referir ao "Manifesto pela economia humana", de Jacques Généreux, *Esprit*, 2002.

(a doença da medida) que espreita todos aqueles que, em vez de medir para melhor compreender, querem compreender apenas aquilo que é mensurável.

Da transmutação da economia em matemáticas

Na primavera de 2000, um movimento de protesto contra os excessos da modelação no ensino da economia se desenvolveu na França. O seguinte extrato da redação de uma tarefa de economia ilustra o processo de transformação de uma questão de economia em equações matemáticas.
Consideramos a decisão de poupança de uma casa que vive dois períodos (jovens/velhos). Notamos p_1, o preço do bem consumido no primeiro período, e p_2, seu preço no segundo período. Supomos que a casa só pode poupar *via* detenção de recebimentos monetários, m. Notamos C_1 e C_2 os consumos do primeiro e do segundo período da casa. As exigências orçamentárias instantâneas deste último sobre seus dois períodos de vida são definidas por $p_1 C_1 + m = W$ e por $p_2 C_2 = m$, em que W corresponde ao salário nominal. O objetivo das locações é de maximizar sua utilidade intertemporal, notada U, sob sua exigência intertemporal. A esse respeito, definimos: $U = \log C_1 + 1/(1 + d) \log C_2$... Supomos $p_2 = (1 + p) p_1$, em que p é a taxa de inflação ou de deflação, conforme $p > 0$ ou p respectivamente...

Fonte: Laurent Mauduit, *Le Monde*, 21 de junho de 2001.

Esse exemplo mostra como um problema econômico é tratado, definitivamente, como uma tarefa de matemática. A preocupação pela objetividade é louvável. Mas colocar a realidade em uma equação jamais permitirá compreender o comportamento dos homens e a história das organizações. Muitos gestionários mantêm uma confusão entre racionalização e razão. A racionalização é um mecanismo de troca, a partir da pesquisa de uma linguagem comum e de uma preocupação de esclarecimento. Mas é também um mecanismo de defesa que, sob as aparências de um raciocínio lógico, tende a neutralizar aquilo que é perturbador, aquilo que incomoda, aquilo que não entra em "sua" lógica. Nesse sentido, a racionalização está do lado do poder, ao passo que a razão está do lado do conhecimento. Este último não deve submeter-se a um princípio de eficácia, e sim a um princípio de pesquisa do sentido. Ora, sob muitos pontos, a eficiência se opõe ao sentido (Barus-Michel, 1997). O conhecimento deve permitir a cada indivíduo tornar inteligíveis sua experiência, as situações que ele encontra, os conflitos que ele é levado a viver. Deve trazer respostas a sua necessidade de coerência, de lógica, fazendo apelo à razão. Deve, finalmente, permitir que ele desenvolva suas capacidades de historicidade, ou seja, a faculdade de melhor compreender o passado para melhor se situar no presente e se projetar no futuro. Estamos longe de uma concepção objetivista e utilitarista. O importante não é fazer o repertório dos fatores, de medir seus parâmetros, de calcular funções coletivas, razões de custos/vantagens ou custos/eficácia, de otimizar curvas de vendas ou de maximizar sua margem. O importante é compreender significações, ajudar cada um a analisar o sentido de sua experiência, definir as finalidades de suas ações, permitir que ele contribua na produção da sociedade em que ele vive.

A organização é um dado

A análise organizacional é abordada pelas ciências da gestão em uma perspectiva funcionalista. O funcionalismo é uma teoria que tende a ligar os fenômenos sociais às funções que eles garantem. Sobre o modelo da fisiologia, podemos assim detectar o ato particular que cada entidade deve executar para contribuir para a manutenção ou para a harmonia do conjunto do qual ela depende. Aplicada à gestão, a teoria funcionalista, assim como as abordagens comportamentalistas para o indivíduo, considera a organização como um dado, um sistema, uma entidade que tem um funcionamento "normal", e cuja finalidade é garantir sua reprodução. Ela se apoia sobre os modelos da física, da cibernética ou da biologia para medir os desvios em relação à norma, calcular os níveis de desenvolvimento e de crescimento que é preciso alcançar em função de ciclos e de parâmetros pré--construídos, considerados como indicadores dos níveis ótimos. Nessa perspectiva, os conflitos são considerados como disfunções. O próprio termo "disfunção" subentende a existência de uma norma de funcionamento apresentada como ideal. Mas esse ideal raramente é questionado, como se fosse absoluto, porque é o objeto de uma aceitação tácita, considerada como indiscutível.

A abordagem funcionalista não questiona a ordem subjacente às diferentes funções estudadas no seio da organização. Ela procura não tanto analisar a realidade do funcionamento do indivíduo e da organização, e sim encontrar os meios de melhor adaptar um ao outro. Estamos em uma perspectiva mais normativa do que explicativa, mais adaptativa do que compreensiva. Se os indivíduos podem ter comportamentos considerados como desejáveis em um dado contexto e, portanto, adaptados às expectativas e às exigências de um ambiente, os pressupostos que fundam essa normalidade devem ser analisados. Quando reduzimos a análise das condutas humanas à descoberta dos mecanismos de adaptação e de desvio, colocamo-nos implicitamente a serviço do poder estabelecido. Todo poder impõe normas, regras explícitas e implícitas e, portanto, uma "ordem" à qual os agentes devem se submeter. Ele sanciona todo afastamento em relação a exigências apresentadas como "normais". Os pesquisadores não devem validar essa ordem, e sim compreender suas raízes. Quanto aos atores, eles devem compreender seus fundamentos se quiserem discutir sua pertinência e determinar sua conduta com conhecimento de causa.

O reino da *expertise*

A atitude experimental consiste em pesquisar leis causais entre diferentes elementos a partir de experiências que podemos repetir ao infinito, e que produzem resultados similares. O saber pode, então, se inscrever em uma lógica de predição, ainda que tais predições se verifiquem apenas no quadro da experiência. Os sucessos dessa abordagem nos domínios da física e da biologia levaram alguns pesquisadores a identificá-la com "a" atitude científica e a querer aplicá-la às ciências do homem e da sociedade.

A gestão encontra no modelo experimental os fundamentos de uma cientificidade que lhe escapa. Por exemplo, a "organização científica do trabalho", ainda que hoje seja considerada como ultrapassada, é uma referência importante das "ciências" da gestão. Nessa orientação, o trabalhador é o objeto de uma observação atenta e sistemática por experts que irão tirar suas conclusões operatórias. O ato de trabalho é decomposto em unidades de base, que permitem reconstituir a atitude ótima na execução das diferentes tarefas a realizar. O objetivo de tal abordagem é, evidentemente, melhorar a produtividade e o rendimento. Os trabalhadores são considerados como as engrenagens de uma máquina ou como os elementos de um sistema. A racionalidade instrumental consiste em pôr em ação uma panóplia impressionante de métodos e de técnicas para medir a atividade humana, transformá-la em indicadores, calibrá-la em função de parâmetros precisos, canalizá-la para responder às exigências de produtividade.

No universo experimental, o expert domina as modalidades de elaboração e de aplicação do método. A discussão sobre o "como" tende a eliminar a questão do "porquê". Os agentes podem, a rigor, discutir sobre os meios, mas não sobre as finalidades. A demonstração experimental impõe sua "lógica" de verdade a todas as outras formas de saber. A competência se torna a referência maior no processo de decisão. O poder tecnocrático pode então se desenvolver: poder do saber mobilizado pelos especialistas que impõem uma modelação do real sob a forma de painéis de instrumentos, de indicadores, de ratios etc., igualmente linguagens normativas que se impõem aos atores da empresa.

O expert reina, então, como senhor. É ele que sabe aquilo que convém fazer, apoiando-se sobre uma demonstração inevitável, uma observação rigorosa de fatos e uma análise "científica" da realidade, o que torna seus julgamentos indiscutíveis. Espera-se do expert um discurso de verdade sobre aquilo que é preciso fazer ou não. Os trabalhadores são considerados como objetos sobre os quais se procede com experimentações diversas: comparação com grupos testemunhas, levantamento de informações por meio de questionários fechados, observação de comportamentos e medidas diferenciais a partir da variação das condições de experiências etc. Eles são tratados como cobaias e, consequentemente, despojados da capacidade de intervir sobre sua própria situação. As célebres experiências feitas na Western Electric de 1924 a 1933, sempre citadas nos manuais de gestão como momento fundador do movimento de relações humanas, são, a esse respeito, particularmente significativas (Lécuyer, 1994).

O método experimental é um método de investigação que, com uma preocupação de cientificidade, contribui para instrumentalizar aqueles que dele são o objeto. Seu interesse é evidente nos registros da física, da química, das ciências naturais, ou ainda na medicina, quando se trata de testar um medicamento. Convém, então, medir precisamente o impacto de uma modificação sobre um sistema suficientemente identificado. Mas o método é pertinente apenas se certas condições estiverem reunidas: a identificação dos diferentes fatores causais no interior de um sistema finito, do qual se possa descrever com precisão todos os elementos e suas interações. É preciso poder aplicar a célebre fórmula dos físicos: "todas as coisas iguais de um outro ponto de vista". Essa condição raramente está presente no campo da atividade humana, particularmente nas empresas confrontadas com mudanças contínuas. No turbilhão da história, A nunca é igual a A. Estamos aqui diante de um paradoxo: a gestão é uma ciência que se pretende a-histórica, ao passo que assume a tarefa de apreender uma realidade social profundamente marcada pela história.

A reflexão a serviço da eficácia

Conforme o paradigma utilitarista, cada ator procura "maximizar suas utilidades", ou seja, otimizar a relação entre os resultados pessoais de sua ação e os recursos que a isso consagra. A preocupação com a utilidade é facilmente concebível em um universo em que as preocupações com a eficiência e a rentabilidade são constantes. É preciso ser sempre mais eficaz e produtivo para sobreviver. A competição é considerada como um dado "natural", ao qual é preciso adaptar-se bem.

Nesse contexto, a pesquisa e o conhecimento são considerados como pertinentes apenas à medida que levam a soluções operacionais. A gestão se comprometeu com um processo de autolegitimação, colocando à frente "o pragmatismo como finalidade, o empirismo como método e a retórica como meio. A pesquisa da verdade científica se apaga diante das proclamações de eficácia, a demonstração diante da força de convicção" (Martinet, 1990).

A otimização reina como senhora. "Sejam positivos!" é uma injunção permanente. Convém praticar "a abordagem solução", ou seja, só evocar um problema a partir do momento em que podemos resolvê-lo. Ouvimos frequentemente responsáveis declararem a seus subordinados: "Aqui não há problemas; há apenas soluções!" O pensamento é considerado como inútil se não permitir contribuir para a eficiência do sistema. Cada indivíduo é reconhecido conforme suas capacidades de melhorar seu funcionamento. A pertinência do conhecimento é medida pelo metro de sua utilidade para a organização. É difícil, nesse contexto, desenvolver um pensamento crítico, salvo se a crítica for "construtiva". Podemos exercer a liberdade de pensamento e de palavra, com a condição de que essa liberdade sirva para melhorar os desempenhos. Aquele que levanta um problema sem trazer sua solução é percebido como alguém que perturba, um ser negativo, ou até um contestador, que é melhor eliminar. O conformismo é a contrapartida do utilitarismo.

Mais profundamente, tudo aquilo que não for útil é considerado como não tendo sentido. O único critério reconhecido como dando sentido é o critério de utilidade. A questão não é mais, então, produzir conhecimento em função de critérios de verdade, mas segundo critérios de eficiência e de rentabilidade dos objetivos fixados pelo sistema. É um outro aspecto da racionalidade instrumental, que tende a considerar como irracional tudo aquilo que não entra em sua lógica. Aquilo que Herbert Marcuse (1972) chamava de universo do discurso fechado, "que se fecha para qualquer outro discurso que não empregue seus termos".

O humano é um recurso da empresa

No setor comercial, definitivamente tem sentido apenas aquilo que é rentável. O imaginário social é dominado pela lógica capitalista que canaliza os fantasmas, os desejos, as aspirações, mas também a "pulsão epistemológica", ou seja, a curiosidade que impele a produzir o conhecimento. A gestão se tornou a ciência do capitalismo, subentendida por uma vontade de domínio que se apresenta como fundamentalmente racional. Esse domínio não tem em vista apenas o campo da economia, mas a sociedade inteira. "Não é somente na produção que ela deve se realizar, mas igualmente no consumo, e não somente na economia, mas na educação, no direito, na vida política etc. Seria um erro — o erro marxista — ver essas extensões como secundárias em relação ao domínio da produção e da economia, que seria o essencial. É a própria significação imaginária social que se apodera das esferas sociais, umas depois das outras" (Castoriadis, 1997).

A justificação desse estado de coisas é a de racionalizar a produção com menor custo para favorecer o crescimento e satisfazer as "necessidades" dos consumidores. Podemos ficar admirados com a eficiência dessa visão do mundo. Podemos também ficar inquietos com os custos que não são levados em conta, quer se tratem dos atentados ao meio ambiente, do desperdício de certas matérias-primas, da pressão do trabalho, de suas consequências psicológicas, como o estresse ou o cerco moral, ou ainda da exclusão de todos aqueles que não podem ter acesso a esse mundo ou por ele foram rejeitados. O paradigma utilitarista transforma a sociedade em máquina de produção e o homem em agente a serviço da produção. A economia se torna a finalidade exclusiva da sociedade, participando da transformação do humano em "recurso".

A maioria dos manuais de gestão desenvolve o seguinte pressuposto: a empresa é um conjunto de fatores em interação uns com os outros. Convém, portanto, estudar as diferentes funções necessárias para o desenvolvimento desse sistema. Essas funções definem as diferentes especialidades que constituem as ciências da gestão: finanças, estratégia, contabilidade, comercial, *marketing*, direito, administração, controle de gestão etc. Mas há um fator que apresenta problemas particulares: o "fator humano". Daí a colocação em prática de um departamento especializado, chamado de "recursos humanos". O recurso humano se torna um objeto de conhecimento e uma preocupação central da gestão.

Essa abordagem repousa sobre dois pressupostos raramente explicitados:

- o humano é um fator da empresa;
- o humano é um recurso da empresa.

Afirmar que o humano é um fator da empresa leva a operar uma inversão das relações entre o econômico e o social. De fato, é a empresa, como construção social, que é uma produção humana, e não o inverso. Temos aqui uma confusão das causalidades, expressão suplementar da primazia concedida à racionalidade dos meios sobre as finalidades. Considerar o humano como um fator entre outros é interinar um processo de reificação do homem. O desenvolvimento das empresas só tem sentido se contribuir para a melhoria da sociedade e, portanto, do bem-estar individual e coletivo e, definitivamente, se estiver a serviço da vida humana. Gerenciar o humano como um recurso, ao mesmo título que as matérias-primas, o capital, os instrumentos de produção ou ainda as tecnologias, é colocar o desenvolvimento da empresa como uma finalidade em si, independentemente do desenvolvimento da sociedade, e considerar que a instrumentalização dos homens é um dado natural do sistema de produção.

Afinal de contas, a concepção gestionária leva a interpelar cada indivíduo, a fim de que ele se torne um agente ativo do mundo produtivo. O valor de cada um é medido em função de critérios financeiros. Os improdutivos são rejeitados, porque eles se tornam "inúteis para o mundo" (Castel, 1995). Assistimos ao triunfo da ideologia da realização de si mesmo. A finalidade da atividade humana não é mais "fazer sociedade", ou seja, produzir ligação social, mas explorar recursos, sejam eles materiais ou humanos, para o maior lucro dos gestionários dirigentes que governam as empresas.

O quadro seguinte resume os principais paradigmas em ação nos manuais de gestão e as razões pelas quais eles não são pertinentes para compreender o mundo da empresa e das organizações.

Crítica dos paradigmas que fundamentam a gestão

PARADIGMAS	PRINCÍPIO BÁSICO	CRÍTICA
Objetivista	Compreender é medir, calcular	Primado da linguagem matemática sobre qualquer outra linguagem
Funcionalista	A organização é um dado	Ocultação dos mecanismos de poder
Experimental	A objetivação é um dado científico	Dominação da racionalidade instrumental
Utilitarista	A reflexão está a serviço da ação	Submissão do conhecimento a critérios de utilidade
Economista	O humano é um fator da empresa	Redução do humano a um recurso da empresa

Primado da ação, da medida, da objetividade, da utilidade, o pensamento gestionário é a encarnação caricatural do pensamento ocidental. No mundo ocidental convém pensar "distintamente". A modelação matemática e as tecnologias da informação se inscrevem em uma lógica fundamentalmente binária: A ou B. É um pensamento do acontecimento e não do momento.[3] Criando o acontecimento, cada ocidental crê dominar o curso da história. Nossas representações do tempo são prisioneiras de uma obsessão da medida de um tempo abstrato, de uma concepção entre um início e um fim. Elas se encontram, definitivamente, descoladas do tempo da vida humana. Elas obrigam os homens a sofrer um tempo abstrato, programado, ao contrário de suas necessidades. A temporalidade do trabalho leva a impor ritmos, cadências, rupturas que se afastam do tempo biológico, do tempo das estações, do tempo da vida humana. A medida abstrata do tempo permite desligá-lo das necessidades fisiológicas ou psicológicas: o sono, o alimento, a procriação, o envelhecimento etc. O indivíduo submetido à gestão deve adaptar-se ao "tempo do trabalho", às necessidades produtivas e financeiras. A adaptabilidade e a flexibilidade

---

[3] François Jullien salienta que a China escreve sua história em termos de processos e de "transformações silenciosas". O acontecimento é apenas a espuma da história, sem dúvida não a determinando. Ele não é mais que um índice de transformações invisíveis. Os acontecimentos se hierarquizam, um eclipsa o outro, ao passo que os momentos se completam, se apoiam, se reforçam mutuamente. "Há uma fecundidade da China no fato de pensar o indistinto e, portanto, a transição e, portanto, a mudança; e há uma fecundidade na Europa pelo fato de pensar o distinto e, portanto, o afastamento e, portanto, o movimento [...]. O envelhecimento não é a passagem entre dois estados distintos, mas um processo que corre imperceptivelmente ao longo de toda a existência. Ele não se define em relação a um antes e a um depois, mas por indícios, de início imperceptíveis, depois cada vez mais precisos: uma ruga, um fio branco no cabelo, um reflexo mais lento do que o costumeiro, um inesperado lapso de memória..." (Jullien, 2001). Esse texto é resumido por Catherine Espinasse (2003).

são exigidas em mão única: cabe ao homem adaptar-se ao tempo da empresa e não o inverso.

O gestionário não suporta as férias. É preciso que o tempo seja útil, produtivo e, portanto, ocupado. A desocupação lhe é insuportável. A abordagem da qualidade ilustra de modo caricatural essas representações que concebem a vida humana em uma perspectiva instrumental e produtivista.

Capítulo 3

O gerenciamento, a qualidade e a insignificância

> Para ganhar, não são os mais fracos que é preciso ajudar, mas os melhores.
>
> *Bertrand Collomb,*
> Presidente do Grupo Lafarge

A ideologia gerencialista apresentaria menos atração se não estivesse associada a valores como o gosto de empreender, o desejo de progredir, a celebração do mérito ou o culto da qualidade. Valores positivos que vêm de encontro às aspirações humanas profundas e dificilmente contestáveis.

Depois da celebração da mudança nos anos 1970, da excelência nos anos 1980, a noção de qualidade se difundiu no decorrer dos anos 1990 na maioria das grandes empresas. Seu sucesso ultrapassou amplamente a esfera das empresas privadas. A qualidade é uma utopia mobilizadora que suscita em primeiro lugar o entusiasmo e o consenso. Ela permite ultrapassar os objetivos de desempenho, de rentabilidade e de proveito que conotam preocupações "baixamente" financeiras. Como poderíamos estar contra a qualidade?

O gerenciamento pela qualidade, portanto, espalhou-se rapidamente como "o" modelo a seguir, com o apoio das instituições europeias, que criaram o European Foundation for Quality Management (EFQM). Essa fundação, em associação com o Movimento Francês pela Qualidade (MFQ), difundiu amplamente quatro fascículos reunidos sob a forma de um guia para melhorar o gerenciamento das empresas. O capítulo que segue apoia-se sobre uma análise do conteúdo dessa brochura.[1]

Os "conceitos-chave" da qualidade

O ideal de qualidade e os meios de alcançá-la, declinados a partir de certo número de noções, formam uma equação "mágica": Qualidade = Excelência = Sucesso = Progresso = Desempenho = Comprometimento = Satisfação das necessidades = Responsabilização = Reconhecimento = Qualidade...

Esses diferentes termos são utilizados de modo recorrente, como se sua significação fosse evidente. Eles formam um discurso circular, a partir de definições entrecruzadas. Cada termo é definido em referência aos outros e reciprocamente. Um exame dos principais "conceitos-chave" é, portanto, útil para compreender os mecanismos do programa.

- EXCELÊNCIA: "O EFQM assumiu por missão ser o motor da excelência durável na Europa, com uma Visão de um mundo em que as organizações europeias se distinguem por sua Excelência... Define-se a excelência como uma prática excepcional de gerenciamento de uma organização e de obtenção de resultados, repousando sobre o conjunto de oito conceitos fundamentais [...]. A Excelência de resultados, que se referem ao Desempenho, aos Clientes, ao

---

[1] O EFQM atribui anualmente um "prêmio de qualidade", que recompensa as empresas mais "bem desempenhadas nesse domínio" (www.efqm.org).

Pessoal e à Coletividade, é obtida graças à *Leadership* que sustenta a Política e a Estratégia que gere o Pessoal, as Parcerias, os Recursos e os Processos".[2]

A Excelência é mencionada 12 vezes nas duas primeiras páginas da brochura, na maioria das vezes com maiúscula. Ela é apresentada como um modelo total, um guia para levar a empresa à perfeição, implicando o conjunto de seus atores e de suas funções. Busca de um absoluto que se trata de realizar no trabalho. O que significa a excelência quando ela se refere ao conjunto do gerenciamento da organização? A globalidade do ideal de exceção não é contraditória com o próprio termo? Principalmente quando se declara que se trata de uma "prática excepcional", que deve ser durável. O modelo propõe ao conjunto das empresas europeias se distinguir, obtendo os melhores resultados. Aqui é esquecido que a excelência não se partilha. A etimologia do termo vem do latim *excellentia*, do verbo *excellere*, que significa "sair da porção, superar, ter a vitória sobre".[3] Não podemos assumir como objetivo ser "fora do comum" e partilhá-lo com outros semelhantes. Exceto impelir todos os nossos "semelhantes" em um projeto de perpétua superação, em uma corrida na direção de um ideal mítico inacessível.

• Sucesso: O termo pode facilmente ser substituído por Excelência. A qualidade deve ser "o motor do sucesso e, portanto, a finalidade das finalidades. Trata-se de jogar

---

[2] As maiúsculas figuram na brochura da European Foundation for Quality Management. As citações que seguem são dela extraídas.
[3] É interessante notar a esse respeito que os termos "excelência" e "exclusão" têm o mesmo prefixo *ex-*, que significa "fora de". Em inglês, o termo "excellence" é por vezes traduzido por *exceiling*, que quer dizer "sair pelo teto". Os dois sentidos, portanto, são inversos, pois trata-se de fato de se extrair da sociedade, uns pelo alto, outros pela parte de baixo. Cf. Furtos, 1998, p. 32.

"ganhando-e-ganhando", ou seja, de desenvolver relações "mutuamente proveitosas" com as diferentes parcerias da empresa. "Ter sucesso juntos" torna-se um compromisso que cada um deve subscrever, por convicção e não por simples obediência. O imaginário do sucesso leva cada um a querer ser o melhor. O indivíduo não fica satisfeito em ser bom e fazer bem seu trabalho. É preciso fazê-lo melhor, "ganhar 20% sobre os custos de produção", obter uma implicação total. O postulado inicial é que a situação presente não pode ser satisfatória porque é sempre possível fazer melhor. Deixamos na sombra as consequências da exigência do sempre mais. Para um ganhador, quantos foram os perdedores? A busca de um ideal de perfeição leva a uma competição sem fim. O sucesso torna-se uma obrigação: é preciso ganhar, caso contrário o indivíduo é eliminado. Não há outra escolha; "é a própria condição de nossa existência", proclama a brochura do EFQM. Ou ganhamos ou desaparecemos.

• O COMPROMETIMENTO: Ele é a chave do sucesso. Convém suscitar o comprometimento de todos, no cotidiano, particularmente de cada responsável hierárquico, em um espírito de exemplaridade, a fim de reforçar a adesão do pessoal. A ausência de implicação torna-se a chave explicativa do fracasso. "Atualmente, a estagnação de nossos resultados interroga [o fato de que] os agentes das equipes não estão suficientemente implicados na construção do plano de progresso e os *managers* não estão suficientemente presentes no campo".

Não se diz que os agentes e os *managers* não preenchem corretamente sua tarefa; reprova-se que eles não se comprometam. Para levá-los a se implicar, é oferecida a eles uma "visão clara e coerente, fundada sobre valores comuns". A empresa propõe um ideal e pede a seus agentes que o partilhem e o alimentem. Esse processo de captação do Ideal do Eu por um ideal coletivo favorece a identificação, a mobilização psíquica e a adesão. A empresa se apresenta como um objeto de investimento comum (objeto no sentido psicanalítico do termo) que cada um é convidado a interiorizar, a assumir em si, a introjetar.

Essa "visão" conforta o sentimento de que o sucesso da empresa depende antes de tudo do comprometimento de todos. Ela permite minimizar o impacto das opções estratégicas, dos modos de organização e do contexto socioeconômico nos desempenhos da empresa. Se o comprometimento é a chave do sucesso, sua ausência é a causa do fracasso.

• O PROGRESSO: Deve ser permanente e contínuo. "O cliente, nosso motor de progresso"; a diversidade das pessoas e dos saberes "é um verdadeiro elevador para o progresso". Estamos em um universo que cultiva o esquecimento do passado, a desvalorização do presente e a exaltação do futuro. Convém progredir permanentemente, subir sempre mais alto. A qualidade, assim como a excelência e o sucesso, jamais é adquirida. Cada agente, cada equipe, cada *manager* deve inscrever-se em uma lógica de progresso. A ausência de progresso é a estagnação. Temos aí um fantasma de morte: parar de progredir é morrer. Ao reprimir a negatividade em ação em toda produção humana, caímos na ilusão positivista.

Mas a ilusão não permite enfrentar o real. A aplicação à gestão de modelos saídos da lógica do ser vivo (aumentar, desenvolver-se, crescer, progredir...) leva a esquecer que esses processos conduzem inevitavelmente à destruição. A vida não se concebe sem a morte. O progresso passa necessariamente por fases de regressão. No modelo EFQM, tudo acontece como se pudéssemos vencer as dificuldades, os erros, as crises, os conflitos, realizar um ideal de perfeição, caminha para uma progressão sem contradição e, definitivamente, escapar à morte. O esquecimento da história participa da mesma cegueira. O progresso, assim como a mudança, não é forçosamente bom. Cada evolução, cada transformação é portadora de positivo e de negativo, de melhorias e de problemas, de criação e de destruição. Tocamos aqui os limites do positivismo que acompanha de modo frequente os discursos dos especialistas da qualidade. O pressuposto é evidente: com o progresso, todo o mundo é forçosamente ganhador. Quem ousaria pôr essa evidência em questão?

Ainda mais quando a medida do progresso é "posta em ação", inscrita em um círculo de "preparação, realização, verificação e consolidação", que permite traduzi-lo em objetivos de resultados, apreciados como indicadores. Como se os progressos pudessem ser notados sobre uma escala de avaliação linear; como se os indicadores demonstrassem a realidade. Com efeito, os procedimentos de objetivação dos progressos realizados são, ao mesmo tempo, procedimentos de controle do investimento e da produtividade daqueles sobre os quais eles se aplicam.

- O DESEMPENHO: Ele é definido como "medida dos resultados obtidos por um indivíduo, uma equipe, uma organização ou um processo". Ele é a finalidade suprema. "O Modelo de Excelência EFQM é construído para melhorar o desempenho, em todo lugar e para todos." Convém ter bom desempenho em todos os registros, em todo momento, em cada uma das atividades e das funções da empresa.

A medida dos resultados definitivamente sanciona ou recompensa os desempenhos. Toda a questão é saber a quem e ao que os comparamos. São apreciados a partir de uma norma predefinida daquilo que cada um deve fazer ou são medidos em função de resultados precedentes ou, ainda, de resultados mais elevados, realizados por outros? No primeiro caso, estamos em uma lógica de produção realista, baseada sobre uma análise do processo de produção.

No segundo caso, estamos em uma lógica de competição: cada um deve continuamente se superar para fazer melhor do que antes, ou melhor do que os outros que, então, se tornam concorrentes. O culto do desempenho introduz no mundo do trabalho uma concorrência permanente que põe o conjunto dos assalariados em uma exigência de "sempre mais". O trabalho não consiste mais em realizar uma tarefa predefinida em tempos e em horas, mas em realizar desempenhos. É preciso ser mais rápido, mais preciso, mais ativo, mais concreto.

• A SATISFAÇÃO DAS NECESSIDADES: "A excelência é função do equilíbrio alcançado e da satisfação das necessidades de todas as partes ativas da organização — ou seja, o pessoal, os clientes, os fornecedores e a coletividade — assim como todos aqueles que têm interesses financeiros".

É difícil não subscrever esse objetivo, que parece conciliar os interesses dos diferentes atores da organização. Todavia, essa declaração de intenção coloca uma série de problemas. A noção de satisfação das necessidades é, há muito tempo, criticada pelos sociólogos e pelos psicanalistas. O termo é vago, instável, facilmente manipulável. Ele subentende um *homo economicus*, de comportamento racional, capaz de otimizar permanentemente suas opções, ao passo que a lógica do consumo obedece menos a necessidades utilitárias do que a desejos de distinção, que evoluem constantemente (Baudrillard, 1968). Os especialistas de *marketing* tentam canalizar esses mecanismos para produzir "novas necessidades", propondo novos produtos. O comportamento de compra é considerado como expressão de uma necessidade, ao passo que é o desejo que é solicitado. Desejo do qual sabemos que é sem limites. A noção de necessidade não é capaz de abraçar a complexidade dos desejos humanos, de suas ambivalências e de seus mistérios. A satisfação do desejo não obedece mecanicamente às racionalidades de tipo econômico.

Ao contrário, a gestão parece encontrar seu papel de manter a ilusão de que ela pode satisfazer aqueles que têm os meios para adquirir os bens que a empresa produz.

Numerosos autores mostraram que, longe de procurar satisfazer o cliente, as empresas procuram canalizar suas "necessidades" para que os clientes respondam à oferta delas. São de fato os produtores que definem as necessidades do cliente. "Os proprietários de um produto ou de um serviço são definidos dentro dos limites daquilo que os produtores aceitam e são capazes de produzir" (Mispelblom, 1999). As relações entre a oferta e a procura são relações recorrentes e móveis. Elas se coproduzem. A oferta é produtora de uma procura à qual ela responde.

Em "Os Conceitos Fundamentais da Excelência", o cliente é apresentado como "o árbitro final da qualidade". A frase seguinte é interessante: "A fidelização de clientes e o crescimento de fatias de mercado serão otimizadas por uma orientação muito clara para as necessidades de clientes atuais ou potenciais". A satisfação dos clientes é, portanto, um meio de os fidelizar e de os multiplicar. O produtor se interessa pouco pelo cliente como pessoa, e menos ainda como sujeito de desejo. Ele se interessa pelo cliente à medida que ele permite aumentar suas fatias de mercado. Duas hipóteses implícitas estão em ação nessa formulação:

• No conjunto dos clientes potenciais, apenas os clientes solvíveis são levados em conta, e o paradoxo é que aqueles que verdadeiramente estão "com a necessidade" raramente são solvíveis!

• É induzida uma ligação mecânica entre o fato de que o cliente compre e o fato de que ele fique satisfeito. Ora, essa ligação não é evidente.

Um outro problema se refere à complexidade das relações entre as diferentes partes ativas da organização. O texto deixa supor que não há nenhuma incompatibilidade entre a satisfação de uns e a de outros. Todavia, sabemos que os interesses dos diferentes atores da empresa são complementares e contraditórios. A qualidade de uns não é a qualidade de outros. Por exemplo, a opção de redução do pessoal para responder às expectativas dos acionistas é bem pouco compatível com a "satisfação das necessidades do pessoal". Por trás da "satisfação das necessidades do cliente", é em primeiro lugar a lucratividade da empresa que define, em última análise, a qualidade.

A análise dos "conceitos-chave" da qualidade nos interroga sobre a significação de um discurso cuja consistência não é evidente.

O discurso da insignificância

A brochura EFQM afirma: "É nossa vontade de excelência e de transparência [que dá] à nossa missão todo o seu sentido". Temos o sentimento de ouvir um discurso marcial dos "patriotas da qualidade" que querem carregar a convicção para produzir a adesão. Longe de ajudar a compreender a realidade da empresa, trata-se de canalizar as energias sobre um procedimento considerado como provedor de sentido. Todavia, as palavras utilizadas não permitem demonstrar a qualidade da atividade concreta, nem de produzir significações a respeito do sentido da ação, nem de compreender a realidade do mundo da empresa. Estamos na insignificância. Um discurso insignificante é um discurso que se fecha continuamente sobre si mesmo, cada termo podendo ser substituído por um outro em um permanente sistema circular.

Didier Noyé dá uma perfeita demonstração dessa intercambiabilidade em seu quadro "Falar vazio sem esforço" (Noyé, 1998). O princípio: cada palavra de uma coluna pode ser combinada com não importa qual nome das outras colunas.

A excelência	reforça	os fatores	institucionais	do desempenho
A intervenção	mobiliza	os processos	organizacionais	do dispositivo
O objetivo	revela	os parâmetros	qualitativos	da empresa
O diagnóstico	estimula	as mudanças	analíticas	do grupo
A experimentação	modifica	os conceitos	característicos	do projeto
A formação	esclarece	os *know-hows*	motivacionais	dos beneficiários
A expressão	aperfeiçoa	os resultados	participativos	do programa
O método	dinamiza	os bloqueios	estratégicos	da problemática
A vivência	programa	as necessidades	neurolinguísticas	das estruturas
O reenquadramento	precisa	os paradoxos	sistêmicos	do metacontexto

A brochura EFQM tem pretensões científicas. Ela se apresenta como um "Modelo", no sentido teórico do termo: quadro de pensamento e de método para compreender a realidade da empresa tal como ela é. O programa tem a pretensão de ser objetivo, neutro e rigoroso. Ela apresenta nove "conceitos-chave" declinados como critérios e como indicadores. Ela descreve diferentes etapas, conforme os cânones dos protocolos científicos do modelo experimental. O aparente rigor desse "modelo decantado" mal dissimula a insignificância de conceitos que, longe de "conter"[4] o real, são utilizados para construir uma representação parcial e vaga da empresa, muito afastada de seu funcionamento concreto.

Os termos utilizados parecem marcados pela evidência e, no entanto, são portadores de significações múltiplas e contraditórias. Eles apresentam uma representação positivista da organização que causa a erosão das contradições, dos conflitos e da complexidade. Eles se apresentam como "objetivos" e neutros ao englobar em uma construção abstrata as oposições de interesse, as diferenças de pontos de vista

---

[4] Do latim *conceptus*, "ação de conter". Em um sentido abstrato, o conceito permite construir o pensamento em sua tentativa de analisar um fenômeno.

sobre as finalidades, as diferenças entre o prescrito e o real. Não se trata, portanto, de um discurso construído a partir de hipóteses que são colocadas em discussão, de métodos que permitem validar ou invalidar as formulações propostas, mas de um discurso operatório, cujo objetivo é melhorar os resultados financeiros.

A linguagem da insignificância encoberta a complexidade pela evidência, neutraliza as contradições pelo positivismo, erradica os conflitos de interesse pela afirmação de valores que se pretendem "universais". Fazendo isso, ela desestrutura as significações e o senso comum. Ela evita confrontar-se com a prova do real, assim como evita qualquer contestação. Quando dizemos tudo e também seu contrário, a discussão não é mais possível. Ainda mais quando a aparente neutralidade, o pragmatismo e a objetividade apresentam um programa que parece incontestável. Ela é feita para suscitar a adesão. Mas essa adesão arrisca ser tão insignificante quanto o discurso que a provoca.

Quando o sentido prescrito não corresponde ao sentido que cada trabalhador lhe dá, este vive uma incoerência que, longe de o mobilizar, leva-o a se desestimular de sua tarefa. No programa de qualidade, o sentido do trabalho é construído a partir de um modelo ideal e não a partir da realidade concreta. A qualidade é definida a partir de indicadores preestabelecidos, e não a partir de critérios reais que os agentes utilizam para definir a qualidade daquilo que eles fazem, os únicos critérios que são significativos para eles.

A "não prescrição" normalizadora

Um belo exemplo de dupla linguagem é dado desde a apresentação do "Modelo de Excelência EFQM". Por duas vezes é anunciado que se trata de um "quadro não prescritivo". Todavia, as cem páginas que descrevem o programa declina todas as prescrições para ter acesso à qualidade. Trata-se de identificar "as boas práticas" no seio de uma organização, de definir aquilo que é bom ou mau, recomendado ou rejeitado, encorajado ou desencorajado. Estamos aqui em pleno paradoxo, pois cada um é convidado a deixar-se guiar livremente conforme um programa imposto a seguir.

O Modelo EFQM é, definitivamente, um sistema de normas subentendido por uma visão comportamentalista, positivista e instrumental do mundo do trabalho. Por trás da qualidade, os objetivos perseguidos são claros: otimizar os "recursos humanos", melhorar os resultados financeiros, conquistar novas fatias de mercado, favorecer a flexibilidade, produzir a adesão, desenvolver uma autonomia controlada.

Quando convidamos a identificar "os pontos fortes ou as fraquezas sobre o caminho percorrido em direção ao caminho da excelência", trata-se de fato de um programa prescritivo. A intenção de prescrição é, por outro lado, explícita: "Essa nota ajuda [as organizações] a medir, validar e calibrar seus procedimentos de autoavaliação interna". O programa leva a normalizar os comportamentos, a partir da elaboração de protocolos e de instrumentos de medida, destinados a comparar, a classificar, a medir os desvios em relação a uma norma. O modelo se apresenta como não prescritivo e estabelece um sistema de notação para validar suas aplicações.

Segundo a brochura EFQM, o programa de qualidade é uma "abordagem fortemente estruturada, fundada sobre os fatos para identificar os pontos fortes e os domínios de melhoria de uma organização e medir periodicamente os progressos realizados". Os promotores têm o sentimento de propor um quadro não prescritivo uma vez que ele não é imposto como um regulamento disciplinar, mas proposto como um programa aberto, que encoraja a colaboração dos próprios agentes. Não é uma aplicação estrita de regras predefinidas, mas de iniciativas que se apoiam sobre processos. Não se lhes pede uma obediência cega a ordens, mas uma implicação razoável no programa. O procedimento não é linear e cronológico, mas sistêmico e policrônico. Encontramo-nos em um modelo que quer romper com as concepções taylorianas, disciplinares e rígidas dos modos anteriores de comando. O governo por meio de ordens é substituído pelo "guia prático de autoavaliação", que permite a cada agente, a cada serviço, a cada organização comparar seus desempenhos em relação aos outros e em relação a seus resultados anteriores. A conjunção de duas lógicas, competição e medida, leva cada um a interiorizar objetos sempre mais ambiciosos, resultados mais elevados, desempenhos mais exigentes.

Trata-se, portanto, de uma ruptura em relação aos modelos autoritários e normalizadores, uma vez que o programa de qualidade supõe a aceitação voluntária e a contribuição daqueles que o aplicam. Como se uma norma aceita voluntariamente não produzisse efeitos de poder. Sabemos, todavia, desde La Boétie (1576), que o poder é muito mais intenso quanto mais assumido por aqueles que o suportam.

Ainda mais quando "o Prêmio de qualidade" fecha o processo, encorajando as direções da empresa a aplicar o programa para melhorar sua imagem. "Uma candidatura aos Prêmios Europeus abre não somente os caminhos para um processo de melhoria contínua, mas fornece também os instrumentos do sucesso. Esse programa dá ao pessoal um objetivo claro e concreto, estimula seu interesse e lhe permite ser mais orgulhoso de si mesmo, de seu trabalho e de sua organização." Para se candidatar, basta apresentar um dossiê de 75 páginas para as grandes organizações, de 35 páginas para os PME, sabendo que as brochuras do EFQM precisam quais são o formato e as informações exigidas, definem os termos e descrevem o sistema de notação. Por outro lado, "o processo do Prêmio oferece uma avaliação externa imparcial do posicionamento de uma organização em relação ao Modelo de Excelência EFQM".

A intenção do ponto de partida é louvável: propor às organizações um programa para melhor compreender seus modos de funcionamento e mobilizar todas as "partes ativas" para melhorá-los. Os promotores do programa são manifestamente inspirados pela abordagem sistêmica, pela preocupação de revalorizar os "recursos humanos", pelo projeto de introduzir nas empresas uma cultura da avaliação fundada sobre "os fatos" e certa ética. Essas boas intenções poderiam desembocar em uma democracia empresarial. Mas os instrumentos postos em prática produzem uma coisa totalmente diferente.

A quantofrenia ou a doença da medida[5]

Os defensores da qualidade dizem querer lutar contra as concepções burocráticas e tecnocráticas do trabalho. Mas, paradoxalmente, o programa do EFQM, que poderia favorecer a atitude de levar em conta pontos de vista dos diferentes atores e a atenção para sua subjetividade, desemboca sobre uma grade de medidas extraordinariamente sofisticada, em total contradição com a intenção inicial.[6]

"O Coração do Modelo repousa sobre uma lógica cuja sigla RADAR significa Resultados, Abordagem, Desdobramento, Apreciação (avaliação) e Revisão." RADAR é igualmente uma "matriz de notação". Os oito "conceitos fundamentais da excelência" se declinam como critérios, depois como subcritérios, depois como indicadores, eles próprios decompostos em itens.

---

[5] A quantofrenia designa uma patologia que consiste em querer traduzir sistematicamente os fenômenos sociais e humanos em linguagem matemática.
[6] Cf. o quadro no anexo 1: "Matriz de notação da qualidade", p. 327.

Os nove critérios declinam 37 subcritérios, medidos por 174 indicadores e 159 itens. Definitivamente, cada item representa 0,15 e 0,33 da notação final.

Um exemplo: O critério 7 se refere aos resultados obtidos pela organização em relação a seu pessoal; o subcritério 7a, as medidas de percepção, refere-se à maneira pela qual o pessoal percebe a organização a partir de dois indicadores, a motivação e a satisfação.

O indicador "motivação" se decompõe em 11 itens: evolução da carreira, comunicação, delegação de responsabilidades, igualdade de oportunidades, implicação, *leadership*, oportunidade de aprendizagem e de poder de agir, reconhecimento, definição dos objetivos e da avaliação, valores-missão-visão-política e estratégia da organização, formação e desenvolvimento.

O indicador "satisfação" se decompõe em 11 itens: gestão da organização, condição de trabalho, ajudas e serviços ao pessoal, disposição em matéria de saúde e de segurança, segurança do emprego, remuneração e vantagens, relações com os colegas, gestão da mudança política ambiental, papel da organização no seio da sociedade, ambientação de trabalho.

Lembremos que cada um desses itens conta como 0,153 da notação final, cada indicador como 3,375, o subcritério 7a contando como 6,75%, porcentagem obtida pela agregação dos 22 itens.

Esse instrumento de medida é uma expressão caricatural da ilusão que consiste em crer que a realidade possa ser compreendida e dominada com a condição de que se possa medi-la. Para fazer isso, recortamos essa realidade em partículas que pretenderíamos serem elementares, às quais atribuímos um coeficiente. Feitos o recorte e a cifração, todos os cálculos se tornam possíveis. Podemos resolver equações, estabelecer estatísticas, efetuar comparações. Acreditamos que dessa forma estamos construindo uma representação objetiva dos fenômenos, desde que evacuemos toda uma série de questões:

- Sobre qual base os coeficientes são atribuídos?
- Como são definidas as ponderações entre os diferentes critérios, indicadores e itens?
- Como são medidos itens como "a igualdade das oportunidades", "o impacto sobre as economias locais e nacionais", "a ética do comportamento"?
- A agregação dos elementos de um sistema permite alcançar o desempenho e a qualidade do conjunto?
- Podemos reduzir a complexidade da organização a uma justaposição de elementos que são objeto de uma decomposição infinita?

O modelo não permite responder a essas diferentes questões. O programa repousa sobre a ideia de que o desempenho global de um sistema pode ser atribuído a tal ou tal elemento, ao passo que ele depende principalmente de sua combinação. "Nas atividades econômicas, um indivíduo ou uma firma são sem dúvida encontráveis, designáveis, como entidades à parte, mas sua atividade em todos os seus aspectos é continuamente entrelaçada com a de um número infinito de outros indivíduos ou de firmas de uma multiplicidade de modos que eles próprios não são estritamente separáveis. Também é totalmente arbitrária a imputação do resultado positivo a tal ou tal fator da produção. Ninguém poderia fazer aquilo que faz sem a sinergia da sociedade em que se encontra mergulhado" (Castoriadis, 1997). É da própria essência da organização o fato de chegar a uma combinação harmoniosa. Da "Matriz de notação RADAR", a qualidade é atomizada. Há, portanto, uma contradição maior entre a ideia de avaliar processos e um programa que tende a atribuir notações consideradas como aptas para medir a qualidade de tal ou tal componente de um sistema.

A doença da medida não é nova. Ela se desenvolve de modo recorrente nos meios que aplicam a qualquer coisa uma linguagem inspirada nas matemáticas. Ela repousa sobre a crença de que a objetividade consiste em traduzir a realidade em termos matemáticos. O cálculo dá uma ilusão de domínio sobre o mundo. Os "calculócratas" preferem a ilusão de garantia, em vez de uma realidade cheia de incertezas, que dá medo.

A qualidade, uma figura do poder gerencialista

A insignificância e a quantofrenia são duas figuras do poder. Uma permite evitar a crítica e a contestação, pois ela impede de chegar ao sentido dos mecanismos que estão em prática, e a outra permite apresentar como neutro e objetivo um programa que leva os agentes a interiorizar a ideologia gerencialista.

Sabemos que o poder reside na capacidade de impor uma visão do mundo que legitima seu ponto de vista como universal. Os promotores do programa de qualidade se apresentam como experts sem partido prévio, ao passo que veiculam um modelo que repousa sobre a crença na convergência de interesses entre todos os membros da empresa, "como se os antagonismos sociais se apagassem diante do ideal de qualidade" (Mislpelblom, 1999). No coração dos debates sobre a qualidade aparecem mecanismos de classificação que são o objeto de lutas simbólicas, as quais Pierre Bourdieu mostrou serem um registro essencial dos processos de dominação (Bourdieu, 1975). Bastaria, para que nos convencêssemos disso, colocar em discussão a definição de diferentes itens da notação RADAR, assim como os coeficientes que lhes são atribuídos.

Esse tipo de programa é concebível sobre produtos, máquinas ou serviços funcionais. Aplicá-lo à empresa é assemelhar a organização a um sistema físico no qual cada elemento contribui para o bom funcionamento do conjunto, segundo leis estáveis, permanentes e determinadas. É esquecer que a empresa é antes de mais nada um sistema social, uma produção humana e instável, aberta e incerta. A cada "parte ativa" da organização correspondem pontos de vista que aparecem como convergentes sobre alguns pontos, divergentes e até antagônicos sobre outros. Os conflitos internos não são disfunções, e sim revelações de contradições entre interesses divergentes, lógicas diferentes, visões contrastantes.

Com efeito, a "visão" que o modelo EFQM subentende é a expressão de uma ideologia elaborada nas grandes empresas multinacionais como IBM, Xerox, Texas Instruments, Thomson, que são, por outro lado, laureadas pelo *Prêmio de Qualidade* atribuído pelo EFQM. Os conceitualistas e os beneficiários saíram do mesmo modelo, partilham os mesmos valores, veiculam o mesmo imaginário social, a mesma concepção do mundo. As normas e os critérios que definem o programa de qualidade são a expressão da cultura gerencial, cuja característica essencial é a de transformar o humano em recursos, em nome de uma "racionalidade" que apresenta como melhoria da qualidade aquilo que é, definitivamente, apenas uma otimização dos resultados financeiros. "A ideologia capitalista pretende [...] afirmar o objetivo da "racionalidade", que seria o "bem-estar". Sua especificidade, porém, vem do fato de que ela identifica esse bem-estar com um maximum ou um optimum econômico [...]. Assim, direta ou indiretamente, a racionalidade é reduzida à racionalidade econômica, e esta é definida de modo puramente quantitativo, como maximização de um produto e minimização dos custos" (Castoriadis, 1997).

Colocando sobre o mesmo plano a qualidade dos produtos, dos processos, dos resultados financeiros e da qualidade do compromisso dos empregados, o programa reduz o humano a um "fator" entre outros. Sua contribuição é medida em função daquilo que ele traz para a empresa e não o inverso. Em nenhum momento é "medido" aquilo que a empresa traz para o humano. A empresa não é mais um instrumento do desenvolvimento econômico; ela se torna uma entidade que tem seu próprio valor, sua própria finalidade. O desenvolvimento da empresa e sua reprodução se tornam um fim em si. Essa inversão dos meios e dos fins é explícita na brochura EFQM. O pessoal é convidado a "pôr em coerência os planos dos recursos humanos com a política, a estratégia e a estrutura da organização". Trata-se de fazê-lo aderir à organização, de moldá-lo conforme o modelo da empresa. Flexibilidade, comunicação, reatividade, motivação, mobilidade e empenho são as palavras-chave de uma política de qualidade na gestão dos recursos humanos. São todos termos que exprimem a necessidade de uma mobilização psíquica a serviço dos objetivos da empresa.

O poder não reside somente na imposição de uma representação que se apresenta como universal. Ele se encarna em regras, procedimentos, dispositivos concretos que contribuem para a organização do trabalho. O exercício do poder consiste em definir princípios que servem como referenciais e concorrem para modelar a realidade. Ele consiste igualmente em tomar decisões, fixar orientações e objetivos. Mas consiste, principalmente, e aí se encontra sua dimensão menos visível, em delimitar o campo e em estruturar o espaço no qual essas decisões e essas orientações serão tomadas. O poder é, de fato, detido por aquele que estabelece a regra do jogo, porque ele coloca de uma só vez o conjunto de condições às quais são submetidos os participantes, da mesma forma que suas relações mútuas. Com o poder gerencialista, as ordens e as proibições são substituídas por procedimentos e por princípios interiorizados e conformes à lógica da organização. O poder dos "chefes" é substituído pelo poder do expert, com a concorrência do qualificador, que institui regras e define suas modalidades de colocação na prática. Aceitando "entrar no jogo", os empregados são pegos, a contragosto, em uma construção processual que os submete a um poder normalizador, ao qual devem aderir. A adesão é ainda mais facilmente conseguida porque os empregados são solicitados a contribuir para a elaboração dessas normas. Principalmente aqueles cuja tarefa consiste em traduzir objetivos gerais em prescrições concretas.

"Eles trabalham para transformar uma exigência institucional abstrata de 'qualidade total', de 'crédito', de 'conforto', de 'mobilidade', de 'automatização', de 'ética', em prescrição organizacional concreta" (Dujarier, 2004). Esta última toma a forma de manuais, de protocolos, de quadros gerais de funcionamento, de procedimentos, de logiciais que enquadram muito concretamente o trabalho em prescrições numerosas e precisas. Aqui tocamos na ambiguidade permanente do poder gerencialista, que reside na defasagem entre as intenções anunciadas de autonomia, de inovação, de criatividade, de desabrochamento no trabalho, e a aplicação de dispositivos organizacionais, produtores de prescrição, de normalização, de objetivação, de instrumentalização e de dependência.

A falsa neutralidade dos instrumentos de gestão

Os instrumentos de gestão não são neutros, contrariamente ao que pretende a maioria dos manuais que os apresenta como técnicas a serviço de uma abordagem racional da realidade. Eles são construídos sobre pressupostos raramente explicitados, lógicas implícitas que se impõem por meio de regras, de procedimentos, de ratios e de indicadores que se aplicam sem que haja possibilidade de discutir sua pertinência. As direções da empresa se referem constantemente a esses instrumentos para legitimar suas decisões e torná-las indiscutíveis, como se a racionalidade aparente de que são portadores ocultasse a própria decisão. A aplicação de uma modelagem matemática não fornece os meios para refletir sobre as origens e sobre as significações desses modelos. Os instrumentos que parecem ser os mais "objetivos", como os quadros de organização, os balanços de atividades, os dados financeiros, induzem hábitos, esquemas mentais e comportamentos. Eles modelam a realidade conforme normas preestabelecidas, que se tornam indiscutíveis. Isso explica sua onipotência e a pequena quantidade de críticas de que é objeto por partes de agentes que sofrem seus efeitos. Eles permitem tornar públicos os resultados de cada um, de efetuar comparações, de produzir equivalências entre o trabalho de uns e de outros. Eles introduzem uma aparência de objetividade em um mundo de concorrência e de contradições. Tranquilizam uma vez que parecem limitar o arbitrário e a incerteza. Parecem instaurar coerência diante da complexidade e dos múltiplos paradoxos. Eles favorecem a coerência da organização, a homogeneização das práticas e dos processos de avaliação (Courpasson, 2000). Dão o sentimento a cada assalariado de ser tratado como os outros. Os instrumentos de gestão não são contestados por não serem confiáveis, mas porque parecem colocar transparência onde reina o arbitrário, objetividade onde reina a contradição, segurança em um mundo instável e ameaçador. A existência de regras do jogo, consideradas como guias da ação de cada um, e medir os efeitos delas é tranquilizador.

Apesar de sua insignificância, ninguém ou quase ninguém de fato os coloca em questão, como se eles fossem o objeto de uma proteção coletiva. É preciso, portanto, admitir que eles ocupam uma função central na empresa; função de tranquilizar diante da incerteza, de regulação diante do poder gerencialista, de legitimação diante da ameaça da exclusão. Mais inconsciente, a tradução das atividades concretas em modelos abstratos permite despersonalizar as relações e pôr à distância a violência que reina no seio da empresa. Talvez fosse melhor ser demitido por causa de má taxa de rendimento, do que por causa de uma decisão pessoal de seu *manager*. A "neutralidade" do instrumento permite neutralizar os conflitos interpessoais. Todavia, se os instrumentos de gestão não suscitam uma crítica frontal, eles geram oposições larvais e muita frustração.

Resistências e desilusões

A adesão aos instrumentos de gestão frequentemente é apenas de fachada, principalmente quando o sentido atribuído por cada empregado a seu trabalho não se encontra nos indicadores de avaliação que se consideram medir a qualidade deste. Paulette é assistente social encontrada em um grupo de pesquisa sobre "O indivíduo diante do trabalho".[7] Ela se ocupa com muito devotamento de pessoas com deficiência. É empregada em uma instituição social que decidiu pôr em prática uma gestão moderna. "Pedem-nos que sejamos executores. Cada vez mais temos diretivas. Estamos submetidos a um novo processo, o *Total Quality Management*. É preciso preencher fórmulas, seguir processos informatizados. Cada vez mais temos dossiês a serem seguidos ao mesmo tempo. Não temos mais tempo disponível para a escuta, porque temos cada vez mais indicadores de medida da atividade. Tenho a impressão de que a qualidade exigida pelas regras não corresponde àquilo que considero ser um trabalho de qualidade". A crítica de Paulette ecoa muitas outras: "O programa de qualidade

---

[7] No quadro dos grupos de implicação e de pesquisa que animamos regularmente no Instituto Internacional de Sociologia Clínica (www.iisc.online.fr).

impede-nos de trabalhar", "Passamos mais tempo prestando contas daquilo que fazemos do que o fazendo", "O procedimento é pesado e inaplicável".

Os promotores da qualidade consideram essas críticas como obstáculos a superar, e não como a expressão dos limites e das contradições do programa. Estão convictos de que este é positivo, que todo o mundo dele pode beneficiar-se para seu maior proveito, que ele é fator de progresso para todas as partes ativas da empresa e que cada um tem interesse de jogar "ganhador-ganhador". Como as resistências não podem se exprimir sob a forma de críticas abertas, elas se exprimem de modo incongruente, como os mecanismos de defesa detectados pela psicanálise.

Confrontados com lógicas contraditórias, os agentes são obrigados a fazer compromissos, inventar soluções, afastar os procedimentos a fim de realizar seus objetivos. O escrupuloso respeito pelas regras leva-os à impotência. Em muitos casos, são confrontações com injunções incompatíveis. "As empresas têm a tendência de empilhar instrumentos de gestão e de criar efeitos de telescopia e de 'estática'. O que quer dizer esse termo? Simplesmente que injunções contraditórias chegam ao agente, provindas de duas direções diferentes, uma e outra utilizando instrumentos de gestão que elas julgam completos e autônomos e dos quais não têm consciência de que, utilizados ao mesmo tempo, provocam efeitos contraditórios."[8] Por exemplo, a contradição existente entre as direções de recursos humanos que põem em ação o gerenciamento por meio de objetivo provido de recompensas e sanções, e as direções da qualidade, que utilizam um modo de avaliação que valoriza o trabalho em equipe.

---

[8] P. Tripier, "Un sociologue face au mouvement de la qualité", prefácio ao livro de Mispelblom (1999), p. 2.

Diante dessas injunções paradoxais, e para não enlouquecerem, os empregados se defendem de diferentes modos. A resistência mais frequente é a clivagem entre um "Eu organizacional", o que parece responder às exigências da empresa, e um outro "Eu", o Eu "verdadeiro", aquele que se revela fora, nos lugares de expressão íntimos ou privados. O "Eu oficial" manifesta seu entusiasmo e sua adesão. O "Eu privado" murmura suas reticências e suas críticas. Numerosos testemunhos ilustram essa clivagem, particularmente entre todos aqueles que deixaram, momentânea ou definitivamente, o mundo da empresa. Eles todos exprimem a inanidade dos discursos e dos procedimentos, as trapalhadas que eles provocam e seu caráter "insensato".

Alguns se deixam instrumentalizar, ajustando seu comportamento às exigências formais do serviço ao qual "pertencem" e aos parâmetros com os quais são avaliados. Temos então um comportamento estratégico pelo qual o indivíduo renuncia, ao menos aparentemente, a produzir sentido sobre sua atividade, aceitando o sentido prescrito pelos procedimentos. Essa "estratégia" foi fortemente posta em evidência em uma experiência contestada, mas espetacular (Milgram, 1974), popularizada pelo filme de Henri Verneuil, *I comme Icare*. O estado de agente, descrito por Stanley Milgram, mostra a propensão dos indivíduos de aceitar incondicionalmente as exigências de uma autoridade, mesmo que sejam contrárias a suas convicções pessoais.

Outros resistem às regras formais quando elas são demasiadamente contraditórias com aquilo que creem dever fazer para trabalhar "corretamente". Eles preferem conservar uma coerência sobre o sentido daquilo que fazem do que fazer alguma coisa que consideram aberrante. Um modo de pôr em evidência a incoerência do sistema, pelo fato de não poder criticá-lo, é a greve do zelo. Essa estratégia, porém, só pode ser coletiva e transitória. Ela consiste em aplicar as normas e os procedimentos literalmente, até que essa aplicação bloqueie o funcionamento do sistema.

A maioria dos agentes combina essas diferentes atitudes, tanto no tempo, adotando-as sucessivamente em função da conjuntura, como psiquicamente, fazendo coexistir em si comportamentos diferenciados, como uma espécie de desdobramento. Uma parte do Eu aceita a instrumentalização, mantendo-se em uma posição de executor dócil das exigências da organização e aplicando seus procedimentos para "se tornar bem visto". Ele preserva, desse modo, suas próprias exigências narcísicas por meio da necessidade de reconhecimento. Ele sabe que é preciso passar por isso para "ter sucesso", aceitando ser um executor mais ou menos zeloso das diretivas que lhe são "aconselhadas". Mas é preciso igualmente que ele preserve a autoestima, resista à alienação, não se deixe submeter totalmente. A parte do Eu que resiste à instrumentalização permite ao indivíduo salvaguardar sua integridade, proteger suas capacidades reflexivas, principalmente em relação ao sentido a dar a suas ações.

*

A ideia de qualidade, principalmente quando lhe acrescentamos o termo "total", refere-se a um mundo de perfeição e de excelência que não deixa de lembrar o mundo da pureza. Um mundo sem defeito, no qual cada um realizará sua tarefa perfeitamente. Uma espécie de paraíso antes que o pecado original chegasse a escurecer o horizonte da humanidade. A qualidade remete ao mito do Éden antes da queda: mundo de reconciliação de todos os contrários; mundo no qual foram erradicados o erro, a falta, a imperfeição e a impureza; mundo ideal no qual cada um pode viver sem limite e sem conflito; mundo fantasmático, em que o desejo é satisfeito e a falta é suprimida. Nesse mundo, cada um pode, enfim, viver sem se chocar com o desejo do outro, em um desabrochamento infinito e em uma harmonia generalizada. É por esse motivo que a qualidade suscita, à primeira vista, o consenso e a adesão. É igualmente a razão pela qual ela só pode decepcionar, gerar a desilusão e a frustração. Gostaríamos muito de nela crer, mas a realidade vem lembrar que a perfeição é sempre relativa, que o erro é sempre possível, que os conflitos são inerentes à sociedade, que o homem é fundamentalmente ambivalente e que o ideal se choca com o real, assim como o desejo se choca com o desejo do outro.

Quando abandonamos o mito para analisar as práticas concretas, quando o ideal de qualidade não serve mais como máscara para a realidade, subsiste de fato apenas um sistema de prescrição. Se ele pode servir de guia e de enquadramento para a ação, ele revela a natureza profunda do poder daqueles que o editam. A qualidade aparece então não como um instrumento de melhoria das condições da produção, mas como um instrumento de pressão para reforçar a produtividade e a rentabilidade da empresa.

Capítulo 4

As características do poder gerencialista

Eles jogam um jogo. Eles brincam de não jogar um jogo. Se eu lhes mostrar que vejo que estão jogando, vou transgredir a regra, e eles me punirão. Devo jogar o jogo de não ver que estou jogando o jogo.

Ronald D. Laing

O gerenciamento apresenta-se como a arte de governar os homens e as coisas: de um lado, fazer a arrumação e dirigir; do outro, ordenar e arranjar. Temos aqui uma tecnologia política, no sentido que lhe foi dado por Michel Foucault em suas análises do poder. Ou seja, um conjunto de microdispositivos que não aparecem como fruto de uma concepção centralizada, de um sistema de dominação preestabelecido, mas como um conjunto disparatado de tecnologias, de regulamentos, de procedimentos, de arranjos e de discursos que emergem em dado momento histórico. Embora concebidos em lugares diferentes e sem acordos prévios, esses elementos são portadores de características comuns e de uma similar concepção da ordem social.

A ordem industrial havia estabelecido organizações piramidais e hierárquicas, nas quais o exercício do poder se efetuaria conforme normas disciplinares. Em *Surveiller et Punir*, Michel Foucault descreve esses sistemas de organização cujo objetivo principal é o de "tornar os corpos úteis e dóceis" por meio de um conjunto de dispositivos, regulamentos, arranjos e procedimentos (Foucault, 1975). Essa figura do poder disciplinar vai encontrar-se em organizações tão diferentes como as casas de detenção, escolas, asilos, hospitais, casernas, conventos ou ateliês de fábrica.

Nas empresas hipermodernas, as organizações se desenvolvem conforme um modelo policentrado e reticular, no qual o exercício do poder se realiza segundo modalidades diferentes. Na hora da "modernização" e da "mundialização", assistimos a uma recolocação em questão da disciplina como modo de gestão das coletividades humanas em favor de um novo modelo, aparentemente menos repressivo, que submete os indivíduos por injunções paradoxais.

Do poder disciplinar ao poder gerencialista

A gestão gerencialista apresenta-se como um progresso notável diante do caráter opressivo e estático do sistema disciplinar. Suas principais características são bem conhecidas: o primado dos objetivos financeiros, a produção da adesão, a mobilização psíquica. Espera-se dos empregados uma implicação subjetiva e afetiva. Essa implicação não é canalizada sobre as pessoas, mas sobre a própria organização. É a empresa que é "personificada". Os empregados dela esperam o reconhecimento. Experimentam por ela sentimentos tão intensos quanto a paixão, a raiva ou o despeito. A busca insatisfeita de reconhecimento é a expressão de uma necessidade de personalização diante de relações abstratas e quiméricas. A empresa gerencial não é tanto uma "burocracia liberal" (Courpasson, 2000), mas um sistema "sociopsíquico" de dominação, fundado sobre um objetivo de transformação da energia psíquica em força de trabalho. Para canalizar a energia psíquica, o gerenciamento põe em ação certo número de princípios em ruptura com o modelo disciplinar.

Do controle dos corpos à mobilização do desejo

A empresa de tipo tayloriano é centrada sobre a canalização da atividade física a fim de tornar os corpos úteis, dóceis e produtivos. Esse processo se opera pelo controle do emprego do tempo, pelo quadriculamento do espaço, por "uma maquinaria de poder que canaliza os corpos para adaptá-los a objetivos de luta (o exército), de produção (a fábrica), de educação (a escola)" (Foucault, 1975). O poder gerencialista preocupa-se não tanto em controlar os corpos mas em transformar a energia libidinal em força de trabalho. À economia da necessidade canalizada opõe-se a economia do desejo exaltado. Passa-se do controle minucioso dos corpos para a mobilização psíquica a serviço da empresa. A repressão é substituída pela sedução, a imposição pela adesão, a obediência pelo reconhecimento.

O trabalho é apresentado como uma experiência interessante, enriquecedora e estimulante. Cada trabalhador deve sentir-se responsável pelos resultados para poder desenvolver suas competências e seus talentos, assim como sua criatividade. O essencial não é mais o respeito pelas regras e pelas normas formais, mas a emulação permanente para realizar os objetivos. A mobilização pessoal torna-se uma exigência. Cada um deve ser motivado para preencher seus objetivos com entusiasmo e determinação.

O desejo é solicitado permanentemente: desejo de sucesso, gosto pelo desafio, necessidade de reconhecimento, recompensa pelo mérito pessoal. Na empresa hierárquica, o desejo era reprimido por um Superego severo e vigilante. Na empresa gerencial, o desejo é exaltado por um Ideal do Ego, exigente e gratificante. Ela se torna o lugar da realização de si mesmo.

Do emprego do tempo regulamentado para o investimento ilimitado de si mesmo

É, por boa parte, como força produtiva que a psique é investida de relações de poder e de dominação. A psique só se torna força útil se for ao mesmo tempo energia produtiva e energia submissa. Podemos retomar quase que palavra por palavra a análise de Michel Foucault,[1] substituindo o corpo pela psique como objeto do poder nas empresas hipermodernas. Sem dúvida, ao mudar de objeto, as modalidades do controle irão transformar-se consideravelmente. Mas a finalidade permanece idêntica. Não se trata mais de tornar os corpos "úteis e dóceis", mas de canalizar o máximo de energia libidinal para transformá-la em força produtiva.

As técnicas de gerenciamento perdem seu caráter disciplinar. A vigilância não é mais física, mas comunicacional. Se, sob certos aspectos a vigilância continua, graças aos crachás magnéticos, aos *laptops*, aos computadores, aos bips, ela não é mais direta. Ela incide de preferência sobre os resultados do trabalho do que sobre suas modalidades. Se a liberdade aumenta em relação às tarefas a cumprir, ela encontra a contrapartida em uma exigência drástica sobre os resultados. Trata-se não tanto de regulamentar o emprego do tempo e de quadricular o espaço, e sim de obter uma disponibilidade permanente para que o máximo de tempo seja consagrado à realização dos objetivos fixados e, além disso, a um engajamento total para o sucesso da empresa. Trata-se, portanto, sempre de constituir um tempo integralmente rentável. Isso é obtido não por um controle minucioso da atividade para adaptar o corpo ao exercício do trabalho, mas por meio de dispositivos que consistem em mobilizar o indivíduo sobre

---

[1] "É, por boa parte, como força de produção que o corpo é investido de relações de poder e de dominação... O corpo só se torna força útil se for ao mesmo tempo corpo produtivo e corpo submisso" (Foucault, 1975).

objetivos e projetos que canalizem o conjunto de suas potencialidades. E como os horários de trabalho não bastam mais para responder a essas exigências, a fronteira entre o tempo de trabalho e o tempo fora do trabalho vai tornar-se cada vez mais porosa.

Uma publicidade da Philips em 1996 declina perfeitamente esse fenômeno: "Estar acessível não importa onde, não importa em que momento, é a liberdade de estar ligado!" As novas tecnologias de comunicação permitem uma utilização não multiplicada do tempo, pois todo tempo "morto" pode ser imediatamente preenchido por uma outra atividade. As perdas de tempo ligadas aos trajetos, às esperas, aos contratempos são ocupados para resolver problemas momentâneos, para fazer alguns telefonemas, para encontros, para completar notas em seu computador. O veículo de transporte, equipado com celular e um computador é o prolongamento do escritório. A ponto de certas empresas, seguindo o exemplo da Andersen Consultant, fizeram escritórios virtuais. Cada empregado é equipado de um computador portátil e de um celular. Ele pode instalar seu escritório não importa em qual lugar, bastando uma tomada elétrica e de uma ligação telefônica.

Se o tempo de trabalho se torna ilimitado, o espaço deve sê-lo igualmente. Convém poder trabalhar a qualquer momento e em qualquer lugar. O *manager* hipermoderno encontra-se obrigatoriamente "plugado". Ele pode trabalhar permanentemente com o conjunto de suas "interfaces" no mundo inteiro. Ou seja, não há mais necessidade de um escritório fixo, mas de um escritório que ele transporta consigo. "O necessário é utilizar a mobilidade com o tempo como se utiliza na informática um multiprocesso: dobramos ou triplicamos e, paralelamente, fazemos as coisas trabalharem. Desse modo, ganhamos tempo. Em geral, avaliamos uma ação, em seguida a realizamos, depois temos o resultado e decidimos a respeito da próxima ação. É o esquema tradicional. Ao passo que agora, enquanto uma ação está em curso, os senhores podem iniciar outra, pelo telefone, em paralelo. Os senhores multiplicarão por três ou por quatro o espaço-tempo que tiverem diante de si" (Jauréguiberry, 2003).

O tempo da planificação, da exatidão, da programação linear do emprego do tempo é substituído pela policromia, pela urgência e pelo aleatório na gestão do tempo. Instrumentos de liberdade, as tecnologias permitem ligações para além da fronteira entre o profissional e o privado, o trabalho e o afetivo, o familiar e o social.

Há alguns anos, uma grande empresa petroleira estabelecia um sistema informatizado de suas estações de serviço. Os gerentes deveriam ter um computador em casa, no qual iria figurar seu emprego do tempo, permitindo dessa forma que a direção fixasse horas de *briefing* ou de reuniões na sede, levando em conta as disponibilidades de cada um, tais como aparecessem em sua agenda eletrônica. Esse sistema suscitou numerosas reticências por parte dos gerentes, que tinham a sensação de perder a liberdade de gerir eles próprios seu tempo. Eles não podiam mais recusar uma reunião por causa da indisponibilidade, sem ter de se justificar. Diante dessas resistências, a direção dos recursos humanos imaginou um estratagema para facilitar a penetração do computador no espaço privado. No Natal, ela deu de presente ao conjunto de seus gerentes um computador doméstico, que permitia particularmente que as crianças brincassem com ele. "Presente" sutil, favorecendo a introdução da cultura informática nas famílias, o provimento da máquina e a preparação "aceita" dos gerentes para uma utilização com fins profissionais.

Não se trata mais de uma disponibilidade obrigatória durante as horas de trabalho, mas de uma disponibilidade permanente e livre. "Se vocês estiverem disponíveis o tempo todo, não serão mais que um limão que se espreme como se quiser", nota um quadro de multinacional. A redução dos custos leva a uma colonização progressiva do espaço-tempo íntimo por preocupações profissionais. Colonização legitimada pela urgência, pela exigência de reatividade imediata. O agente não é desapossado de seu tempo pessoal, mas possuído pelo tempo de seu trabalho. Não se trata de uma exigência autoritária, mas de uma consequência lógica de seu desejo de sair-se bem e ter sucesso.

Da submissão a uma ordem ao engajamento em um projeto

"Para nós, *managers*, o credo deve ser: 'Compreendo o Projeto da Empresa e nele creio. Sinto-me pessoalmente comprometido a contribuir para sua realização por meio de minha adesão a nossas convicções, nossos valores e nossos ideais de gerenciamento'."

Fonte: *The Phillips Way*.[2]

A eficácia do sistema disciplinar queria que a ordem fosse executada sem discussão, sem explicação e sem demora. Ele solicitava da parte dos agentes uma submissão total ao regulamento e uma docilidade obediente diante da hierarquia. Punha em ação uma vigilância direta e um sistema de sanções normalizado. O sistema gerencialista está em ruptura em relação a esse modelo. Passamos de um governo por meio de ordens para um gerenciamento por meio da realização de projetos, de uma vigilância hierárquica para o agenciamento de uma autonomia controlada. O objeto do controle tende a se deslocar da atividade física para a atividade mental. Mais do que enquadrar os corpos, procura-se

---

[2] As citações que seguem são tiradas dessa brochura, cf. anexo 2, p. 331.

canalizar as pulsões e mobilizar os espíritos: "*Mais que uma filosofia de empresa ou um ideal a atingir no futuro, é um modelo de comportamento para hoje*" (cf. anexo 2, p. 331).

A modelação dos comportamentos é concebida a partir de um sistema de valores que cada *manager* deve interiorizar: a valorização da ação, a exemplaridade das atitudes, a adesão aos ideais de gerenciamento, o primado dos resultados financeiros, a mobilização permanente para responder às exigências dos clientes, dos acionistas, dos colaboradores e dos fornecedores. Espera-se uma identificação total com a empresa, cujo nome deve inspirar "*orgulho e confiança*". Cada um é incitado a tomar iniciativas, a demonstrar criatividade e autonomia no sentido das orientações e das convicções da empresa. Trata-se de aderir livremente, espontaneamente e com entusiasmo ao projeto da empresa. Os mapas da empresa glorificam o espírito de equipe, o desafio e a exigência de qualidade. Busca-se a excitação do desejo e a mobilização subjetiva para colocá-los em sinergia com as necessidades da empresa. O desejo não é mais considerado como uma fraqueza culposa que deva ser enquadrada por proibições, mas como fonte de criatividade que deve ser mobilizada a serviço da companhia.

O poder gerencialista não funciona como uma "maquinaria" que submete indivíduos a uma vigilância constante, mas como um sistema de solicitação que suscita um comportamento reativo, flexível, adaptável, capaz de pôr em prática o projeto da empresa. Projeto que pode evoluir no tempo, em função do contexto, das flutuações do mercado, das descobertas tecnológicas, das estratégias da concorrência, mas cuja finalidade número um permanece a rentabilidade ("*atribuir aos objetivos financeiros uma prioridade número um*"). Cada serviço é um centro de custo e um centro de lucro. O conjunto das atividades é avaliado em função de sua rentabilidade financeira. Todavia, se os objetivos financeiros permanecerem a prioridade número um, o projeto se refere principalmente aos recursos humanos: "*Desenvolver um conjunto de convicções que subentendem nossas ações cotidianas: fazer um bom trabalho, valorizar os colaboradores, encorajar o sucesso e o senso das responsabilidades, desenvolver uma comunicação franca e aberta, desenvolver as competências, reconhecer os méritos de cada um*".

A adesão a um universo paradoxal

A gestão gerencialista prefere a adesão voluntária à sanção disciplinar, a mobilização à obrigatoriedade, a incitação à imposição, a gratificação à punição, a responsabilidade à vigilância. Sua força se enraíza em um sistema de valores que favorece o engajamento individual no qual a busca do lucro é acoplada a um ideal. O trabalho deve tornar-se o lugar da realização de si mesmo, do desabrochar de cada um, tanto dos clientes como dos colaboradores, do respeito a todos, particularmente "*às comunidades nas quais evoluímos*". Trata-se, enfim, de conduzir essas atividades com o senso da ética. Projeto e ideal caminham juntos. Ninguém pode se satisfazer por se consagrar totalmente a seu trabalho para uma finalidade unicamente financeira. Desde Max Weber (1920), compreendemos que os homens trabalham para sua salvação e não somente para o dinheiro.

A empresa propõe um ideal comum que deve tornar-se o ideal dos empregados. Essa captação do Ideal do Ego de cada indivíduo não se realiza mecanicamente. Convém de início que os valores individuais não estejam demasiadamente em ruptura com os da organização. Sobre isso, os procedimentos de seleção são muito sofisticados. Eles operam um ajustamento entre a "personalidade" dos candidatos e as expectativas da organização. Testes, entrevistas, experimentações, análises grafológicas e psicológicas permitem descrever, avaliar, classificar e comparar aqueles que têm as melhores características para se adaptar ao modelo de comportamento esperado.

Os alunos das escolas de engenheiros e das escolas de comércio são *a priori* os mais aptos para interiorizar modos de fazer e de pensar conformes às expectativas da empresa. Os cursos de formação internos, os dispositivos de avaliação e os procedimentos de promoção levam em conta resultados obtidos, mas igualmente e talvez principalmente "motivações", ou seja, a aptidão e a vontade de se mobilizar para preencher os objetivos e aderir aos projetos da empresa.

Não se procura mais indivíduos dóceis, mas "batalhadores", *winners* que têm gosto pelo desempenho e pelo sucesso, que estão prontos para se devotar de corpo e alma. Duas outras qualidades também são exigidas: o gosto pela complexidade e a capacidade de viver em um mundo paradoxal, ilustradas em algumas citações ouvidas nas empresas, entre milhares de outras:

> Dizem-nos: "Vocês devem estar voltados para fora", e nos censuram: "Vocês nunca estão presentes quando são necessários".
> Dizem-nos: "A qualidade consiste em dar prazos de entrega ao cliente e mantê-los", e há uma diretiva escrita, segundo a qual o fato de se comprometer por causa de um prazo de entrega é uma falta profissional.
> Dizem-nos: "Vocês devem trabalhar em equipe", mas a avaliação dos desempenhos é individual.
> Dizem-nos: "Qualidade total", mas a empresa é dominada pela preocupação com a rentabilidade financeira e os resultados quantitativos.
> Dizem-nos: "Corrida ao mérito", mas é aquele que chegar a se colocar à frente, em detrimento dos outros, que é promovido.
> Dizem-nos: "Abordagem solução", mas jamais se tem tempo para recuar.

O mundo da empresa é um universo cada vez mais contraditório. O cotidiano do *manager* é uma sequência ininterrupta de decisões a tomar diante múltiplas interfaces, sendo que cada uma emite demandas, recomendações, procedimentos, injunções, expectativas, de tal modo que o fato de responder a uma não permite responder à outra, ao passo que todas, contudo, são necessárias. Convém, portanto, negociar, discutir, temperar, ziguezaguear entre lógicas funcionais, sendo que cada uma deve ser levada em consideração para o bom andamento do conjunto, até quando elas se opõem, chegando frequentemente a serem incompatíveis. O *manager* está em busca de mediação. É preciso que ele suporte um universo paradoxal sem, no entanto, afundar na loucura. O menor dos paradoxos é que pedem que ele seja autônomo em um mundo hipercoercitivo, criativo em um mundo hiper-racional e conseguir de seus colaboradores que eles se submetam com toda a liberdade a essa ordem.

A violência na empresa hipermoderna não é repressiva, ainda que subsistam formas de repressão; é principalmente uma violência psíquica, ligada a exigências paradoxais. No modelo hierárquico, o contrato é muito claro: é preciso estar no escritório ou na fábrica durante um número de horas fixado previamente, tendo, em contrapartida, uma remuneração. Há, portanto, um compromisso recíproco e formalizado. No modelo gerencialista, o essencial do contrato recai em outro aspecto. Evocamos sua dimensão narcísica. A empresa propõe ao homem gerencial satisfazer seus fantasmas de onipotência e seus desejos de sucesso, contra uma adesão total e uma mobilização psíquica intensa. A idealização e a identificação o colocam em uma dependência psíquica importante. Se a empresa vai mal, ele pode apenas recorrer a si mesmo. Se deixar a questão de lado, é porque não esteve à altura de suas exigências. Não é mais um compromisso recíproco que regula as relações entre o indivíduo e a organização, mas uma injunção paradoxal. Quanto mais ele "tem sucesso", mais sua dependência aumenta. Onde a empresa progride é definitivamente a parte do indivíduo que regride. Quanto mais ele se identifica com a empresa, mais ele perde sua própria autonomia. E acredita estar jogando "ganhador-ganhador", conforme a expressão consagrada, ao passo que o fato de ganhar o leva a sua perda. Dupla perda, pois um dia ele será inevitavelmente posto de lado a partir do momento em que seus desempenhos diminuírem, e também porque ele se porá em tensão psíquica permanente.

E. Enriquez (1998) evoca a perversão a respeito dessa forma de poder uma vez que ele põe em cena um sistema manipulador que dobra os indivíduos em seu próprio desejo. É fato que o indivíduo se encontra preso em modos de funcionamento que apresentam todas as características da perversão. Voltaremos a isso a propósito do cerco, que é um dos sintomas correntes nesse tipo de organização. Mas é preciso insistir sobre um ponto. Não se trata aqui de psicopatologia no sentido em que esse tipo de poder seria sustentado e produzido por indivíduos que apresentam características mentais particulares. Se o próprio sistema aparece como perverso, é porque ele capta os processos psíquicos para os mobilizar sobre funcionamentos organizacionais. Assim fazendo, ele coloca os indivíduos sob tensão, particularmente porque ele os coloca em contradição consigo mesmos.

Um sentimento de onipotência que torna impotente

O compromisso do assalariado é sem fim, a partir do momento em que ele projeta seu próprio ideal sobre a empresa. O compromisso da empresa é apenas parcial, pois ela condiciona a manutenção do emprego aos desempenhos de cada agente, sem levar em conta o fato de que esses desempenhos dependem do conjunto. Cabe a cada um dar provas de sua utilidade, de sua produtividade e de sua rentabilidade e, portanto, demonstrar que ele sabe manter seu lugar e, quando necessário, fazer seu próprio lugar. A empresa espera de seus assalariados que eles façam projetos, justifiquem seu emprego, calculem sua contribuição e que caminhem sempre além dos objetivos que ela lhes fixa. Ela não lhes pede mais que se adaptem a um quadro estável, mas que existam em uma rede flexível, em um universo virtual. Cada empregado deve provar suas competências e justificar sua função. Mas, ao mesmo tempo, ele se encontra submetido a prescrições extremamente coercitivas. É o universo da autonomia controlada. A liberdade na organização do trabalho é paga por uma obrigação a respeitar normas e por uma vigilância permanente quanto aos resultados, à realização dos objetivos, aos desempenhos realizados. Cada agente participa de um centro de custo e de benefício cujos resultados podem ser medidos em tempo real. A liberdade de ir e vir esconde um controle à distância. Cada um é livre de trabalhar onde quer, a partir do momento em que está "plugado" permanentemente à rede. Quando transportamos nosso escritório conosco, tornamo-nos livres para trabalhar 24 horas durante 24 horas!

Abandonando a organização hierárquica em troca de uma organização reticular, mudam-se profundamente os registros sobre os quais se exerce o poder. Passa-se:

• De uma estrutura rígida, que fixa a cada um o lugar determinado em uma ordem estável, para estruturas flexíveis, que funcionam em rede e favorecem a mobilidade horizontal e vertical;
• De um sistema de comunicação formal, descendente e centralizado, para um sistema informal, interativo e policentrado;
• De um governo por meio de ordens para um governo por meio de regras; da imposição para a incitação: não

se ordena mais; porém se discute, se suscita, se anima, se negocia;
• De um enquadramento centrado sobre a vigilância e o respeito pelas diretivas, para um gerenciamento centrado sobre a expectativa de objetivos, sobre a adesão a lógicas.

Na empresa hipermoderna, o objeto do controle tende a se deslocar do corpo para a psique, da atividade física para a atividade mental: mais que enquadrar os corpos, procura-se canalizar as pulsões e controlar os espíritos. A empresa espera de seus empregados que se devotem "de corpo e alma". Sobre o plano psicológico, passamos de um sistema fundado sobre a solicitação do Superego — o respeito pela autoridade, a exigência de obediência, a culpabilidade —, para um sistema fundado sobre a solicitação do Ideal do Ego — a exigência de excelência, o ideal de onipotência, o medo de fracassar, a busca de satisfação narcísica. A identificação com a empresa e sua idealização suscitam a mobilização psíquica esperada. Cada um vive como seu próprio patrão. Os agentes se autocontrolam, se autoexploram. O poder da organização com a qual se identificam permite-lhes acreditar em uma onipotência individual, a de um Ego em incessante expansão, não encontrando limites. Todavia, se as satisfações são profundas, as exigências também. O indivíduo deve consagrar-se inteiramente a seu trabalho, sacrificar tudo pela sua carreira. A exigência de sucesso encontra seu fundamento no desejo inconsciente de onipotência. A empresa oferece uma imagem de expansão e de poder ilimitado, na qual o indivíduo projeta seu próprio narcisismo. Tomado pela ilusão de seu próprio desejo, ele é animado pelo medo de fracassar, de perder o amor do objeto amado (aqui, a organização), o temor de não estar à altura, a humilhação de não ser reconhecido como um bom elemento. Ele é posto sob tensão, entre seu Ego e seu ideal, para o maior benefício da empresa.

O universo gerencialista promete um ideal sem limites: zero de atraso, zero de falha, zero de papel, qualidade total etc. Nesse contexto, não é mais normal ser limitado. É pedido o crescimento permanente dos desempenhos e ao mesmo tempo a diminuição dos custos. Criam-se exigências cada vez mais elevadas, além daquilo que se sabe poder fazer. O ideal se torna a norma. Os procedimentos não são estabelecidos a partir de uma análise concreta dos processos de produção e das atividades reais, mas para clientes perfeitos, trabalhadores sempre no auge de sua forma, jamais doentes, em um contexto sem obstáculo. A fraqueza, o erro, o contratempo, a imperfeição, a dúvida, tudo aquilo que caracteriza o humano "normal", não têm mais lugar de ser. A gestão preconiza o ideal em um mundo sem contradição. O ideal não é mais um horizonte a atingir, mas uma norma a aplicar.

Por não poder realizá-lo, e diante da negação de sua vulnerabilidade, cada agente é constantemente pego em falha por insuficiência. Como ele jamais pode estar à altura dos desempenhos esperados, ele se vê como incapaz, incompetente ou insuficientemente motivado. É ele que se torna responsável pelos defeitos do sistema (Dujarier, 2004).

A empresa suscita a construção de um imaginário do qual o gerenciamento deve garantir a consistência e a permanência. O imaginário do indivíduo torna-se o objeto principal do gerenciamento, tendo como objetivo canalizar suas aspirações sobre objetivos econômicos. Dois processos maiores provocam a mobilização psíquica:

• a identificação, por introjeção, da organização, imagem de onipotência ou de excelência, e por projeção sobre ela das qualidades que ele queria para seu próprio Ego;
• a idealização, por interiorização, do ideal de perfeição e de expansão que a organização propõe. Desse modo, o Ideal do Ego encontra na empresa multinacional uma for-

midável caixa de ressonância para expandir seus limites e satisfazer o "Ego grandioso" (Kohut, 1974).

Propusemos o termo "sistema managinário" para descrever o conjunto desses processos de transações entre a empresa e o indivíduo (Aubert e Gaulejac, 1991). Trata-se de um outro aspecto do contrato de trabalho, implícito, mas bem real, que completa os aspectos formais — jurídicos e financeiros — por meio de uma transação psíquica equivalente a um contrato narcísico. O indivíduo procura na organização um meio de satisfazer seus desejos de onipotência e de canalizar suas angústias. A organização lhe oferece um objeto de idealização e uma excitação/incitação permanente a se superar, a ser o mais forte, a se tornar um "ganhador". Ela lhe oferece os meios de combater sua angústia, suscitando um modo de funcionamento defensivo para ele e útil para a organização. Por meio desse viés, a tensão se transforma em energia produtiva, ou seja, em força de trabalho, canalizada sobre os objetivos fixados pela empresa.

Uma submissão livremente consentida

O objetivo do sistema managinário é colocar em sinergia o funcionamento organizacional e o funcionamento psíquico. A organização apresenta muitas vantagens e muitas obrigações, o indivíduo experimenta muita satisfação e muita angústia. Para lutar contra a angústia, ele se investe totalmente em seu trabalho. Obtém resultados, o que lhe traz reconhecimento sob a forma de promoção, de salário, mas igualmente de responsabilidades, que acabam reforçando o casal vantagem/obrigação e, em contrapartida, o prazer e a angústia, e assim por diante. O indivíduo fica preso em uma espiral da qual não consegue mais se desligar. A ligação dos indivíduos é produzida não por uma coerção física, mas por uma dependência psíquica que se apoia sobre os mesmos processos que os laços amorosos, ou seja, a projeção, a introjeção, a idealização, o prazer e a angústia. É nesse nível que residem o sucesso e a falha da empresa gerencial. Os conflitos se colocam cada vez menos no nível da organização em termos de lutas reivindicatórias ou de respeito pela autoridade hierárquica. Eles se colocam no nível psicológico em termos de insegurança, de sofrimento psíquico, de esgotamento profissional, de perturbações psicossomáticas, de depressões nervosas. Conflitos diante dos quais os sindicatos ou os contrapoderes não estão munidos.

A contestação desse poder é particularmente difícil, como todo sistema que encerra os indivíduos dentro de paradoxos. É um poder que se exerce e que se suporta permanentemente, sem que o *manager* possa claramente distinguir a diferença. Poderíamos evocar a esse respeito uma alienação visto que o indivíduo é governado a partir do interior, por forças estranhas a ele próprio. Mas o termo não permite explicar o paradoxo segundo o qual cada um é convidado a cultivar sua autonomia, sua liberdade, sua criatividade para melhor exercer um poder que reforça sua dependência, sua submissão e seu conformismo. Se há alienação, há igualmente exaltação da subjetividade. Poderíamos sem dúvida evocar aqui uma "alienação à segunda potência", pois é o próprio indivíduo que se torna seu principal motor.

É um poder difícil de contestar, de um lado, porque ele opera na interioridade, o que leva a se contestar a si próprio, mas principalmente porque a crítica só pode ser feita exteriormente. A escola da Palo Alto mostrou que só poderíamos escapar de uma comunicação paradoxal colocando-nos em um nível "meta", ou seja, comunicando sobre o próprio paradoxo (Watzlawick e outros, 1967). Da mesma forma, só podemos escapar de um poder paradoxal desmontando seus diferentes mecanismos. Todavia, como proceder quando a própria pessoa está dentro do sistema? É como se quiséssemos fazer avançar um automóvel em pane, ao mesmo tempo permanecendo dentro do veículo.

Aquele que denuncia as contradições se choca de frente com a demanda de adesão, a expectativa de um investimento psicológico incondicional, a necessidade de crer que a empresa oferece uma esperança de progresso, uma finalidade aceitável. Mais que invocar as injunções contraditórias às quais ele se encontra submetido, o "bom agente" preferirá evocar "falhas de funcionamento", problemas a resolver. Ele está pronto para se mobilizar para fazer funcionar o sistema, apesar de tudo e, caso possível, até melhorá-lo, interiorizando as obrigações. As injunções contraditórias são então normalizadas e internalizadas. Não é mais a empresa que seria incoerente, e sim o indivíduo, que deve tomar sobre si o fardo psíquico induzido pela contradição: Como fazer sempre mais com sempre menos? Como estar em dois lugares ao mesmo tempo? Como ganhar tempo quando menos tempo temos?

"Não temos escolha: ou aceitamos isso ou vamos embora", diz a maioria dos *managers*. Fechando-se desse modo em uma alternativa radical, eles tentam racionalizar suas próprias posições e, ao fazê-lo, legitimar sua conduta. Não é o menor dos paradoxos constatar que, de um lado, eles celebram as virtudes do liberalismo e da livre empresa e, do outro, eles se apresentam como totalmente dependentes e submissos às exigências de um sistema do qual eles são, ao mesmo tempo, os produtores e os produzidos. Tomados individualmente, eles parecem aderir apenas parcialmente a esse poder. Alguns até lhe fazem uma crítica virulenta. O que não os impede de o exercer sobre seus colaboradores e sobre seus subordinados. Poderíamos falar aqui de duplicidade, uma vez que a maioria dos *managers* é especialista em linguagem dupla. Parece mais justo ver nisso as consequências de uma socialização segundo essa "ordem paradoxal". Não podemos nela sobreviver a não ser tornando-nos nós mesmos paradoxais, não por duplicidade, mas por necessidade. O recorrente apelo à ética é a expressão do desejo de reconstituir a coerência e o simbólico em um universo incoerente e caótico.

Capítulo 5

A moral dos negócios

> Enquanto imaginamos que a transparência e a ética irão salvar o mundo, ao menos não falamos de outra coisa. E isso é de fato o imenso benefício do derivativo moralizador.
>
> Frédéric Lordon,
> "Et la vertu sauvera le monde"

Max Weber mostrara em seu tempo as estreitas ligações entre o espírito do capitalismo e a ética protestante (Weber, 1920). O capitalismo industrial estava fundado sobre um princípio de legitimação. A lógica da acumulação do capital não encontrava sua justificativa em si mesma, mas na busca de um fim mais nobre. Celebrava-se o gosto de empreender, a honestidade, a preocupação com o bem público. O homem ganhava sua salvação pelo trabalho. O sucesso financeiro era sinal de mérito individual, mas o dinheiro não devia servir para despesas pessoais não utilitárias. Ele devia ser reinvestido em causas socialmente valorizadas.

Encontramos os traços dessa ética nos mapas das grandes empresas multinacionais, como o da Philips, que já citamos (anexo 2, p. 331). Mas os belos princípios se chocam com a realidade das práticas. A distância não pára de crescer entre a ética pessoal dos empregados e o "ideal de gerenciamento" proposto pela empresa. A ética pessoal vê o bem "no ato de uma vida de acordo consigo mesma, mais do que em um objetivo virtuoso que se impõe de fora [...]. Ela nada tem a ver com normas e discursos, ignora o dever, e se confunde com aquilo que se faz de si mesmo" (Audi, 2000). Entre essa definição de ética pessoal, que remete ao indivíduo a responsabilidade por seus atos, e a ética gerencial, que procura suscitar a adesão aos objetivos da empresa, as tensões são cada vez mais vivas. Em um contexto em que os resultados financeiros representam a finalidade última da atividade, vemos se desenvolverem múltiplos "negócios" que ilustram o divórcio crescente entre o "business" e a moral. A partir do momento em que a ciência gerencial e aqueles que a encarnam se submetem aos interesses do capital, vemos se desenvolverem discursos que cobrem com intenções louváveis práticas que são menos louváveis.

O capitalismo perdeu sua ética

O capitalismo tem necessidade de se apoiar sobre uma legitimidade para justificar as desigualdades que provoca e apagar as contradições que suscita. Principalmente quando o enriquecimento de uns é acompanhado pelo empobrecimento dos outros, quando a melhoria dos lucros é acompanhada de demissões, de degradação das condições de trabalho ou de uma diminuição das remunerações dos empregados. O gerenciamento apresenta argumentos, a fim de justificar as contradições permanentes entre as práticas concretas da vida no trabalho e a moral ou os valores dos empregados. Os trabalhadores têm necessidade de dar coerência a sua atividade, de se investir em projetos que lhes permitem esperar uma melhoria de sua sorte e um futuro melhor. O gerenciamento de recursos humanos tem como função propor uma "cultura" que defenda uma visão comum, a consideração da pessoa, o respeito pelo meio ambiente, a qualidade dos produtos e dos serviços realizados. Evoca-se a empresa cidadã, a "boa governabilidade", a "responsabilidade social da empresa" (RSE). Os mapas de empresa desenvolvem as convicções e os valores nos quais cada empregado deve comprometer-se a crer. Eles se empenham em compensar a lógica do lucro por meio de construções morais, destinadas a legitimá-la.

Hoje, o que ainda permite crer nisso? A busca de uma rentabilidade máxima é compensada por uma moral do bem comum; a exclusão dos *low performers* (os que têm menos desempenho) por uma moral do risco; a lógica da obsolescência por uma moral da inovação e do progresso (Lordon, 2003).

• A moral do bem comum encoraja cada um a maximizar seu interesse particular por meio de um milagre "ético". Graças à interpretação da "mão invisível" (Smith, 1776), a busca do interesse individual leva logicamente a desenvolver o interesse coletivo. Maravilhosa teoria que permite uma desculpabilização dos atores do capitalismo, que não têm mais questões a se colocar sobre sua conduta, pois a busca do lucro individual desemboca inevitavelmente sobre o bem comum. Essa transmutação dos egoísmos individuais em comportamentos altruístas justifica a busca desenfreada de desempenhos financeiros. Cada ator tem um comportamento racional ao defender seus interesses particulares, visto que esses interesses conjugados só podem favorecer o bem comum.

• A moral do risco permite valorizar a imagem de um acionista dinâmico e corajoso, longe da pusilanimidade do rentista ou da mediocridade dos trabalhadores resignados com sua sorte. O "riscófilo"[1] é um homem empreendedor e capaz de se colocar em questão. Sua fortuna não é o feito de um enriquecimento indevido, mas do enfrentamento

---

[1] Conforme a expressão de Ernest-Antoine Sillière, presidente do Medef, que valoriza aqueles que gostam do risco e estigmatiza aqueles que o temem.

das incertezas do mercado. Ela é muito mais meritória pelo fato de a Bolsa ser caótica, imprevisível, e de que a concorrência é viva em um mundo instável. A empresa hipermoderna é uma terra de aventura na qual os "riscófobos" não são bem-vindos.

• A moral da inovação e do progresso permite apresentar a empresa como um sistema dinâmico, aberto, portador de melhorias e de desenvolvimento. Nessa perspectiva, o crescimento é o motor do progresso e o lucro gera um benefício para o conjunto da sociedade. A concorrência comercial é fator de emulação, que permite que cada um se supere. O mercado é instaurado como uma instância mítica, considerada como reguladora dos conflitos e contribuinte para uma produção infinita de riqueza, que beneficia a todos.

A ausência de antagonismo entre o interesse individual e o interesse coletivo, a celebração do risco assumido pelo acionista e a apresentação da lógica do lucro como força criadora são argumentos diante dos desgastes que esse sistema de gestão gera. Eles justificam as desigualdades sociais, a pressão do trabalho, a desregulação, a colocação em questão da proteção social e a luta pelos lugares. Com efeito, como evitar, em um mundo guiado pela defesa do interesse individual, que se desenvolva uma competição generalizada? Como afirmar que não há contradição entre o interesse da empresa e o interesse dos assalariados diante dos sucessivos planos sociais? Como celebrar a moral do risco quando uns partem com *golden parachutes* e os outros são brutalmente demitidos? Como, por fim, justificar a proeminência da Bolsa sobre a economia, da lógica financeira sobre as lógicas da produção, quando assistimos à renovação de crises socialmente dramáticas?

Para evitar que o antagonismo entre o capital e o trabalho não venha a emergir em oposição central, é preciso que os assalariados integrem a lógica financeira como uma necessidade. Daí as múltiplas propostas para os "interessar pelo capital", a fim de que se tornem "pequenos acionistas". Por meio desse viés, a lógica financeira é apresentada como um benefício para todos e, portanto, justa. A concorrência é um benefício para o consumidor, os fundos de pensão garantem um complemento essencial para os aposentados, a poupança salarial e os *stock-options* garantem ao trabalhador uma participação nos lucros da empresa. O indivíduo assalariado-acionista-consumidor-aposentado torna-se, então, pego em conflitos de interesses que ele não chega mais a hierarquizar.

Ainda mais que a conjugação entre a ideologia gerencialista e a ideologia liberal se apoia em um discurso sobre o valor. Entre valor financeiro, valor comercial, valor de uso e valor moral, os deslizes de sentido são permanentes. No mundo da finança vale tudo, e cada elemento deve ser traduzido em termos de custo e benefício. As ciências da gestão desenvolveram metodologias ultra-sofisticadas para traduzir todas as produções em indicadores de medida a fim de cifrar sua rentabilidade. O "valor" das contribuições e das retribuições de cada um é contabilizado em termos monetários. Afinal de contas, todas as trocas e todos os elementos que não entram nessa contabilidade são considerados como "sem valor". A contabilidade financeira permite, de fato, medir aquilo que importa?

A "ética" de resultados

Em geral, "negócios" nos dão a impressão de que os instrumentos encarregados de medir o valor financeiro das empresas não são confiáveis porque maquiados por dirigentes indelicados. Com efeito, essas malversações escondem uma realidade ainda mais inquietante. São os próprios instrumentos que não são confiáveis. As "agências de *rating*", encarregadas de notar as empresas para os investidores institucionais, exigem elementos cada vez mais precisos. Todavia, os dados contábeis não dão uma visão clara e confiável da situação financeira da empresa por diferentes motivos:

• As empresas mudam permanentemente seu perímetro de consolidação conforme o ritmo de fusões e de aquisições que não param de acelerar.
• Elas têm recursos a técnicas financeiras que permitem sair de seu balanço certos ativos ou certas dívidas.
• As riquezas "imateriais", como as marcas e as tecnologias, são difíceis de avaliar e formam uma parte crescente de seu ativo.

De um lado, as empresas hipermodernas têm meios múltiplos para manter a opacidade de seus resultados e de seu valor; do outro, as instâncias de regulação estão cada vez mais desprovidas para realizar sua tarefa. A ponto de a União europeia ter confiado a um escritório privado, o International Accounting Standard Board (IASB), a providência de produzir normas contábeis para o conjunto de seu território. Existe, por outro lado, uma rede de interesses estreitos entre as empresas e os organismos encarregados de as avaliar. Apesar dos grandes discursos sobre a transparência, as empresas preferem a opacidade. Em nome da liberdade, elas recusam todos os sistemas de controle e de regulação. Os auditores não são verdadeiramente independentes e quando são se arriscam a pagar as consequências disso. Na maior parte do tempo, os conflitos de interesse entre a profissão de consulente e as funções de controle não estão regulamentados. Do lado dos investidores, os analistas financeiros não são remunerados em função da pertinência de suas previsões, mas sobre os resultados comerciais. Essas relações ambíguas se encontram no seio de conselhos de administração, compostos de pares que têm interesses cruzados. Saídos das mesmas formações, ligados por histórias comuns, partilhando as mesmas concepções de seu papel, envolvidos por posições de controles recíprocos, os membros dos conselhos de administração não se dão verdadeiramente os meios de tornar mais transparente o mundo da finança. Dessa forma, as deliberações dos conselhos são secretas e nenhum sistema de registro é previsto. O mundo da finança é um mundo sem memória e cuja língua é desligada da vida concreta, em favor de uma linguagem artificial que dá apenas uma visão truncada da realidade que lhe é considerado descrever.

A eficácia dessa linguagem deve-se a dois postulados implícitos que estão no fundamento dos instrumentos do controle orçamentário:

• *O postulado da racionalidade*, segundo o qual as decisões são tomadas "objetivamente", depois de um exame profundo das diferentes alternativas e das prováveis consequências. Os arrazoados da análise estratégica e do controle de gestões repousam sobre modelos teóricos que evacuam as variáveis consideradas como não racionais. É, portanto, um modelo largamente errôneo quando se sabe que uma organização, como qualquer grupo social, é atravessada por conflitos de interesse, relações de poder, construções imaginárias, visões afetivas, contradições múltiplas. O mundo da contabilidade é uma construção ilusória, distante da realidade concreta da empresa.

• *O postulado da neutralidade* dos instrumentos esconde os mecanismos de poder e as diferentes concepções das partes ativas da empresa. Quando se mede o desempenho exclusivamente sob o ângulo financeiro, privilegia-se a linguagem dos acionistas, sua concepção do valor, em detrimento de todos os outros critérios. "Graças à medida contábil, o instrumento orçamentário homogeneíza o real. Ele reduz a complexidade a um valor monetário, mas, ao fazer isso, elimina todas as outras dimensões."[2]

---

[2] Peth e Zrihen (2000), e Zrihen (2002).

Uma posição ética não pode ser fundada sobre uma visão ilusória do real. A falsa objetividade dos instrumentos de medida oculta a realidade profunda do mundo da empresa. A suposta racionalidade que os subentende leva a impor uma concepção instrumental e normativa que se impõe como uma visão universal, abstrata e a-histórica. O mundo da gestão torna-se então um mundo à parte, ensinado nas escolas especializadas, que desenvolve sua linguagem, sua cultura, seu sistema de valores da moral social, cada vez mais desligado dos "mundos vividos".

Os "negócios" e a moral

Do ponto de vista da eficácia e da objetividade, podemos considerar que a moral é uma coisa, e a economia e a gestão são uma outra. Numerosos chefes de empresa ou economistas defendem esta ruptura: de um lado, o realismo de quem toma decisões para gerir sua empresa sem humores, conforme leis econômicas que se impõem seguindo o modelo das leis físicas; do outro, o homem de sentimento, que deve atenuar o rigor dessas leis para os homens e as mulheres que ele emprega ou que as suportam. Outros consideram que uma síntese é possível entre o polo realista e o polo humano, desenvolvendo a ideia de um gerenciamento moral, fundado sobre a transparência. Esta aparece como a virtude cardeal para combater o mal que a opacidade representa. A falta de transparência seria a causa de todas as crises do mundo dos negócios. Cita-se Enron, Worldcom, Vivendi, Andersen, Xerox, Parmalat, ao passo que essas crises atingem o conjunto do sistema econômico. Empresas totalmente transparentes também estão em crise. As malversações de uns servem de para-ventos para justificar as carências do sistema e dissimular suas causas profundas. Com efeito, como explicar esse mecanismo repetitivo segundo o qual dirigentes de empresas montadas no pináculo por causa de seus desempenhos exemplares, com a cumplicidade das instâncias encarregadas de sua vigilância, são repentinamente considerados como crápulas?

Business to business (B to B)

Em janeiro de 2002, a companhia Enron, sétima companhia americana, ou seja, o equivalente de Saint-Gobain ou Suez-Lyonnaise na França, declara falência. O valor de seu título na Bolsa passa de 80 dólares no início de 2001 para 30 cents em novembro. Informa-se que 29 dirigentes da Enron, sentindo os problemas e devidamente advertidos por notícias internas do vice-presidente, venderam no outono mais de 17 milhões de ações que detinham. Receberam 1 bilhão de dólares, ou seja, cerca de 42 milhões de euros cada um. Ao mesmo tempo, os 14 mil empregados da firma que possuem planos de poupança em aberto (sobre 20 mil no total) não puderam vender seus títulos, o que lhes fora proibido por causa das leis da poupança salarial. Todos eles perderam tudo: seu emprego e sua aposentadoria. Parece que nem os comissários de contas da sociedade Andersen, nem os bancos encarregados de gerir as finanças da empresa, nem os analistas da Bolsa tinham previsto essa catástrofe. No decorrer de outubro de 2001, alguns analistas até recomendavam ainda que os poupadores comprassem o título Enron.

Essa empresa, criada em 1980, era a imagem do sucesso. Consagrada ao comércio da energia e de seus mercados derivados, ela encarnava o e-commerce (*via* internet) e o "B to B" (*business to business*), ou seja, a venda direta do fornecedor ao usuário. No domínio da energia, outrora gerado por coletividades territoriais ou por serviços públicos, ela representava uma visão nova, dinâmica e liberal. Simbolizava igualmente um mundo de gerenciamento participativo no qual os empregados eram encorajados a investir no capital de sua empresa sob a forma de fundos de poupança que tinham a dupla vantagem de reforçar as motivações para o trabalho e de fornecer um complemento de aposentadoria, com a condição, é claro, que o decorrer da ação não deixasse de aumentar.

A estratégia da Enron era antes de tudo dominada por considerações financeiras. Os donos da empresa, Kenneth Lay e Geffrey Skailling — um antigo consulente de McKinsey —, desenvolviam não uma estratégia de produção de serviços (fornecer gás e eletricidade às coletividades territoriais), mas uma estratégia de venda de energia. Ela separava a produção da distribuição, concentrando-se sobre a compra e a venda da energia.

Quando a lógica financeira coloca-se à frente da lógica de produção, todos os meios são bons para fazer dinheiro. Quando o conjunto do gerenciamento de topo de uma empresa tão importante escolhe cientemente vender suas ações, ao passo que o pessoal da empresa, não informado, encontra-se na incapacidade de fazê-lo, é o conjunto do sistema de gestão que está pervertido. Em última análise, o business e a moral não fazem boa parelha, apesar de todas as tentativas de conciliá-los.

Para Kant, a moral está fundada sobre a noção de respeito, definido a partir de um princípio simples: tratar a pessoa humana sempre como um fim em si mesmo. Sob quatro aspectos esse imperativo categórico está em contradição com os princípios da gestão:

• A abordagem experimental e objetivista considera os indivíduos como objetos dos quais se procura medir os comportamentos.

• O utilitarismo leva a tratar o homem como um meio e não como um fim.

• A racionalidade instrumental leva a considerá-lo como um *fator*, ao mesmo título que os fatores financeiros, comerciais, logísticos, de produção.

• O economismo faz com que o pessoal seja levado em conta como uma variável de ajustamento diante das exigências do mercado.

Há, portanto, uma antinomia entre a ideologia gerencialista e a moral no sentido de Kant. A gestão, por essência, não pode ser moral, o que não significa que todo bom *manager* não procure ter um comportamento moral. Mas ele jamais fará a economia de uma tensão maior entre sua função na empresa e sua ética pessoal. A verdadeira mudança seria realizar uma "revolução epistemológica", ou seja, uma radical colocação em questão dos modos de pensar a empresa. Sem isso, os discursos sobre a ética e a moral terão apenas uma função ideológica, destinada a favorecer a adesão do pessoal.

A sedução não funciona. Os *managers*, que apresentam a empresa como o recurso, diante de uma sociedade esmorecida quanto ao registro do sentido e dos valores, obtêm apenas uma adesão de fachada. Os mapas podem favorecer a idealização, mas trata-se, definitivamente, apenas de uma adesão parcial, durante o tempo em que a empresa fornece seu quinhão de promoções, de vantagens financeiras e de satisfações narcísicas. Estamos longe da adesão racional a uma moral fundada sobre o reconhecimento e o respeito pela alteridade.

A tensão entre o lucro e a moral, entre a sobrevivência da empresa e a consideração pelo ser humano, poderia abrir caminho para compromissos duráveis. Com a condição de que os interesses presentes sejam esclarecidos e se tornem objeto de discussão para elaborar mediações. O modelo fordista³ foi apresentado como "virtuoso", uma vez que conciliava os interesses dos acionistas, dos trabalhadores e dos consumidores. Ele apresentava a demonstração de que não havia, como o pretendia Marx, um antagonismo radical entre o capital e o trabalho. O capitalismo podia perfeitamente conciliar o crescimento dos lucros para os acionistas, a melhoria das condições de trabalho e das remunerações para os assalariados, a baixa dos preços e a melhoria dos produtos para os consumidores. Lógica financeira, lógica salarial e lógica comercial, longe de se oporem, combinavam-se em um compromisso permanente e dinâmico. Sem idealizar esse período, particularmente as condições de trabalho que eram — no automóvel e em outras coisas — muito difíceis, não se pode negar a melhoria das condições de vida do conjunto dos assalariados, o desenvolvimento rápido e contínuo do consumo, sustentado por uma taxa de crescimento que ultrapassava frequentemente os 3% ao ano. Esse sucesso do compromisso fordista provocou, a partir dos anos 1960, uma distância cada vez mais gritante entre os países capitalistas do Oeste e os países comunistas do Leste e, por fim, o desmoronamento do modelo comunista.

Esse sucesso, porém, não abriu caminho para a generalização do modelo. Ao contrário. A partir dos anos 1980, o capital retomou seus "direitos". A lógica financeira adiantou-se às outras. Embora o crescimento tenha permanecido positivo, aumentaram as distâncias entre os mais ricos e os mais pobres, os altos e os baixos salários, os trabalhadores protegidos e os trabalhadores em situação precária. Como se o capitalismo tivesse perdido suas virtudes e reaparecido

---

³ Lembremos que esse "modelo" econômico foi "inventado" pelos economistas da escola de regulação, resultante dos trabalhos de Michel Aglietta sobre a economia dos Estados Unidos. Henri Ford não era "fordista" no sentido desse modelo. Admirador de Adolf Hitler, ele era contra o Estado-providência e os sindicatos. Cf. Duval, 2003.

como um sistema econômico injusto, opondo os interesses dos acionistas, ávidos de lucro, e os interesses dos assalariados, que não têm outros bens a não ser sua força de trabalho. Paradoxalmente, é no momento em que os regimes comunistas desmoronam que a análise marxista parece mais pertinente que nunca, ao menos quanto a esse ponto.

Business is war!

Assistimos então a um deslocamento. A guerra econômica substituiu a guerra fria. Nada vem barrar a vontade de poder e a busca de lucro das grandes empresas capitalistas. Não tendo mais um inimigo comum, diante do qual eram necessários compromissos, as empresas lutam entre si. O mundo econômico torna-se um campo de batalha. O concorrente é o inimigo. Se não houver uma mobilização de todos os meios para se apoderar de novas fatias de mercado, estamos mortos. A conquista é uma questão de sobrevivência. *Business is war!* Temos aqui um exemplo de construção imaginária da realidade: é preciso combater para não ser vencido.

Neste mundo, nenhuma outra escolha é concebível, e todos os choques são permitidos. Em tempo de guerra, a moral habitual não entra em questão. Pode-se matar, desculpar os excessos, admitir os maus-tratos, tolerar certas violências. Pode-se até considerar que a mentira é estratégica, que a deslealdade é necessária, que a dupla linguagem é uma condição da vitória. Nesse contexto, a pressão para melhorar a rentabilidade é contínua. A prática generalizada das demissões, o estabelecimento sistemático de planos sociais, as violações do direito do trabalho e até o cerco social não são verdadeiramente repreensíveis, pois são necessários para o sucesso da empresa e, portanto, para sua sobrevivência. Durante a guerra, a finalidade é clara: vencer ou morrer. Ainda que esse postulado não tenha fundamento econômico, ele é, todavia, aceito como uma evidência por bom número de dirigentes. Como se o imperativo categórico de lutar para sobreviver permitisse esquecer o de Kant, ou seja, tratar a pessoa humana como um fim em si. A finalidade da empresa como máquina de fazer lucro encontra-se reabilitada, ainda que se realize a preço de sacrifícios, como o fechamento de estabecimentos, demissões maciças, atentados ao meio ambiente e as pressões sempre maiores para trabalhar mais.

Se o capitalismo perdeu sua ética, como compreender que ele continue a provocar uma adesão maciça, até quando ele se encontra corroído por múltiplos "negócios", múltiplas crises, e que a riqueza produzida reforce as distâncias entre os mais ricos e os mais pobres? Como "a ética de resultado" pode impor-se, ao passo que os benefícios são desigualmente repartidos? Como acreditar em um sistema que produz a submissão dos homens a uma racionalidade puramente instrumental?

Para Marcel Gauchet (1985), "somos os habitantes de um mundo que desde já virou radicalmente as costas para o reino dos deuses". Se a religião permitia, e ainda permite em certos países, manter a ilusão de um mundo encantado, a morte de Deus não abriu caminho para "o homem que se tornou Deus, mas para "o homem expressamente obrigado ao contrário, ou seja, a renunciar ao sonho de sua própria divindade". Quando os deuses não estão mais presentes, o homem é obrigado a renunciar à ilusão de que pode escapar da condição humana. A retirada de Deus confronta-o com a necessidade de produzir: se o mundo não é mais dado, será preciso constituí-lo. Marcel Gauchet situa o nascimento do *homo economicus* como uma resposta a essa necessidade. "Primeiro mais conquista e poder sobre a ordem das coisas para aumentar, em seguida, os recursos disponíveis" (p. 127). O capitalismo se enraíza em uma busca de crescimento, um projeto de posse insaciável. A finalidade não é tanto a posse em si mesma, e sim uma relação de otimização que se traduz por uma finalidade de acumulação e de domínio. Temos aqui uma imensa ruptura. O mundo não é mais dado, mas torna-se uma construção humana. Cada homem não pode mais se acomodar com aquilo que recebe e irá se esforçar para "maximizar os poderes e os recursos" (p. 130). Compreender, dominar e aumentar são os três polos sobre os quais o homem irá se mobilizar. O investimento produtivista viria de algum modo preencher a falta deixada pela retirada de Deus. Por não continuar a crer no progresso, o homem se consola na ação, na acumulação e na competição. Agir para agir, acumular para ter sempre mais, correr para ser o primeiro.

*

O poder gestionário se enraíza nessa necessidade de agir. Sua força repousa sobre diferentes mecanismos que canalizam a ação a serviço do capitalismo e das empresas que são sua encarnação.

O primeiro mecanismo desse poder é o álibi da guerra econômica. Trata-se de fazer acreditar na vulnerabilidade da empresa, cuja sobrevivência estaria ameaçada e, portanto, na necessidade de realizar sacrifícios para salvá-la. A empresa, atacada de todos os lados, deve defender-se em um contexto hostil. A mobilização de todos e de cada um diante da ameaça é uma condição de sua salvaguarda. Diante do perigo, os interesses individuais devem apagar-se diante de uma causa superior. Como a ameaça é exterior, ela permite dissimular a violência interna, para não dizer arbitrária, das decisões tomadas.

O segundo mecanismo do poder é a individualização e a dissolução dos coletivos que poderiam defender das orientações diferentes da preconizada pelas direções gerais. O enfraquecimento dos coletivos é favorecido por uma estrutura de organização reticular, pela colocação em concorrência interna dos diferentes serviços, filiais e departamentos, por meio de uma mobilização importante, por uma reorganização permanente de todos os setores e por uma política de neutralização das reivindicações coletivas. Nesse contexto, os agentes estão mais preocupados com sua carreira individual do que por uma reflexão de conjunto e das ações comuns para defender os interesses do pessoal. Diante da organização, o indivíduo isolado pode apenas se dobrar às exigências do sistema. O ator pode pôr em prática estratégias para salvaguardar seus interesses pessoais, mas não pode mudar o funcionamento do conjunto. O poder gerencialista é profundamente individualista. Ele enfraquece a constituição de coletivos duráveis. Celebra o trabalho em equipe com a condição de que seja totalmente consagrado a atingir objetivos fixados pela empresa. A adesão de fachada à ideologia gerencialista dissimula também uma submissão pragmática a suas exigências, condição mínima para esperar conservar seu lugar. Nesse contexto, ninguém assume o risco de contestar as orientações da direção. A des-sindicalização, no seio da empresa gerencial, é o sintoma de uma situação na qual cada empregado está mais preocupado em melhorar sua situação pessoal ou de salvar seu lugar do que em desenvolver solidariedades coletivas contra um poder inatingível. Estas, de fato, desenvolvem-se apenas em situações de crise, diante de demissões em massa ou de fechamentos de estabelecimentos, em um momento em que as decisões já foram tomadas. Frequentemente é demasiado tarde para criar uma relação de força que leve as direções a rever sua estratégia.

O terceiro mecanismo é a utilização de injunções paradoxais que inibem a razão, favorecem a adesão e a aceitação da racionalidade instrumental. Para não se tornar louco (não entrar em "curto", na linguagem da empresa), os agentes aceitam deixar-se levar, ao menos aparentemente. Eles fazem "como se". Põem em ação mecanismos de defesa para suportar esse universo com menor custo psíquico. Vale mais uma aceitação tácita do que um questionamento ativo que abre caminho para a ameaça de uma rejeição ou o risco de uma pressão ainda maior. Voltaremos a esse ponto, particularmente sobre o sintoma da superatividade, que é característico da gestão paradoxal. Para se defender contra a pressão do trabalho, o agente se investe totalmente na atividade, o que permite não pensar e não lutar mais contra a angústia gerada por esse sistema.

Um outro paradoxo reside no discurso que insiste sobre a autonomia e sobre a responsabilidade de cada um, contradito por práticas de colocação em dependência e um contexto de desresponsabilização generalizada. Os *managers* jamais são "responsáveis" pelas decisões que aplicam. As demissões são apresentadas como fatalidades necessárias, consequência de orientações estratégicas definidas no alto escalão a partir de critérios indiscutíveis. Por exemplo, no estabelecimento de um plano social, se a escolha dos demitidos e as modalidades de demissão dependem da direção dos recursos humanos, esta tem meios limitados e nenhum poder sobre a própria decisão. A execução gestionária da decisão oculta seu caráter político, que não é discutido e se apresenta como incontestável.

O poder gestionário neutraliza definitivamente a violência do capitalismo. Ele termina por despolitizar o poder no seio da empresa, uma vez que este se apresenta sob a aparência de profissionais, que não fazem mais que produzir instrumentos, definir prescrições, formalizar regras e aplicar decisões pelas quais de forma nenhuma são responsáveis. A neutralidade dos instrumentos oculta a realidade do poder. A empresa corta-se em relação ao resto da sociedade, como se seus princípios de legitimação interna a liberassem de assumir as consequências sociais e humanas de suas escolhas. O argumento da guerra econômica funda um princípio de legitimação fatalista: a rentabilidade ou a morte.

Segunda parte

POR QUE A GESTÃO PROVOCA DOENÇA?

> O que temos diante de nós é a perspectiva de uma sociedade de trabalhadores sem trabalho, ou seja, privados da única atividade que lhes resta. Não podemos imaginar nada pior.
>
> *Hannah Arendt,*
> "La Condition de l'homme moderne", 1961.

A gestão gerencialista apresenta-se como ultradesempenhadora no plano econômico, liberal no plano político, favorecendo a realização de si mesmo no plano individual. Celebra valores de enriquecimento, de liberdade e de autonomia, a fim de suscitar a adesão. Mas, ao mesmo tempo, ela organiza um estado de crise permanente. Seu motor econômico é alimentado por um princípio de obsolescência. Ela destrói permanentemente aquilo que produz pela necessidade de produzir outra coisa. Induz relações sociais regidas por um princípio de competição generalizada, segundo a qual cada indivíduo deve batalhar para ter uma existência social. Ela submete o sucesso individual aos acasos das carreiras profissionais e dos mercados financeiros. Transforma o mundo em um vasto cassino em que cada um pode ganhar ou perder, em função de fatores cuja racionalidade não é evidente. Se a modernidade se caracterizasse pelo primado da razão (Touraine, 1992), a pós-modernidade pela crise dos grandes relatos (Lyotard, 1979), a hipermodernidade é um mundo no qual a racionalidade implacável das tecnologias leva a uma irracionalidade radical dos comportamentos. De um lado o triunfo da racionalidade instrumental; do outro, um mundo que não tem mais sentido, que parece dominado pela incoerência e pelo paradoxo.

A gestão não é, em si mesma, uma patologia. A metáfora da doença é um artifício para descrever diferentes sintomas que decorrem diretamente do modo pelo qual a gestão apresenta problemas e soluções que ela preconiza para os resolver.

O primado da gestão financeira confunde as referências habituais, utilizadas para dar sentido ao trabalho. Opera-se uma fissura entre aqueles que apreendem a realidade a partir de uma cultura estritamente financeira e aqueles que a apreendem a partir de sua vida cotidiana. O *nonsense* e o insensato invadem a vida de trabalho, mas igualmente a vida social (capítulo 6).

As estratégias de conquista pervertem os valores de sucesso e transformam a emulação normal da competição em uma busca infernal de ser o primeiro. O essencial não é mais fazer bem, e sim de fazer sempre melhor, de ganhar sempre mais (capítulo 7).

A ideologia gerencialista transforma cada indivíduo em capital humano. A família se torna uma pequena empresa encarregada de produzir filhos empregáveis e armá-los para enfrentar a guerra econômica. Quando se tornarem adultos, eles serão convidados a realizar regularmente balanços existenciais. Cada um deve aprender a gerar sua vida e gerar a si mesmo (capítulo 8).

A cultura do desempenho tem seus revezes. A excelência gera a exclusão, *a fortiori* quando ela é utilizada para pôr uns em destaque, a fim de obrigar os outros a melhor aceitar exigências maiores de rentabilidade. A violência se banaliza, as degradações das condições de trabalho e o desenvolvimento da precariedade tornam-se condições normais da corrida para o desempenho (capítulo 9).

A sociedade inteira fica sob pressão. A preconização de uma competição generalizada transmite a ideia de que, para ser o melhor, é preciso ser o primeiro, sem se preocupar com as consequências negativas desse princípio: a lutar para permanecer na corrida, a estigmatização dos "perdedores", o hiperativismo, o estresse, a tensão obsessiva do sempre melhor, a demanda insatisfeita de reconhecimento (capítulo 10).

Nesse contexto, a luta dos lugares substitui a luta das classes. Não que as desigualdades desapareçam, e sim, ao contrário, porque assistimos a uma explosão das classes. Os sentimentos de pertença a coletivos sociais capazes de se mobilizarem para mudar a sociedade se desagregam (capítulo 11).

A própria política é contaminada pela gestão. Procurando a eficácia nos modelos de gerenciamento das empresas privadas, os políticos desvalorizam a grandeza da "coisa pública" e aquilo que funda a adesão à ação pública. Quando os políticos transformam os cidadãos em contribuintes ou em clientes, eles participam de sua própria invalidação. A política vai procurar os remédios para o mal que a corrói do lado da gestão, embora seja esta última que contribui para a produção desse mal (capítulo 12).

Os remédios para a "doença da gestão" decorrem do diagnóstico. Convém, de início, pensar a gestão de modo diferente, reinscrevendo-a em uma preocupação antropológica: uma gestão humana dos recursos, mais que uma gestão dos recursos humanos. A "crise" que atravessamos não é uma crise econômica, pois nossas sociedades continuam a produzir a riqueza. Ela é, antes de mais nada, uma crise simbólica, que atinge as relações entre o econômico, o político e o social. Em vez de gerar a sociedade para pô-la a serviço do desenvolvimento econômico, convém pensar uma economia a serviço do bem comum, lembrando, conforme Marcel Mauss, que a ligação é melhor que o bem (capítulo 13).

Capítulo 6

Não sabemos mais a qual sentido nos consagrar

A identidade se esfacela quando o corpo social que a envolve torna-se ele próprio incoerente, quando os laços se diluem e quando os acontecimentos perdem seu sentido e não querem dizer mais nada.

Boris Cyrulnik

Os esforços dos *managers* para desenvolver a adesão à cultura de empresa não preenchem a necessidade de crer. Essa distância é o sinal de uma crise profunda da ordem simbólica, ou seja, do conjunto dos referentes, das linguagens e dos códigos que dão sentido à ação coletiva. Os símbolos estão no fundamento das regras, das culturas e dos sistemas de valores necessários para "fazer sociedade". As mutações da ordem simbólica são uma das características maiores das sociedades contemporâneas. Assistimos a um fenômeno de perda progressiva do sentido, que leva a contrasensos (esperamos da economia soluções que só podem ser políticas), a antagonismos (o sentido de uns não é o sentido de outros), a incertezas (não sabemos mais a qual sentido nos consagrar). Cada indivíduo é remetido a si mesmo para fornecer respostas em um mundo que parece cada vez mais incoerente. Os parâmetros de avaliação da atividade correspondem cada vez menos ao valor que o ator lhe atribui.

O mundo parece cada vez mais "insensato": os ganhos de produtividade não impedem as demissões, as ações sobem ou descem, sem ligação clara com os desempenhos efetivos, empresas fecham apesar de serem rentáveis. Quando a lógica financeira faz sentido por si mesma, as relações entre o mundo do dinheiro e o mundo do trabalho se dissolvem. O que faz sentido para "os mercados" faz com que o trabalho humano perca suas significações primeiras.

"Era a única decisão que fazia sentido"

Em março de 2001, Luc Vandevelde, PDG de Marks & Spencer, anuncia o fechamento de 38 lojas. A ação sobe no mesmo dia 7%. É atribuído a ele um "prêmio de desempenho", equivalente a um ano de salário, ou seja, 1,2 milhão de euros, assim como 15 milhões sob forma de *stock-options*. Votado pelo comitê de remuneração do grupo, esse prêmio está ligado à "realização de certos objetivos estratégicos e qualitativos". O plano de reestruturação, posto em prática por Luc Vandevelde, tem como objetivo "dar 2 bilhões de libras [cerca de 2,8 bilhões de euros] aos acionistas". Entrevistado pelo *The Guardian*, o PDG declara: "Era a única decisão que fazia sentido". Alguns dias mais tarde, em outra entrevista, ele declara: "Não sou suficientemente pago para essa tão dura profissão". Ao mesmo tempo, os assalariados das lojas ameaçadas de fechamento fazem manifestações para defender seu emprego. Eles serão eliminados algumas semanas mais tarde.

Esse exemplo ilustra a tensão radical entre dois sistemas de representação do mundo, dois sistemas de valores, duas concepções do homem. O sentido, para os acionistas a serviço dos quais trabalha o PDG, inscreve-se em uma lógica financeira, a *share holder value*, o valor para o acionista. O sentido, para os trabalhadores que são demitidos, inscreve-se em uma necessidade existencial, o medo de perder seu emprego, que está no fundamento de sua existência social, uma vez que lhe assegura seus ganhos, uma inserção profissional, um reconhecimento simbólico e uma identidade profissional. A colocação em perspectiva desses dois sentidos está no próprio princípio do processo de des-simbolização, em ação na sociedade hipermoderna. Se uns e outros estiverem na mesma empresa, eles não estarão mais na mesma sociedade. Vivem em imaginários sociais diferentes. Uns pensam cifras, plus-valia, rentabilidade, margens, porcentagens, resultados financeiros, evolução dos cursos da Bolsa. Eles têm os olhos ancorados sobre o Dow Jones, o Nasdaq e o Cac 40. Vivem essas cifras como o único mundo real: se os resultados não forem bons, a empresa não terá mais desempenho, não atrairá mais capitais e, portanto, ela fecha. Os outros não calculam, mas vivem. Seu trabalho e seu salário são necessidades de sobrevivência. Não são cifras que determinam sua ação, mas atividades concretas, relações humanas, ganhos que condicionam sua existência. Seu emprego é um suporte que dá ritmo a seu tempo de vida, que estrutura os comportamentos, que canaliza a sociabilidade e mobiliza os investimentos afetivos.

Conforme Cornelius Castoriadis, o Ocidente moderno é animado por duas significações imaginárias sociais opostas: "O projeto de autonomia individual e coletiva, a luta pela emancipação do ser humano, tanto intelectual e espiritual, como efetiva na realidade social; e o projeto capitalista demencial, de uma expansão ilimitada de um (pseudo)-domínio (pseudo)-racional, que deixou de se referir apenas às forças produtivas da economia, para se tornar um projeto global (e, por conseguinte, ainda mais monstruoso) de um domínio total dos dados físicos, biológicos, psíquicos, sociais, culturais" (Castoriadis, 1996). Essas duas concepções do mundo se tornam cada vez mais estranhas uma à outra. Percebemos nesse antagonismo um conflito de interesses entre o capital e o trabalho, e uma oposição entre dois sistemas de sentido, um que afirma a primazia de necessidades econômicas, o outro que afirma a primazia das necessidades sociais. Na empresa industrial, esse antagonismo se traduzia concretamente por um confronto entre os operários e os patrões. As reivindicações principais dos trabalhadores se exprimiam em torno de problemas ligados à exploração, à melhoria das condições de trabalho, ao aumento dos salários, à recusa da repressão disciplinar e à diminuição do tempo de trabalho. Na empresa hipermoderna, essas lutas tradicionais são menos frequentes. A greve quase que desapareceu nas empresas privadas, exceto durante o anúncio de demissões. As solidariedades coletivas do mundo do trabalho esforçam-se para se exprimirem em termos de movimentos sociais, dos quais as greves são a figura emblemática. Os efeitos da oposição capital/trabalho se exprimem sob outras formas. Quando os patrões se tornam *managers*, sua ligação com o capital é mais abstrata. Quando os operários se tornam "recursos humanos", as reivindicações são mais individualizadas. Entre o capital, o trabalho e o gerenciamento, os interesses presentes e as lógicas em ação parecem por vezes incoerentes.

O sentido do trabalho é posto em suspenso

O trabalho caracteriza-se por cinco elementos significativos: o *ato* de trabalho, levando à produção de um bem ou de um serviço; a *remuneração*, como contrapartida dessa produção; a pertença a um *coletivo*, uma comunidade de profissionais; a colocação em prática de uma *organização* que fixa a cada um seu lugar e sua tarefa; e, finalmente, o *valor* atribuído às contribuições de cada um. Assistimos atualmente a uma mudança maior, que transforma cada um desses registros e, consequentemente, o próprio sentido do trabalho.

O ato de trabalho está cada vez menos ligado à realização de um produto concreto ou de um serviço específico. Ele se perde em um sistema complexo, abstrato, des-territorializado, que não permite mais ao agente circunscrever concretamente os frutos de sua atividade.

A remuneração não está de fato ligada à qualidade ou à quantidade de trabalho fornecido. Apesar dos esforços para desenvolver a corrida ao mérito, os prêmios por resultados e as *stock-options*, os laços entre a produtividade real e os salários estão longe de serem evidentes. Ainda mais que a produtividade depende cada vez mais de desempenhos coletivos, ao passo que as remunerações são individualizadas.

O coletivo de trabalho não é mais portador de laços estáveis. Não funda mais um sentimento de pertença na duração. Não é mais o suporte essencial da identidade social: as identidades profissionais desaparecem, as pertenças a um "corpo" profissional se tornam obsoletas, a mobilidade não permite mais se instalar duravelmente em um grupo de trabalho. O coletivo não realiza mais sua função de mediação entre o indivíduo e a empresa. Em caso de conflito, ele não é mais o lugar em que se decidem as formas de resistência, as estratégias de luta, a elaboração de reivindicações. Ele não representa mais um elemento central de solidariedade e de proteção. As injunções de flexibilidade, como os sistemas de avaliação individualizados, reforçam a competição e não tanto a colaboração.

A organização do trabalho torna-se virtual. Nas estruturas reticulares e polifuncionais, cada um não sabe mais muito bem quem faz o que, quem é quem, onde está quem...

Em um mundo de reorganização permanente, em que a flexibilidade se torna a norma dominante, a própria noção de organização, como arranjo que assegura a coerência e a estabilidade de um conjunto, torna-se fluida.

O *valor do trabalho* não está mais ligado à qualidade da obra, do objeto realizado, da atividade concreta. Ele se inscreve menos na ordem do realizado do que na da adesão a um sistema de pensamento, a uma "visão", a um "espírito", a uma "cultura", a uma "filosofia", a valores comportamentais, a um conjunto de crenças e de princípios que é preciso interiorizar.

Os mundos do artesanato, da agricultura tradicional e da indústria inscrevem o sentido do trabalho na atividade, em uma ligação direta entre o *como fazer* e o *por que fazer*. Nesse contexto, as definições formais da qualidade não são necessárias para saber o que é bom ou ruim. No universo concreto, a qualidade pode-se "medir" sobre critérios diretamente acessíveis e comuns a todos: uma parede malfeita é algo que se vê; um motor funciona ou não funciona; uma peça defeituosa é vista e substituída.

O coletivo sabe muito bem em que consiste uma "bela obra", assim como pode avaliar muito precisamente as contribuições reais de cada um para a produção coletiva. É, portanto, esse coletivo que é portador de sentido, que é a malha central da aprendizagem da profissão, que fixa, em última análise, suas normas aceitáveis, seus modos úteis de funcionamento, as apreciações que de fato importam. Ele protege de julgamentos arbitrários vindos do exterior, assim como reprime os comportamentos desviantes de seus membros. Ele opera como uma instância de elaboração simbólica que permite a cada um situar-se em relação aos outros, de construir uma escala de valores sobre aquilo que se faz e não se faz e, portanto, sobre o conteúdo e as finalidades do trabalho. Ele dá um sentido à atividade. Ele serve de espaço de transição entre o sentido prescrito pela instituição e o sentido produzido pelo indivíduo.

O sentido prescrito pelas instituições inscreve a atividade em missões socialmente definidas e legitimadas. O sentido produzido pelo próprio indivíduo remete às capacidades autorreflexivas, à ideia de consciência. Trata-se então de se referir a si mesmo, a referentes interiorizados, inscritos nos sistemas de valores e de significações transmitidas pela educação e pela cultura. Esse julgamento se realiza a partir da experiência biográfica do indivíduo. "Tal ação é então inscrita em uma cadeia simbólica que lhe dá sentido, como que indexada a uma outra história, a outras vidas, com as quais o indivíduo dialoga até sem querer" (Clot, 1995). Desse modo, o sentido que o operador dá a sua ação é uma regulação e até um determinante essencial da ação. Cada indivíduo — sejam quais forem as condições de trabalho, seja qual for o grau de instrumentalização de que é objeto — tem necessidade de dar valor àquilo que produz, de colocar coerência diante do caos, regulação diante da desordem, racionalidade diante das contradições, criatividade diante da uniformidade. Isso lhe permite realizar-se ao realizar sua tarefa.

O sentido do trabalho é "colocado em suspenso" quando os esforços realizados para ter mais desempenho levam a planos sociais ou de fechamentos de indústria e, mais fundamentalmente, quando a atividade é avaliada a partir de critérios que não têm sentido. No trabalho industrial a produção é tangível, a qualidade é perceptível. O operário sabe quando trabalhou bem e pode mostrá-lo a partir de objetos concretos. A satisfação com a obra valoriza o trabalho operário. A "terceirização" muda os dados do sentido: a subjetividade intervém de modo central; o ato de trabalho não pode mais ser avaliado em função da qualidade dos objetos produzidos, mas da qualidade do serviço prestado; a construção de normas preestabelecidas não permite de fato medir esta última. Todavia, o agente e o destinatário são os melhores indicados para avaliar a relação de serviço. Avaliar é dar valor, formular um julgamento sobre o serviço prestado. É pôr em ação a subjetividade dos protagonistas em um confronto sobre o sentido da ação, significações construídas uns pelos outros.

No universo gerencialista, a subjetividade é mobilizada sobre objetivos, resultados, critérios de sucesso, que tendem a excluir tudo aquilo que não é útil ou rentável. O valor comercial tende a se impor a qualquer outra consideração. O sentido do ato é considerado pela empresa em função daquilo que ele fornece. Os outros sistemas de sentido são postos de lado. Mas, como eles não desaparecem completamente e apesar das pressões para que os agentes deem adesão ao sentido prescrito pela empresa, as tensões são vivas. Cada agente conserva seu "sentido para si mesmo". Se ele parece aderir ao que o gerenciamento dele espera, essa adesão será apenas de fachada. A partir do momento que puder, ele denunciará a inanidade de um sistema que perverte o "bom sentido" ou o que ele considera como "contrasenso" de seus próprios valores.

Entre o *nonsense* e o insensato

Em uma pesquisa sobre a modernização de La Poste, Fabienne Hanique descreve os efeitos da "modernização do serviço público" sobre os agentes. É interessante observar a introdução da gestão gerencialista em um universo burocrático. A modernização resulta em uma financiarização crescente das atividades, ao desdobramento de ações comerciais, a uma transformação de sistemas de avaliação das carreiras e das competências. Qualidade, eficácia, rentabilidade, o serviço público integra valores novos. Diante dessas transformações, "o agente modernizado aparece como um agente sem bússola, que não sabe mais para qual lado se voltar, a fim de procurar regras que deem sentido a sua ação cotidiana. As referências habituais, caso não estejam totalmente em falta, perdem sua eficácia. A força imperativa das regras administrativas e jurídicas não é mais valorizada pela instituição [...]; o coletivo — fragmentado, extenuado e sem cessar recomposto — não está mais em grau de renovar um gênero[1] profissional ao qual os agentes possam se referir quando a dúvida se apoderar deles; a hierarquia, separada de suas tropas e encampada pela gestão, não constitui mais um recurso e perde sua capacidade de julgar o trabalho realizado" (Hanique, 2004).

Um exemplo entre muitos outros ilustra os efeitos de *nonsense* e de contrassenso produzidos pela importação da lógica comercial nos meios de trabalho impregnados por uma cultura de serviço público. Na lógica administrativa, o agente recebe um tratamento que retribui um trabalho ou um serviço. A lógica gerencialista introduz um sistema de comissionamento e de interesse, a fim de valorizar as competências e encorajar a abordagem comercial dos informantes e dos intermediários. Um responsável departamental resume essa mudança de cultura por meio de uma fórmula: "Hoje, um informante deve saber detectar a expectativa do cliente; há 15 anos, ele devia conhecer a regulamentação de cor".

Para favorecer a emergência da cultura-do-cliente, La Poste organiza "desafios" entre informantes, recompensando seus melhores vendedores. Janine recorda sua vitória nestes termos: "No ano passado, ganhei um VTT, um belo, não um por cento qualquer [...]. Ganhei porque caí sobre a diretora da escola, que queria fazer uma aposta sobre a copa do mundo e que apostou com 1.000 envelopes de uma vez! Estava tolamente contente com meu VTT e, ao mesmo tempo, tinha vergonha... Estava orgulhosa, porque havia ga-

---

[1] "O gênero é um corpo de avaliação partilhado, que organiza a atividade pessoal de modo tácito" (Clot, 1999). O gênero designa o conjunto de saberes experienciais, de significações imaginárias, de hábitos e de valores partilhados por um grupo profissional.

nhado isso sem nada ter feito... É mesmo uma pândega". Definitivamente, comenta Fabienne Hanique, "o vendedor constata que, entre todas as componentes de sua atividade, a única que é simbólica e financeiramente gratificada pela instituição é aquela cujo resultado parece ser o mais desligado da qualidade de sua ação particular [...]. Recebendo um prêmio a título de recompensa por uma ação que para ele não gera nenhum orgulho, o vendedor se encontra fechado em um paradoxo do qual ele sai penosamente, seja por considerar a retribuição com certa zombaria, seja por negar uma parte dos termos dessa equação ilógica, que consiste em gratificar o ingratificável: o acaso".

Se a vitória for devida ao acaso, a recompensa não será merecida. O reconhecimento obtido nessas condições tem repercussões psicológicas negativas. Se o agente o aceita, ele tem vergonha, porque não a merece. Se a recusar, ele se põe frontalmente contra a empresa e se pune, renunciando a uma vantagem. Faça o que fizer, ele não pode se orgulhar de ser recompensado e a recompensa não lhe traz nenhuma satisfação. A zombaria é então a única resposta. O agente caçoa de um sistema que o desvaloriza ao procurar gratificá-lo. Ele caçoa igualmente de si mesmo, obrigado a aceitar uma gratificação que ele rejeita. Definitivamente, o "desafio" contribui para aliviar um pouco mais a relação do agente com sua empresa. Como, com efeito, aderir a um sistema tão paradoxal?

Quando os dispositivos de avaliação e de reconhecimento estão desligados dos valores e do sentido que os agentes atribuem a sua atividade, entramos em uma crise da simbolização. Como na loteria, o acaso se torna o fator-chave do sucesso e não a atividade real do indivíduo. E daí um sentimento de incoerência, que o indivíduo enfrenta solitariamente.

O indivíduo abandonado a si mesmo

A ideologia e cultura gerencialistas têm como ambição propor uma nova moral social, ao passo que o projeto de construir uma sociedade consagrada à ordem econômica confunde as finalidades e os valores. Émile Durkheim insistia sobre a parceria das obrigações sociais e das obrigações morais como fundamento do laço social. Quando estas últimas se enfraquecem, o indivíduo é "abandonado a si mesmo". O trabalho representa para ele um papel central: "A divisão do trabalho supõe que o trabalhador, bem longe de permanecer curvado sobre sua tarefa, não perde de vista seus colaboradores, age sobre eles e recebe sua ação [...]. Ele sente que serve para alguma coisa [...]. Por isso, por mais especial e uniforme que possa ser sua atividade, ela é a de um ser inteligente, porque ela tem um sentido e ele o sabe" (Durkheim, 1893). O trabalho tem sentido visto que dá o sentimento de contribuir para uma obra coletiva e que cada atividade tem um fim fora de si mesma.

No universo da gestão, esse sentido fundador do laço social e da capacidade reflexiva do indivíduo se perde. A mobilização exigida em um sentido pode a qualquer momento sê-lo em um outro sentido, por vezes radicalmente contraditório. Uma mesma ação pode, conforme a conjuntura, acarretar uma gratificação ou uma sanção. Regras, das quais se diz que devem ser escrupulosamente respeitadas, devem também ser desviadas para preencher os objetivos. A corrida para o mérito é individualizada, ao passo que a cooperação é necessária. Cada empregado deve dar prova de suas capacidades de iniciativa em um universo prescritivo que lhe impõe aquilo que ele deve fazer. Todos esses elementos contribuem para transformar em profundidade a experiência social do trabalho. A "modernização" faz explodir os coletivos em favor de uma coleção de indivíduos intercambiáveis. Ela faz desaparecer o trabalho concreto, sinal tangível da produção de cada um, em favor de processos, em parte informatizados, que tornam abstratas as contribuições de cada um. A única realidade tangível é uma tradução cifrada e financeira, por vezes muito distante do valor que o empregado confere a suas atividades. A utilidade de cada um é submetida a avaliações estabelecidas sobre critérios instáveis, percebidos como mais ou menos arbitrários.

A empresa não é somente um lugar de produção. Como toda comunidade humana, ela é regida por regras não escritas que organizam as trocas entre os indivíduos e os grupos. A fidelidade dos empregados a sua firma e o sentimento de segurança no trabalho estão fundados sobre contratos implícitos, como a promessa de poder progredir na hierarquia ou de ter aumentos de salários ao envelhecer. "Os contratos implícitos têm uma função crucial: criar uma economia de parceria. Eles são essenciais para o bom funcionamento de uma empresa" (Cohen, 2000). A revolução financeira dos anos 1990 repudiou esses compromissos implícitos ao fechar estabelecimentos rentáveis, ao demitir velhos assalariados, ao denunciar contratos passados depois de anos com subcontratantes, ao exigir do gerenciamento intermediário que traísse compromissos passados com o pessoal ou com os outros parceiros da empresa. Existe aí uma ruptura do contrato social que ligava os diferentes atores econômicos.

Quanto mais o universo do trabalho parece perder sua "alma", mais a empresa pede para crer nela. Cada assalariado é convidado a projetar seu próprio ideal no ideal proposto pela empresa e para introjetar os valores da empresa a fim de alimentar seu Ideal de Ego. A produção de sentido se torna uma questão pessoal, enquadrada pelas regras propostas pela empresa, modelos que substituem os referentes provindos da sociedade. Essa substituição não se faz sem consequências. Sobre o plano ideológico, ela exalta o individualismo, ela contribui para a desvalorização das virtudes públicas. Ela valoriza o interesse contra o desinteresse, o indivíduo em detrimento do coletivo, o privado contra o público, os bens pessoais contra o bem comum, a atividade profissional contra a atividade militante ou cultural, a modernidade contra a tradição, a ação contra a reflexão. No registro social, ela exacerba o individualismo e a luta dos lugares. Sobre o plano das pessoas, ela exalta o narcisismo e a competição individual. Ela contribui para alienar o indivíduo na miragem da realização de si mesmo, do sucesso financeiro e profissional, tornando-se o ponto focal da existência e a medida das qualidades e dos defeitos do indivíduo. Miragem tanto mais perigosa porque o mergulha em uma corrida infernal para realizar um destino sob a empresa. Ele crê conquistar poder e autonomia, ao passo que se torna o servidor zeloso de empresas que podem despedi-lo a qualquer momento. Alguns podem nela ganhar algumas compensações financeiras, mas são desapossados do sentido de seu sucesso.

Capítulo 7

O poder e o dinheiro

Ganhar, portanto, mas ganhar apesar da retórica neoliberal acha-se agora totalmente desligado de toda função social e até de toda legitimação interna do sistema. Não se ganha por aquilo que se vale; vale-se por aquilo que se ganha.

Cornelius Castoriadis

Desde o Século das Luzes, a ideia de progresso dava à humanidade uma perspectiva e a cada indivíduo um sentido para sua vida, ou seja, uma orientação, uma finalidade, e igualmente uma significação para sua existência. Hoje, a referência ao progresso está em crise. A busca de sucesso individual encontra sua finalidade em si mesma, sem referência à alteridade, ao desinteresse ou ao bem comum. O projeto para cada indivíduo é o de ganhar e de aproveitar o mais possível.

Além da denúncia do "sempre mais", é preciso compreender quais são os mecanismos profundos da competição generalizada e por que a instauração de uma "sociedade de mercado" suscita definitivamente poucas reações negativas. A competição é vivida mais como um valor positivo e justo. Os campeões esportivos, apesar da dopagem, os astros da tv, apesar da artificialidade, os patrões das multinacionais, apesar dos negócios, permanecem modelos invejáveis. Se algumas sondagens indicam que as profissões às quais os jovens aspiram são as de pesquisador, médico ou professor, a luta parece muito desigual entre as profissões que são rentáveis e aquelas que dão sentido. Entre os sucessos dominados pelo mercado do dinheiro e os que são dominados pelo mercado de valores simbólicos, a distância não pára de crescer, em detrimento das segundas. Embora a gestão apareça a muitos como algo insignificante, ela não provoca a oposição frontal e suscita até uma adesão bastante acentuada, ao menos por parte daqueles que são encarregados de pô-la em prática.[1] As razões dessa submissão tácita ou ativa são sem dúvida complexas, entre ameaça e ambição, interesse e indiferença. A gestão chega a mobilizar as energias, porque se apóia sobre um motor poderoso, alimentado por um carburante que possui desempenho. O narcisismo e o dinheiro servem como aguilhão que favorece uma mobilização psíquica ativa, mantida pelo interesse pecuniário. Cada indivíduo vê sua vida ter sucesso em uma competição em que lhe propõem subir sempre mais alto, ganhar sempre mais dinheiro, adquirir maior poder. Até quando ele sabe que as satisfações propostas são grandemente ilusórias, ele não resiste ao desejo de nelas acreditar. Ainda mais que nada vem substituir essa exaltação do desejo.

O sucesso, um valor pervertido

Seis meses depois da primeira difusão de *Loft Story* na Holanda, antes de seu reprise na França em 2001, um jornalista havia entrevistado uma das vencedoras para saber o que ela havia se tornado. Voltando à vida cotidiana, ela contava as ilusões e as desilusões do sucesso, insistindo sobre um ponto:

---

[1] É admirável constatar, ao contrário, que todos aqueles que não estão mais encarregados de gerir o que quer que seja, porque criticados, licenciados, demitidos ou aposentados, mantêm um discurso crítico e frequentemente virulento sobre o universo gestionário.

"A gente se torna rica e célebre, mas sem o merecer. Não fizemos nada por nosso país". Essa reflexão ilustra perfeitamente o processo de inversão dos valores e do mérito. A riqueza, a notoriedade ou o reconhecimento dependem menos do valor daquilo que se faz do que daquilo que se ganha. Um PDG de empresa, um apresentador de televisão, uma vedete do *show-business* ou um especulador profissional podem ganhar cem a mil vezes mais que um pesquisador que trabalha sobre o câncer, uma enfermeira que alivia a dor de seus pacientes, uma professora que ajuda crianças a aprenderem a ler ou a escrever. Ouvimos dizer que convém por outro lado limitar os impostos dos mais afortunados para não desencorajar a iniciativa e a criação. O cúmulo é atingido quando dirigentes que puseram sua empresa em perigo, provocaram demissões múltiplas, viram desmoronar o curso de seu título na Bolsa, vão embora com uma indenização consequente que representa muitos anos de salário de seus empregados.[2]

A corrupção, os negócios que enlameiam regularmente as grandes multinacionais ou os gabinetes de auditoria não são fenômenos periféricos. São a consequência lógica de um mundo no qual a especulação financeira produz mais que qualquer outra atividade. Quando o sucesso se mede com a medida do montante dos ganhos, como esperar que indivíduos continuem a valorizar a integridade, a honestidade, a satisfação com um belo trabalho ou a preocupação com o bem comum? "Esses tipos antropológicos, na maioria, o capitalismo os herdou dos períodos históricos anteriores: o juiz incorruptível, o funcionário weberiano, o professor devotado a sua tarefa, o operá-

---

[2] Desse modo pudemos ver Jean-Marie Messier atingir em 2002 um salário de 5,2 milhões de euros e reclamar uma indenização de mais de 21 milhões de euros, ainda que tivesse sido destituído no meio do ano por seu conselho de administração por causa de gestão catastrófica. A ação da Vivendi havia desmoronado, e milhares de empregos estavam ameaçados.

rio para quem seu trabalho, apesar de tudo, era uma fonte de orgulho pessoal. Tais personagens tornam-se inconcebíveis no período contemporâneo" (Castoriadis, 1996). E, no entanto, alguns escolhem essa via contra seu próprio interesse, como se a necessidade de dar novamente sentido a sua atividade fosse mais importante que todas as considerações financeiras. Mas eles o fazem em silêncio. Não representam mais a exemplaridade. Não são mais apresentados como modelos. O ideal contemporâneo é ser competitivo, custe o que custar.

Em um contexto de mercados concorrentes, cada empresa procura vantagens competitivas. A história mostrou que a competição era mais estimulante que a planificação como moda de regulação da economia. A famosa "mão invisível" permite favorecer os melhores e eliminar os menos bons. Com a condição, sem dúvida, de que a igualdade das oportunidades, e a transparência e respeito pelas regras comuns fiquem garantidas. É interessante notar que a competição, como emulação, deixou seu lugar para a competitividade como objetivo em si. Aquilo que, de início, era um meio, tornou-se um fim. O que era uma condição para garantir um desenvolvimento da economia tornou-se um "evangelho", fundado sobre algumas ideias simples. "Estamos engajados em uma guerra tecnológica, industrial e econômica sem tréguas, em escala mundial. O objetivo é sobreviver, não se deixar matar. A sobrevivência passa pela competitividade; fora dela não há salvação, conhecimento, bem-estar econômico e social [...]. A competitividade é como a graça. Nós a temos ou não a temos. Aqueles que a têm serão salvos. Aqueles que cometem o pecado de não serem competitivos estão condenados a desaparecer" (Petrella, 2003).

Competitividade e lógica de guerra

O Word Competitiveness Index foi concebido pelo World Economic Forum em colaboração com o The Institute for Managemente Development de Lausanne. O objetivo é classificar a cada ano os países em função de sua competitividade. A partir de 330 critérios, ele mede o ambiente competitivo dos países e a agressividade das empresas em escala mundial.

A classificação assim estabelecida é observada a cada ano com atenção pelos meios econômicos e políticos. Ela é um fator não desprezível da "confiança dos mercados" ou de sua desconfiança. Há um impacto sobre as decisões dos investidores. Ele determina uma lógica de excelência (os investimentos vão para os países classificados como os mais competitivos e, portanto, aos países mais ricos) e uma lógica de exclusão (os países menos competitivos e, portanto, os menos atraentes, são países nos quais é arriscado investir).

"A ideologia da competitividade reforça [...] a primazia da lógica de guerra nas relações entre as empresas, os operadores econômicos, as cidades, os Estados. As empresas se tornam exércitos que se confrontam pela conquista dos mercados e a defesa das posições adquiridas. Seus dirigentes são generais, estrategistas. Todos os meios são bons nesse combate: pesquisa e desenvolvimento, brevês, ajudas do Estado, especulação financeira, dumping dos preços, deslocamento de unidades de produção, fusões, aquisições. A lógica de guerra reduz o papel do Estado ao de um vasto sistema de engenharia jurídica, burocrática e financeira, colocado a serviço da empresa. O Estado não é mais a expressão política do interesse público coletivo, mas se torna um ator entre outros, encarregado de criar as condições mais favoráveis para a competitividade das empresas".

Fonte: R. Petrella: "O Evangelho da competitividade", em "Le nouveau capitalisme", *Manière de voir*, n. 72, dezembro de 2003 – janeiro de 2004.

"Quero ser número um"

Em março de 2001, a empresa Danone anuncia a eliminação de 2.500 empregos na Europa, a reestruturação da atividade biscoito e o fechamento de dois estabelecimentos em Calais e em Ris-Orangis. O anúncio tem o efeito de uma bomba, ainda mais que a empresa é florescente e que as atividades referidas são rentáveis. Para o presidente-diretor geral do grupo, Frank Riboud, trata-se de um "plano ofensivo de demissões", ou seja, de "um meio de antecipar as evoluções do mercado", acompanhado de um plano social que se apresenta como um modelo do gênero.

Em plena "questão", Bill Crist, presidente de Calpers,[3] o mais importante fundo de pensão da função pública nos Estados Unidos, declara: "A Danone não reduziu seus efetivos em resposta a uma demanda de um fundo de pensão". Calpers detém nessa época 414.000 ações da Danone por 53 milhões de dólares. "A decisão de Frank Riboud procede de uma visão estratégica em longo prazo do gerenciamento, sobre o qual Calpers não se pronuncia. Entretanto, declara Bill Crist, é importante que os dirigentes da Danone deem a garantia de que esse plano é estratégico e que farão tudo o que lhes for possível em longo prazo, tanto para os acionistas como para os assalariados." Para esse gestionário financeiro, não há antagonismo entre o interesse dos acionistas e o dos assalariados. "Em longo prazo, as mudanças estruturais da sociedade deveriam ser proveitosas para os assalariados. Os empregos serão mais bem apoiados por um verdadeiro mercado [...]. Essas demissões são feitas hoje, mas terão suas consequências positivas em longo prazo."

---

[3] Calpers gerencia as pensões e a poupança-aposentadoria de 1,2 milhões de funcionários do Estado da Califórnia por 160 bilhões de dólares.

Para os acionistas, a eliminação de empregos é o sinal de uma direção dinâmica, capaz de preparar o futuro, ao mesmo tempo garantindo no presente uma remuneração consequente das ações. Todavia, se "os mercados estiverem contentes", não acontecerá o mesmo com o pessoal. "Frank Riboud, sua imagem está manchada por todas as lágrimas que você fez derramar", menciona um panfleto dos manifestantes da fábrica de biscoitos LU, em Calais. Na empresa, aparece uma fissura entre o pessoal atingido pelo fechamento de estabelecimentos e o pessoal na ativa. Se os assalariados das fábricas LU de Calais e de Ris-Orangis preconizam o boicote dos produtos Danone, os de Besançon são contra. Antagonismo habitual entre os assalariados sacrificados sobre o altar da rentabilidade e os assalariados preservados que têm, ao menos em curto prazo, todo interesse que a empresa prospere. Todavia, eles ocupam profissões equivalentes por salários semelhantes. Eles saíram, em sua imensa maioria, da classe operária. Mas os interesses são divergentes entre aqueles que lutam para não cair no desemprego, na precariedade ou na exclusão, e aqueles que gostariam de salvaguardar seu emprego. A solidariedade de classe deve ter mal subsistido entre aqueles que são despedidos e aqueles que são conservados.

A situação é particularmente *insensata*, na acepção mais profunda do termo, quando aqueles mesmos que foram despedidos, por causa do fechamento de sua unidade de produção, são felicitados pela qualidade de seu trabalho. Na mesma semana eles ficarão sabendo da decisão de fechamento de sua fábrica e receberão um aviso, notificando "uma participação recorde nos benefícios". A direção desejaria recompensar os esforços feitos pelo pessoal para os excelentes resultados realizados no ano anterior nos dois estabelecimentos ameaçados.

Diante da mobilização do pessoal, o círculo de Frank Riboud explica: "Há uma explosão irracional, incompreensível". De fato, como compreender, quando se pertence ao topo do gerenciamento, que decisões tão boas para a empresa sejam percebidas como más por aqueles que nela trabalham?

Para o presidente do grupo, trata-se, sem nenhuma dúvida, de uma boa decisão. Ela corresponde a uma orientação estratégica: ser número um mundial. Contrariamente a Marks & Spencer, não é a pressão dos acionistas e a fraca rentabilidade dos estabelecimentos referidos que explicam o fechamento das fábricas LU de Calais e de Ris-Orangis. Quais seriam, então, os elementos que fundam essa decisão? Escolhido como sucessor de seu pai, Antoine Riboud, em 1996, enquanto possui apenas uma ínfima parte do capital da empresa, Frank Riboud deve fazer suas experiências. Frank é um esportista que sonha ser um campeão. Ele o proclama claramente: "Nossa estratégia: ser campeão em sua categoria". Aplica à empresa os princípios daqueles que querem ganhar. Como todo esportista de alto nível, é preciso refinar cuidadosamente sua técnica e conhecer seus pontos fortes para melhorar seus resultados. Ele procura seus modelos no lado das multinacionais do grande consumo, a Coca-Cola, a Kellog's, a Pepsi-Cola, a Campbell. Abandona a diversificação dos produtos (mercearia, confeitaria, condimentos, cervejas) para centrar-se sobre três polos: os produtos frescos de laticínio, as águas minerais e os biscoitos. Desenvolve o setor internacional para realizar 75% da atividade fora do Hexágono. Como seu pai, Frank Riboud tem a fibra social. Está atento para classificar novamente seus assalariados depois do fechamento de um estabelecimento, providencia um comitê europeu de empresa, é precursor na aplicação das 35 horas, está atento para respeitar a legislação social e o direito do trabalho.

É o motivo pelo qual ele acha incompreensível o apelo ao boicote de seus produtos e a mobilização em torno do fechamento dos estabelecimentos de Calais e de Ris-Orangis.

"A Danone é um dos mais belos florões da economia francesa, diz, e seu plano social é um dos mais vantajosos. Ele vai muito além das exigências legais." No mundo dos que decidem, esses dois argumentos bastam para dar uma resposta racional às objeções que lhe são apresentadas. Os que resistem ao objetivo de ser número um são pesos mortos. Portanto, é legítimo desembaraçar-se deles.

No universo da competição generalizada, o sentido da ação se resume ao objetivo de ser campeão. Ele se impõe a todas as outras considerações. Um campeão deve ser o primeiro. Tudo é bom para realizar esse objetivo. Mas, o que significa querer ser número um para uma empresa? Não basta mais ser apenas rentável; é preciso estar na frente das outras. Não basta mais que uma empresa seja viável; ela precisa ser a melhor. Em uma ótica de *marketing*, o fato de ser número um confere uma vantagem estratégica. Não se trata mais de ser produtivo, mas de eliminar os concorrentes. A produção se torna um campo de corrida. Banalizando a competição como modelo das relações sociais, transforma-se a sociedade em terreno de jogo, banaliza-se a busca megalomaníaca de seus dirigentes e naturaliza-se a ideia de guerra econômica.

Não se trata aqui de reduzir a evolução do capitalismo ao desejo de onipotência daqueles que o governam.[4] E sim de mostrar que as incoerências desse sistema são a expressão de uma paixão desmedida que parece habitá-las. A racionalidade puramente econômica é definitivamente mais sábia. Ela permite compreender que o desenvolvimento não pode efetuar-se duravelmente sem levar em conta os equilíbrios sociais, a proteção do meio ambiente, um mínimo de regulação jurídica e política, e levar em conta a saúde pública. Mas esse modelo está hoje ameaçado por uma lógica de-

---

[4] Émile Durkheim afirmava: "A evolução social não é explicável por causas puramente psíquicas", em *Les Règles de la méthode sociologique* (1895, 1981), p. 103.

mente: quando cada um quer ser um campeão, ninguém mais se preocupa com o bem comum. A vida não tem mais outro sentido a não ser ultrapassar os outros e não se deixar ultrapassar. A perversão da concorrência começa no momento em que o homem acredita que, para ser o melhor, ele deve ser o primeiro.

O dinheiro entre a necessidade e o desejo

"Não sou suficientemente pago para essa tão dura profissão", declara Luc Vandevelde no momento em que decide fechar 38 lojas de Marks & Spencer e suprimir muitas centenas de empregos. Por essa tarefa ele irá receber 16,2 milhões de euros, ou seja, mil vezes mais que o ganho anual médio de seus assalariados. A qual necessidade responde a reivindicação de Luc Vandevelde? A quais elementos de comparação se refere ele quando declara que não é suficientemente pago? O menor de seus empregados deveria trabalhar mil anos para acumular tal soma.

Como podemos justificar essas distâncias? Podemos ainda falar de equivalência entre o ganho de um e os dos outros? Que sentido dar ao valor do trabalho quando os patrões recebem somas mil vezes superiores a seus empregados? O que vale uma sociedade na qual as 80 maiores fortunas representam ganhos médios de mais de um bilhão de pessoas? Um mundo no qual 1% dos mais ricos tem um ganho igual a 57% dos mais pobres, no qual as três pessoas mais ricas possuem uma fortuna superior ao PIB de 58 países mais pobres? Não há nessas cifras algo de insensato?

Se continuar sendo um equivalente geral — pois ele permite todas as comparações possíveis —, o dinheiro porá em evidência a obscenidade dessas distâncias. Sua objetividade radical desvela a loucura do mundo e a crise simbólica na qual estamos mergulhados. A escala de valor demonstrada pelo dinheiro subverte a escala dos valores humanos. O dinheiro não faz mais sentido como referente para medir o valor das coisas e das pessoas. E, todavia, ele continua um determinante essencial das condutas humanas. No universo especulativo, as razões de ganhar ou de perder obedecem a considerações cada vez mais afastadas da realidade do trabalho realizado. A economia de produção é então dominada por lógicas financeiras. Os mercados financeiros criam um universo cujos valores parecem desligados dos do mundo do trabalho.

O dinheiro é utilizado como unidade de medida no universo comercial e além dele, em tudo aquilo que se refere aos "recursos humanos", às relações de serviço, à saúde, à educação, à cultura, ao meio ambiente. Como elemento central de regulação das relações sociais, ele coloniza o mundo vivido. A aparente objetividade que ele induz como instrumento de cálculo faz dele o instrumento de uma "racionalidade-cognitiva-instrumental" (Habermas, 1987), que se estende muito além das esferas da economia. Conforme Habermas, essa evolução perturba "a reprodução simbólica do mundo vivido", ou seja, os registros dos quais dependem a coesão social e a socialização dos indivíduos. "Monetarizar atividades que têm como finalidade dar ou transmitir sentido é inevitavelmente pô-las em crise", salienta por sua vez André Gorz (1988). Quando a qualidade da vida é avaliada com a medida do que ela custa e do que ela produz, quando os méritos e os desempenhos são essencialmente considerados em termos financeiros, quando o reconhecimento e a existência sociais não têm outro valor além do monetário, o registro simbólico perde sua própria substância.

O imaginário, em suas dimensões mais fantasmáticas, dita então sua lei. O dinheiro se torna o instrumento da realização de si mesmo, o meio para satisfazer os fantasmas de onipotência e de fruição infinita. Ele abre todas as portas e elimina todos os obstáculos. Quando sua posse permite a realização de todos os sonhos, ele se torna a própria finalidade da existência. "O dinheiro se apresenta como a palavra social: não mais simples intermediário da troca, mas aquilo que permite qualquer troca; não mais o simples metal batido, mas aquilo que indica e distingue o homem; não mais o resultado de um prévio desejo de troca, mas aquilo que o desejo veicula em si mesmo" (Bouilloud e Guienne, 1999).

Esse deslocamento do simbólico para o imaginário, do real para o desejo, confere ao dinheiro um estatuto fora de limites. Quando nada se opõe à onipotência do desejo, assistimos ao desencadeamento das paixões. Não há mais entrave para a megalomania daqueles que ocupam as posições de poder. O dinheiro "faz perder a cabeça", porque subverte os limites entre o real, o imaginário e o simbólico. O dinheiro é um transformador. "Ele muda todos os desejos que são da ordem da qualidade, da intuição, do indizível [...] em necessidades que são da ordem da quantidade, do racional, do exprimível [...]. Se o desejo é parte do campo do imaginário, a necessidade é parte do campo do real imediato. Essa transformação é operada pelo dinheiro no próprio momento em que ele se torna um equivalente geral [...]. Investindo-se dessa forma, o desejo se torna mensurável e abole a si próprio enquanto desejo. Ele não irá mais se exprimir em sua verdade, ou seja, em seu aspecto movente, flutuante, até totalitário, mas vai assumir o aspecto regrado sistemático e asséptico, permitindo ser reconhecido e aceitável pela sociedade. Ele irá perder suas qualidades de relação entre indivíduos e grupos situados histórica e socialmente, para se tornar uma relação entre as coisas."[5] Quando o dinheiro veicula o próprio desejo, ele deve preencher a carência, todas as carências. Como a perda de sentido produz um buraco infinito, este só pode ser preenchido por uma necessidade

---

[5] E. Enriquez, "L'argent, fetiche sacré", em Bouilloud e Guienne, 1999, p. 54.

de dinheiro também infinita. A onipotência dos mercados financeiros se alimenta do infinito do *nonsense*: eles arrastam o mundo para uma corrida frenética, um permanente transbordamento, uma acumulação insaciável, uma perpétua fuga para frente.

A corrida para o sempre mais

Compreendemos então como se constrói um mundo superocupado e totalmente dedicado ao culto da urgência (Aubert, 2003*a*). A ditadura da instantaneidade, da reatividade, da imediatidade encontra de início sua fonte do lado dos mercados financeiros. Os mercados devem estar sem parar em movimento. A razão é, primeiro, financeira, visto que, a cada movimento, são comissões que caem. Mas há uma outra razão. Parar é o vazio e o vazio é a angústia. É preciso manter uma lógica de *acting out* permanente. A passagem para o ato é um mecanismo de defesa que consiste em pôr em prática aquilo que o indivíduo não chega a pôr em palavras. Diante de uma rajada de angústia, por não poder identificar suas causas e não conseguir elaborar seu sentido pela palavra, o indivíduo se refugia na hiperatividade.

O investimento permanente na ação é um meio de lutar contra o sentimento de vacuidade provocado pelo *nonsense*. Diante desse vazio, é preciso agir, fazer projetos, fixar-se objetivos, linhas de conduta, se possível com etapas. Desse modo, recortamos o tempo com realizações. Cada ação é construída sobre uma intencionalidade que desemboca sobre a ação seguinte e lhe dá seu sentido. Dessa forma, cada uma das etapas parece útil e necessária, embora o conjunto do processo não desemboque em nada. Cada um se mobiliza a serviço de objetivos decididos em função de lógicas financeiras, elas próprias determinadas por "mercados financeiros" que se tornam o grande organizador dos comportamentos e das subjetividades. Quando os mercados têm confiança, tudo corre bem. Quando estão deprimidos, convém se mobilizar. Preso em um sistema virtual que o exonera de pensar por si mesmo, o agente defere a questão do sentido último da ação. Como se a ação encontrasse definitivamente um sentido em si mesma, pois ela é necessária para a ação seguinte. O importante é a competição, o movimento perpétuo, a fuga para frente.

O mundo da finança é o arquétipo desse universo. Mundo fechado, estranho, apresentado como o coração do capitalismo financeiro, pois ele determina o valor das empresas na Bolsa. Em uma pesquisa sobre os analistas financeiros, Jean-Émile Berret esclarece as engrenagens íntimas desse meio a partir de uma série de entrevistas que ele realizou junto a esses representantes mais eminentes (Berret, 2002). Um deles lhe declara: "Você é muito bem pago, mas é preciso constantemente justificar coisas nas quais não se crê. Quando é preciso todos os dias escrever papéis nos quais não se crê, ao cabo de um momento se diz: 'Onde está o sentido? Qual é o sentido de tudo isso? Há um sentido como profissão em tudo isso?'" A profissão de analista financeiro exige uma disponibilidade total. Desde 6h30min da manhã, os analistas devem produzir notas que determinam as ordens de compra ou de venda das ações de empresas das quais estão encarregados de seguir. "Remuneração em contrapartida de dizer coisas nas quais não se crê, remuneração da qual a pessoa se torna prisioneira, remuneração desligada da qualidade do trabalho, em todos os casos remuneração grandemente acima da média, mas então, a qual valor em dinheiro isso remete?", pergunta-se Jean-Émile Berret, no fim de sua pesquisa.

Para Olivier Godechot, a resposta é trágica: "A finalidade do jogo é simples: trata-se de ganhar dinheiro, mais dinheiro, mais que os colegas, mais que as empresas concorrentes, mais que os anos anteriores" (Godechot, 2000). Trata-se, portanto, de um jogo cuja finalidade é uma competição perpétua entre os jogadores para ocupar o primeiro lugar. Jogo fascinante, que provoca uma excitação permanente e deixa pouco lugar para a instrospecção. Verdadeiro pacto com o diabo. Em contrapartida a uma busca de riqueza desmedida, é preciso suportar um "estresse de demência", uma "pressão infernal", uma "profissão que sufoca". Para Jean-Émile Berret, "os analistas se encontram sobre a brecha. E cada vez mais nela. A dimensão das fronteiras, as defasagens horárias, a defasagem das distâncias, se atenuam. Não existem férias nos mercados financeiros; eles funcionam em uma agitação permanente e se alimentam dessa agitação".

O investimento em um tempo superocupado age definitivamente como uma droga que produz um derivativo imediato, adiando para mais tarde a interrogação sobre as finalidades da ação. Daí uma fórmula correntemente empregada nas empresas: "Temos o nariz no guidão, sabemos que caminhamos contra o muro e pedalamos cada vez mais rápido". Os homens de poder têm necessidade dessa corrida permanente. A ação é, para eles, um viático. Eles vivem *através* do trabalho. A desocupação é fator de ansiedade. Parar iria confrontá-los com a tomada de consciência da inanidade dessa corrida e com a angústia de um mundo desgovernado. A fúria produtivista não obedece apenas a uma necessidade econômica. Ela é a expressão de um fantasma de expansão infinita e de onipotência, respondendo à necessidade inconsciente de canalizar a angústia.

A alienação no *sempre mais* atinge as elites dirigentes mais que os trabalhadores na base. Homens e mulheres se põem a serviço de um poder que eles acreditam possuir, ao passo que é ele quem os possui. Nesse universo, a satisfação é sempre deferida no tempo. Acumulamos, corremos, lançamo-nos desabridamente por resultados futuros. A alienação é a alucinação permanente do desejo. Antecipamo-nos a uma situação futura. A fruição não é tanto proporcionada pelo objeto a conquistar, e sim pela própria conquista. E é isso que provoca uma lógica de poder, uma corrida ao sempre mais. A chamada guerra "econômica" aparece, então, como um álibi, cuja realidade é preciso manter. Ela justifica o medo, dá corpo ao fantasma. Enquanto os principais atores dessa representação continuarem a representar seu papel, o mundo será transformado em "cena econômica", representação imaginária da sociedade, cujos efeitos são bem reais.

A ideologia gerencialista dá uma legitimação "racional" a essa representação. Os grandes princípios do gerenciamento evocam a consideração da pessoa, a qualidade dos produtos, a preocupação com o meio ambiente. Mas o essencial é ganhar, produzir sempre melhor, sempre mais, sempre mais rápido, sempre menos caro. O produtivismo e o ativismo tornam-se fins em si mesmos. A eficácia, a rentabilidade e a utilidade são seus valores cardeais. Nesse universo, as energias psíquicas, cognitivas e psíquicas são transformadas em capital e em força de trabalho. Para o indivíduo não resta mais nem tempo, nem força, nem disponibilidade para outra coisa: para encontrar o sentido das palavras, o sentido de seu desejo, inventar uma existência para si mesmo.

Capítulo 8

A gestão de si mesmo

> Quem ainda tem uma alma hoje? Premidos pelo estresse, impacientes para ganhar e gastar, para fruir e morrer, os homens e as mulheres de hoje fazem a economia dessa representação de sua experiência daquilo que chamamos de vida psíquica. Não se tem nem tempo nem espaço para fazer uma alma para si. Voltado para o próprio umbigo sobre seu quanto-a-si-mesmo, o homem moderno é um narcisista, talvez sofredor, mas sem remorsos.
>
> *Julia Kristeva*

Com o desenvolvimento do capitalismo financeiro, o Ego de cada indivíduo tornou-se um capital que é preciso fazer frutificar.[1] O taylorismo provoca uma instrumentalização do humano, e cada indivíduo deve adaptar-se à linha de montagem, à máquina, à mecânica. A tecnocracia gera uma normalização do humano, e cada indivíduo deve se adaptar a normas, regras, processos. A gestão gerencialista gera uma rentabilização do humano, e cada indivíduo deve tornar-se o gestionário de sua vida, fixar-se objetivos, avaliar seus desempenhos, tornar seu tempo rentável. A própria família

---

[1] Richard Sennett (1979) escrevia: "Com o desenvolvimento do individualismo, o Ego de cada indivíduo se tornou seu principal fardo".

está impregnada pelo modelo gerencial. Ela é encarregada de fabricar indivíduos produtivos. A cada período de seu desenvolvimento, o indivíduo deve estabelecer uma contabilidade existencial para demonstrar sua empregabilidade. A vida humana deve ser produtiva. A sociedade se torna uma vasta empresa que integra aqueles que lhe são úteis e rejeita os demais.

O capital humano

Para Norbert Bensel, diretor de recursos humanos da Daimler-Chrysler, "os colaboradores da empresa fazem parte de seu capital [...]. Sua motivação, seu *know-how* e sua flexibilidade, sua capacidade de inovação e sua preocupação com os desejos da clientela constituem a matéria-prima dos serviços inovadores [...]. Eles são empreendedores" (Gorz, 2003). Os trabalhadores, assim como os desempregados, são convidados a se tornarem empreendedores. O humano se torna o principal recurso da empresa, um fator essencial de seu desenvolvimento. Convém, portanto, gerenciá-lo ao mesmo título que as finanças, as matérias-primas, as tecnologias, os estoques. As teorias do capital humano ilustram perfeitamente a prevalência da abordagem gestionária para tratar de tudo aquilo que se refere à vida dos homens e das mulheres. Elas apareceram nos anos 1960, ao mesmo tempo que as técnicas de "racionalização das opções orçamentárias".[2] Podemos, desse modo, calcular o custo da vida humana a partir dos investimentos necessários para produzir tal ou tal indivíduo. A este respeito, a fabricação de um

---

[2] Em inglês, *Planning, Programming and Budgeting System (PPBS)*. Esses métodos de auxílio para a decisão pública consistem em calcular com muita precisão os "custos-benefícios" e os "custos-eficácia" das políticas públicas.

médico ou de um engenheiro custa para a sociedade muito mais que a de um operário especializado ou de um caixa de supermercado. Nessa perspectiva, cada indivíduo pode ser o objeto de uma avaliação "objetiva" sobre aquilo que ele custa e aquilo que ele produz para a sociedade. A sociedade gestionária tem hoje os meios para medir a rentabilidade efetiva de cada ser humano, como se faz nas empresas. Alguns sonham até com um mundo totalmente consagrado aos negócios. Assim, Pierre Lévy (2000) descreve sua sociedade ideal, na qual "todo o mundo estará constantemente ocupado em fazer *business* a propósito de tudo: sexualidade, matrimônio, procriação, saúde, beleza, identidade, conhecimento, relação, ideia... Não saberemos mais muito bem quando trabalharemos ou quando não trabalharemos. Estaremos constantemente ocupados em fazer *business* [...]. Até os assalariados se tornarão empreendedores individuais, gerenciando sua carreira como a de uma pequena empresa [...]. A pessoa se torna uma empresa, não há mais família nem nação que resista a isso. A característica do mundo contemporâneo é doravante que todo o mundo faz comércio, ou seja, compra e vende [...] e quer revender mais caro do que investiu". Na nova ordem mundial, dominada pelos valores de empreendimento, tudo é *business*. O conjunto da sociedade deve aceitar a lei inelutável do comércio. Cada um é convidado a se vender para enriquecer. O comércio não é mais apenas um meio para favorecer as trocas e permitir a cada um comprar aquilo de que tem necessidade. Ele se torna a própria finalidade da vida humana, seu fim último, sua razão de ser.

Delineia-se aqui um verdadeiro projeto de sociedade: transformar o homem em empreendedor para um mundo produtivista. O *manager* emerge como figura ideal do homem que empreende, capaz de assumir riscos, decidir, resolver problemas complexos, suportar o estresse, desenvolver sua inteligência cognitiva e também emocional, pôr todas as suas qualidades a serviço da rentabilidade. "De modo difuso, os cânones da racionalidade econômica contemporânea — pragmatismo, utilitarismo, competição, rentabilidade, eficácia, desejo de ganho e de poder — são aplicados àquilo que está a ponto de se tornar a gestão das ocupações das relações privadas" (Jauréguiberry, 2003). Pouco a pouco o espaço privado é invadido pela atividade. As novas tecnologias permitem instalar seu escritório em seu domicílio. Temos assim uma colonização do espaço e do tempo "pessoal". O que resta de "tempo livre" é progressivamente dominado por preocupações de rentabilidade e de intensidade.

Para nos convencermos disso basta observar os empregos do tempo de quarta-feira, dia sem escola [na Europa], em certas famílias que têm a obsessão pelo desejo de dar a seus filhos todas as oportunidades para se distraírem "utilmente". O tempo livre deve ser aproveitado da melhor forma possível. Contra o risco de tempo morto ou, pior, de desocupação, convém tornar produtivo cada momento. Desde seus mais jovens anos, a criança é preparada para tornar seu tempo rentável: curso de música, atividades esportivas, cursos particulares, recreações formativas e distrações instrutivas. A quarta-feira não é mais um dia de férias. Ele se torna um dia "cheio", que deve proporcionar-lhe os complementos considerados necessários para sua escolaridade, a fim de lhe dar melhores oportunidades para seu "sucesso" profissional futuro. Os pais investem seus filhos como um capital que convém valorizar, aplicando a lógica de uma gestão de recursos humanos para sua educação.

O gerenciamento familiar

Frédéric Engels (1884) propunha uma hipótese sobre as ligações entre os modos de produção e os estilos de autoridade na esfera familiar. No sistema feudal, fundado sobre a dominação dos senhores sobre os servos, o servo teria tendência de se comportar como um senhor em relação a sua mulher e seus filhos. No sistema capitalista industrial, fundado sobre a dominação dos grandes empreendedores sobre os proletários, o operário teria tendência de se comportar como um patrão no seio de sua família. Nessa perspectiva, teríamos entrado na era do gerenciamento familiar. Com o desenvolvimento do capitalismo financeiro, as principais características do poder gerencialista se encontram no seio da família.

A família é percebida como uma pequena empresa que deve revelar-se com bom desempenho naquilo que constitui seu principal objetivo: fabricar um indivíduo empregável. Os dois membros do casal vão colocar junto seus capitais respectivos (econômicos, cognitivos, relacionais, culturais) a fim de os investir duravelmente na empresa familiar. O modelo não é mais que a mulher se consagre principalmente à carreira de seu marido e à educação dos filhos. Essa divisão do trabalho tradicional é obsoleta. A relação conjugal pretende-se contratual e igualitária. Cada um investe de início à medida de seus meios. A mobilização deve ser recíproca e permanente. Os dois membros do casal devem poder manter a frente de sua vida profissional, sua vida familiar e sua vida pessoal. Convém ser "livres junto" (Singly, 2000), ter bom desempenho em todos os registros, seja em seu trabalho, em seu corpo ou em sua cabeça. Não se trata somente de ganhar bem a vida, mas igualmente de gerenciar bem seu corpo, seu "capital saúde", suas capacidades intelectuais, de se manter em nível sobre o plano cultural, por meio de distrações formativas, de saídas regularmente programadas, que permitem atualizar seus conhecimentos e permanecer "plugado". Também se providenciará de cuidar de sua classificação no *bridge*, no tênis, no golfe, em seu desempenho na bicicleta, em corrida e em natação, a fim de otimizar sua forma física e intelectual. Os registros do amor e da sexualidade não escapam à ideologia gestionária.

Gerenciar os conflitos de casal, gerenciar sua feminilidade, assim como sua masculinidade, instaurar uma boa comunicação entre pais, filhos e cônjuges, favorecer a autonomia de cada um em uma interdependência harmoniosa, formar uma equipe que ganha — todas as características do modelo gerencialista estão em ação na esfera familiar.

O filho também é um capital que é preciso fazer frutificar. A educação torna-se uma avaliação das capacidades da criança nos planos físico, intelectual ou psíquico. Seu sucesso escolar é o objeto de um investimento essencial. De início, na escolha dos estabelecimentos e dos cursos que determinam a qualidade estrutural do ensino; em seguida, em uma comunicação contínua com os professores, a fim de avaliar de mais perto seus resultados, matéria por matéria, de estimular seus sucessos e de prevenir seus fracassos. Em caso de problema, uma negociação direta com o professor em questão permite estabelecer um diagnóstico rápido e de pôr em ação os meios de ação necessários. Finalmente, o seguimento personalizado da produção escolar da criança se verifica necessária, se possível, diariamente em casa. Não com uma vigilância disciplinar rígida, fundada sobre o velho princípio da vara, da advertência e do castigo, mas sobre o modelo do *coaching*. Trata-se de um acompanhamento sistemático, fundado sobre um diálogo confiante, no qual se examinam objetivamente os pontos fortes e os pontos fracos, fixam-se objetivos e etapas na progressão, põem-se em prática estratégias em vista de uma melhoria progressiva dos resultados. O essencial é suscitar a motivação e favorecer a adesão.

A escola não deve ser sentida como uma obrigação, mas como um investimento para o futuro. A gestão da carreira escolar dos filhos é um elemento central no ritmo do tempo familiar: verificação de boletins, de deveres, das notas, da preparação para os exames... As famílias mais batalhadoras põem em prática estratégias particulares, que permitem a seus filhos aceder aos estabelecimentos de excelência. É preciso escolher boas especializações, classes-piloto, a fim de integrar os melhores "ingredientes", que preparam para concursos de entrada nas grandes escolas. Os filhos mais promissores são o objeto de "planos de carreira", como os quadros de alto potencial nas empresas.

Em caso de dificuldade ou de fracasso, pode-se apelar a experts, que virão utilmente reforçar o enquadramento cotidiano garantido pelos pais: professores para dar cursos particulares nas disciplinas em que o filho está fraco; conselheiros de orientação no momento de escolhas decisivas; psicólogos em caso de dificuldades comportamentais; psicoterapeutas em caso de perturbações psíquicas ou psicossomáticas; ortofonistas em caso de dificuldades de leitura ou de escrita etc. A lista de especialistas prontos para intervir não deixou de aumentar há um quarto de século. Criar uma criança torna-se o objeto de saberes múltiplos. Não podemos mais simplesmente abordá-lo de modo empírico, a partir da intuição e da boa vontade dos pais. É preciso dizer que a questão é importante. Os pais vivem como responsáveis pelo sucesso ou fracasso de seus filhos. Um fracasso é não só uma ferida narcísica grave, mas é igualmente portador de suspeita. Se o filho não tem sucesso, é o balanço da empresa familiar que se torna negativo. Eles são condenados ao sucesso para evitar a falência.

Nesse contexto, a ansiedade dos pais é grande. Sua responsabilidade primeira é a de armar seus filhos para enfrentar a luta pelos lugares. *"É preciso armá-los para a vida"*, *"adquirir na infância armas para lutar melhor"*.[3] Como,

---

[3] Citações extraídas de *Psychologies*, n. 210, agosto de 2002, revista em que lhe propõem, entre outras coisas, medir sua "inteligência sexual", "escapar da falência do casal", "cultivar a paixão", aprender a "gerenciar seu matrimônio", "consultar para melhor amar" etc. Dirigida por um "verdadeiro *manager*", Jean-Louis Servan-Schreber, essa revista ilustra perfeitamente a influência da ideologia gerencialista no campo afetivo, relacional, sexual e familiar.

com efeito, preparar seu filho para enfrentar as contradições maiores da sociedade hipermoderna: tornar-se um indivíduo autônomo, desabrochado, bem em sua própria pele, ativo e, ao mesmo tempo, empregável, capaz de se submeter às exigências do mundo do trabalho e, portanto, de aceitar a dependência, a submissão às normas, as obrigações do trabalho, as exigências da empresa que aceitará empregá-lo?

A contabilidade existencial

Na idade adulta, cada indivíduo deve tornar-se responsável por si próprio, por sua existência social, seus sucessos e também seus fracassos. O desemprego não é considerado como a consequência da defasagem estrutural entre o número de empregos criados pelo sistema econômico e o número de pessoas ativas suscetíveis de ocupar esses empregos. Ele resulta de "falhas de empregabilidade" de uma parte da população e, portanto, de sua "falta de adaptação" diante das necessidades da empresa. Nessa perspectiva, o problema do desemprego será resolvido incitando ou obrigando os desempregados a melhor "gerenciar suas competências", adquirir aquelas que lhes faltam a fim de se formar da melhor forma possível para se posicionar sobre o mercado de emprego.

A ideologia gerencialista implica uma inversão no que se refere à relação entre o social e a economia: "Fazer endossar pelos prestadores de trabalho, transformados em empreendedores individuais, as obrigações e as inseguranças que o capitalismo pós-fordista gera" (Gorz, 2003). Estamos longe do fim do trabalho evocado por alguns. Muito ao contrário, o conjunto da vida deve ser consagrado a gerenciar sua empregabilidade. Desde o início da escola, tudo deve ser posto a serviço da formação de trabalhadores empregáveis. O tempo livre deve ser consagrado à gestão de seu capital-competência. Balanços são previstos regularmente para conhecer seus pontos fortes e seus pontos fracos. O *curriculum vitae* deve descrever com precisão a contabilidade de suas qualificações, de suas formações e de seus desempenhos, a fim de permitir aos empregadores medir com precisão o capital--competência. A vida se torna um plano de carreira. Cada etapa deve aparecer como um investimento em um projeto profissional. Uma multidão de técnicos é formada para ajudar cada indivíduo a definir sua orientação, elaborar balanços de posicionamento, balanços de avaliação, balanços de projetos, ou ainda balanços de carreira. Baterias de testes são atualizadas para medir as aptidões, a fim de compará-las com o perfil requerido pelos empregos existentes e medir as probabilidades de sucesso profissional em tal ou tal atividade. Testes de conhecimentos técnicos, testes de inteligência, testes de psicomotricidade, testes de personalidade e de comportamento, as psicologias comportamentais e cognitivas são mobilizadas para construir tipologias, indicadores, grades que permitem identificar os traços de personalidade, os talentos e as aspirações a fim de traduzi-los em pistas profissionais, de racionalizar os processos de ajustamento ao emprego. A metodologia de construção de projeto tem sucesso. Por exemplo, a "Ativação do Desenvolvimento Vocacional e Pessoal" (ADVP), programa concebido no Canadá e importado na França, permite acompanhar o indivíduo em suas escolhas de carreira a partir de diversas etapas: exploração de seus desejos, motivações, aspirações, valores, interesses, aptidões; transformação desses elementos em projetos; adequação dos projetos ao ambiente socioeconômico; elaboração e colocação em prática de estratégia no tempo e no espaço.[4]

---

[4] "Avaliações das competências, carreiras do ego", *Revista Group familial*, 140, 1993.

Não se trata mais de simplesmente medir as aptidões e as competências, mas de tornar o indivíduo "proativo" em suas opções, de canalizar seus desejos para transformá--los em "forças projetivas", de imaginar "novos espaços de investimento". Pede-se que cada um estabeleça uma "contabilidade existencial", que traduza sua vida em "créditos e débitos", em "indicadores positivos e negativos", em "fatores de sucesso e de fracasso". Tradução necessária para se apresentar no mercado do trabalho a fim de agarrar as oportunidades e de "maximizar suas oportunidades" de encontrar um lugar.

Cada indivíduo deve apresentar a prova de sua rentabilidade. Ela se tornou a exigência primeira para ter um lugar e, portanto, uma existência social. Para ser reconhecido como um indivíduo totalmente à parte, definido positivamente, convém ser produtivo e interiorizar os valores do mundo econômico. Gestão de empresa e gestão de si mesmo obedecem às mesmas leis. Trata-se de racionalizar a produção dos homens com o modelo da produção de bens e de serviços e de tornar os indivíduos produtivos no modelo empresarial. Cada um é convidado a se tornar o empreendedor de sua própria vida (Ehrenberg, 1992). Produzir sua vida, realizar-se, construir-se, são formulações que contribuem para remeter à imagem de que o futuro do indivíduo depende de sua capacidade de gerenciar a si mesmo.

A realização de si mesmo

A gestão de si mesmo torna-se um imperativo que se exprime pela inflação galopante de obras que lhe são consagradas: *Melhor pilotar sua vida, Tornar-se a si mesmo, Ganhar em eficácia, Saber organizar sua vida* etc.

No mundo dos gestionários, a subjetividade é o objeto de uma solicitação maciça e contraditória: o indivíduo deve afirmar sua autonomia e responder à injunção de estar "bem em sua pele", equilibrado, desabrochado, excelente em todos os domínios da existência, capaz de fazer frutificar a diversidade de seus talentos. É proposta a ele uma panóplia de instrumentos para ajudá-lo a bem gerenciar sua subjetividade, e daí uma floração de técnicas de desenvolvimento pessoal como a análise transacional (AT), a programação neurolinguística (PNL) ou a inteligência emocional (IE). Especialistas em aconselhamento vão ajudar aqueles que têm seus meios para melhor gerenciar sua carreira, sua vida, suas emoções, seu tempo, seu estresse... É necessário um automóvel, como qualquer esportista de alto nível, para melhorar seus resultados, permanecer competitivo e conseguir manter-se em um bom nível.

Podemos notar uma evolução nesse apelo à subjetividade. Nos anos 1980, tratava-se principalmente de mobilizá-la sobre um projeto de excelência. Hoje, a empresa não pode mais se apresentar como o lugar do triunfo e do sucesso. Ela é confrontada com fracassos, crises, reestruturações. A subjetividade deve estar preparada, portanto, para suportar os revezes da existência, momentos de expansão e de regressão, de crescimento e de decréscimo. É preciso aprender a enfrentar o fracasso, a adversidade, estar aberto a si mesmo e a outrem, ousar verbalizar suas fraquezas e seus temores. De um lado, a empresa deseja uma adesão profunda. Do outro, ela pode a qualquer momento significar a seus empregados que ela não tem mais necessidade deles. Para enfrentar essa flexibilidade da ligação, ela favorece a eclosão de uma subjetividade fluida, capaz simultaneamente de se mobilizar maciçamente e de se desinvestir rapidamente. E daí a emergência de técnicas de gestão da subjetividade que mobilizam o indivíduo, do lado da autonomia, da autoestima, do reforço narcísico, da reflexividade, canalizando totalmente os investimentos psíquicos para objetivos de rentabilidade e de desempenho.

Daí o apelo aos "*managers* da alma",[5] que vão utilizar os instrumentos do desenvolvimento pessoal a serviço do mundo da empresa.

> Um texto de Will Schutz, *The Human Element*, escrito em 1994, resume muito bem a filosofia dessas abordagens: "O valor fundamental reside na realização de si, a minha e a de outrem. De fato, aquilo que posso fazer de melhor para outrem é ajudá-lo a se realizar plenamente [...]. O modelo do elemento humano apresenta uma teoria e um método experimentados, destinados a vos ajudar a melhor vos conhecer, melhor vos aceitar, ter uma maior autoestima e, desse modo, poder realizar plenamente vosso potencial humano ao mesmo tempo como indivíduo e como membro do grupo [...]. Em função do grau atingido nesses objetivos, as equipes são mais eficazes, as organizações mais produtivas, os indivíduos mais realizados [...]".
>
> O método Schutz conhece um sucesso impressionante no universo gerencialista. Os dois terços das 500 primeiras empresas mundiais apelaram a esses preceitos em suas funções de gerenciamento. Ela se tornou um referente maior das práticas de *coaching* na maioria dos países desenvolvidos.
>
> Fonte: W. Schutz, *The Human Element: Productivity, Self-Esteem, and the Bottom Line*, Jossey-Bass Publichers, São Francisco, 1994.

---

[5] A expressão é de Jacques Lacan nos *Écrits*: "Como não escorregar para se tornar os *managers* das almas em um contexto social que requer seu trabalho?" Ela é retomada por Valérie Brunel em uma tese que descreve essas diferentes tecnologias de si mesmo (2003).

Na ideologia da realização de si mesmo, o humano tem um potencial que se tem de desenvolver para colocá-lo em sinergia com os objetivos de rentabilidade da empresa. A realização de si mesmo, a eficácia dos grupos e da produtividade das organizações devem estar em congruência. Trata-se aí de uma concepção subjetivista da ação: "A eficácia do indivíduo na vida ou seu desempenho no trabalho são determinados antes de tudo pela qualidade de suas relações consigo mesmo e com seu meio ambiente", nota Valérie Brunel. Uma boa gestão de si mesmo é o fator-chave do sucesso, tanto do indivíduo como da empresa. A teoria do "elemento humano" faz pensar em "um mundo harmonioso e reconciliado, em que aquilo que é desejável para o bem-estar da pessoa, aquilo que é fundador do laço social e aquilo que é economicamente útil para a empresa convergem e se alimentam reciprocamente [...]. A felicidade do homem e o lucro são duas finalidades conciliáveis e até convergentes" (Brunel, 2003). Tocamos aqui a dimensão ideológica dessas abordagens: as contradições sociais são, definitivamente, apenas problemas relacionais. A partir do momento em que não há conflito de interesses entre o capital e o trabalho, os problemas da empresa podem ser regulados no registro da subjetividade. Uma boa gestão de si mesmo, uma melhor abertura aos outros, uma abordagem positiva dos problemas, uma intersubjetividade confiante permitem mobilizar os recursos internos do indivíduo para construir relações de trabalho harmoniosas e eficazes.

    Centrado sobre si mesmo, o indivíduo "esquece" de se interrogar sobre o funcionamento global da empresa, particularmente sobre a violência que nela reina.

Capítulo 9

A parte maldita do desempenho

> A quase totalidade dos problemas que se apresentam a nós, hoje, remete sistematicamente à questão dos limites que precisamos definir e impor às forças do descomedimento, da *hybris*, se quisermos que nosso mundo permaneça humano e vivível.
>
> *Alain Caillé*

O modelo gerencialista desenvolve-se à medida da globalização, porque ele é particularmente eficiente. A "parte bendita" do desempenho é inegável. No registro financeiro, em primeiro lugar, pois a rentabilidade financeira é o objetivo principal, mas também nos registros tecnológicos e comerciais. A pesquisa-desenvolvimento desemboca na criação permanente de novos produtos e na melhoria daqueles que existem. Os progressos técnicos são consideráveis. Os preços estão em geral em baixa nos setores concorrenciais. Quanto ao que se refere à organização do trabalho e ao gerenciamento dos homens, a análise dos desempenhos desemboca sobre uma avaliação mais contrastada. O modelo gerencialista é um progresso em relação ao modelo hierárquico e disciplinar. Ele favorece a autonomia, a iniciativa, a eficiência, a responsabilidade, a comunicação e a mobilidade. As obras de gerenciamento não cessam de declinar todas as vantagens de uma gestão fundada sobre a mobilidade das funções, a corrida ao mérito, a direção por meio de objetivos, a flexibilidade e a reatividade. À primeira vista, essas transformações são totalmente positivas. O que nada tem de espantoso, vindo de autores que vendem às empresas as mil e uma receitas consideradas como fornecedoras de ganhos de produtividade. Do lado dos assalariados, esse modelo tem consequências contraditórias, fator de promoção e de melhoria significativa para uns, de degradação e de exclusão para os outros.

Para além do positivismo radical que vê apenas os efeitos benéficos do desempenho, elevado ao posto de uma finalidade, convém precisar os critérios postos em ação para medi-lo. O gerenciamento o apresenta como uma necessidade de sobrevivência para as empresas, ao mesmo título que a excelência ou a eficácia, sem que sejam discutidos os critérios que o fundam, afora a lógica do lucro. Se o desempenho é medido apenas com o metro de sua lucratividade financeira, ele deixa na sombra suas repercussões humanas e sociais. Ele, principalmente, põe em funcionamento um ciclo infernal: a melhoria contínua e acelerada da produtividade gera uma espiral que pode ter consequências destrutivas. Essa "parte maldita" é um mal necessário, o preço a pagar pela modernização, ou a consequência de um sistema de poder que procura impor sua lógica seja qual for o custo humano e social?

As duas faces da gestão do desempenho

Conforme Janus, a cultura do alto desempenho tem uma face brilhante do lado da eficácia e outra sombria do lado das consequências para aqueles que tiveram dificuldade para a ele se adaptar, ou que dele são excluídos. Por ocasião de um debate com Jean-Marie Descarpentries,[1] essas duas faces

---

[1] Debate organizado em 1998 como ANVIE por Jean-Michel Saussois e Renaud Sainsaulieu.

tinham aparecido claramente. Antes de se tornar o PDG de Bull, ele havia reformulado uma empresa de logística e de transporte. Na época, ele era visto como um "patrão de choque", eficaz e renomado. Em sua intervenção, ele declinava o modo como havia transformado a empresa por um sistema de gestão informatizado: ele havia colocado à disposição de cada motorista de caminhão um computador de bordo e um GPS. O computador indicava o plano das entregas do dia e também um plano de guia para ir pelos melhores trajetos. O conhecimento do tempo do itinerário, previsto em função da intensidade do tráfego, permitia prevenir os clientes sobre a hora exata da entrega. Cada motorista se tornava igualmente gestionário. Ele próprio estabelecia as peças contábeis, pois ele podia passo a passo avaliar o custo do transporte, o estado da entrega, a realidade das operações realizadas e redigir a fatura definitiva. Ele podia igualmente recorrer à sede para resolver os problemas imediatamente com o serviço em questão. Para Jean-Marie Descarpentries, essa reorganização apresentava três vantagens decisivas: uma gestão com melhor desempenho, uma responsabilização maior dos motoristas, uma revalorização de sua profissão.

Essas vantagens são incontestáveis. A rentabilidade da empresa ficou satisfeita. Mas essa apresentação deixa na sombra três consequências.

Um reforçado controle dos motoristas. No sistema antigo, cada motorista era senhor de sua conduta, da escolha do trajeto, da ordem das entregas. Hoje, ele deve seguir diretivas precisas, constantemente reatualizadas. Pode ser controlado a cada instante. Deve justificar diariamente os resultados de sua atividade, que é medida em tempo real. A sede pode modificar seu planejamento, reajustar os prazos de entrega, confiar-lhe uma nova tarefa. Definitivamente, cada caminhão se torna um universo sob vigilância permanente: caixa negra para o controle de velocidade, pausas, número de quilômetros percorridos; GPS em ligação com a sede da empresa; controlador colocado na traseira dos caminhões, indicando o tempo transcorrido em cada uma das entregas. *Uma obrigação de resultados.* Nada é deixado escapar à vigilância da direção, para "otimizar" o tempo e a atividade dos motoristas. De um lado eles ficam menos acuados em um papel de simples executores "ligados" a sua máquina em movimento. Não ficam mais fechados em uma funcionalidade estrita (a conduta). Sua profissão se abre sobre novos aspectos. Eles adquirem novas responsabilidades na relação com o cliente e com o fornecedor, no estabelecimento dos documentos contábeis, na qualidade do serviço prestado. O motorista se torna um interlocutor que representa a empresa e não um simples executor confinado a sua tarefa. Nesse contexto, a rentabilidade de cada motorista é facilmente mensurável. Essa avaliação permanente o coloca sob pressão. Ao estresse da conduta — que antes era compensado por um sentimento de liberdade ligado a uma atividade "nômade" — acrescenta-se o estresse de ser responsável por todos os problemas encontrados: respeito dos prazos, qualidade do produto entregue, falha no faturamento, dificuldades na recuperação etc.

Uma exclusão dos que têm menos desempenho. Em sua apresentação, Jean-Marie Descarpentries estava orgulhoso de ter podido revalorizar cerca de 20% o salário dos motoristas e de ter reduzido os efetivos em cerca de 30%, graças aos ganhos de produtividade realizados. Certo número de motoristas, habituados há muito em realizar tarefas de manutenção simples, não pôde acompanhar essas transformações, que exigiam um domínio da informática, da contabilidade, ou ainda qualidades relacionais habitualmente próprias dos comerciantes. Essa falta de adaptabilidade tem consequências implacáveis: ou a pessoa se adapta ou desaparece. Por não poder entrar na lógica da melhoria dos desempenhos, os 30% que não souberam "agarrar sua oportunidade" vão encontrar o grupo dos excluídos, dos derrotados pela modernização, dos "não empregáveis".

Esse exemplo ilustra um fenômeno que encontramos em todos os setores que geram "empregados nômades" (Moeglin, 1996). Quando as empresas têm mercados flutuantes, quando elas devem enfrentar imprevistos ou colocar em prática a flexibilidade, os empregados perdem sua autonomia pessoal. "Quanto mais a flexibilidade cresce — escreve P. Moeglin — mais a de cada agente tende a diminuir sob o efeito dos controles em ação. Se os empregados conservarem uma capacidade de iniciativa no domínio do tempo, é porque a empresa terá necessidade de lhes deixar uma autonomia de gestão, seja na negociação com um cliente, na prestação de contas das modificações da circulação ou ainda no arranjo dos horários." Constatamos, entretanto, tensões cada vez maiores, ligadas ao encurtamento dos prazos, ao imperativo dos "fluxos tensos", à exigência do "tempo justo", às consequências da "falha zero" e da gestão "a favor da corrente". Cada um é convidado a trabalhar mais depressa, a suprimir os tempos "perdidos", a justificar qualquer atraso e contratempo. A revalorização dos salários, contrapartida frequentemente aduzida para justificar a cultura do desempenho, nem sempre compensa o aumento de trabalho e a tensão que ele provoca.

O balanço, de fato, é contrastado. Para os empregados que conheceram os universos taylorianos rígidos e o trabalho na linha de montagem, o progresso é inegável. Para os jovens que chegam ao mercado de trabalho, aos quais se confiam de entrada responsabilidades, a atração é incontestável. A melhoria do desempenho, a responsabilização dos assalariados, a adaptabilidade às transformações do ambiente não são *a priori* negativas. Com a condição de não esvaziar os problemas que essas transformações geram, como se não existissem, considerando aqueles que os encarnam como "inadaptados", "recalcitrantes", "arcaicos", ou ainda "riscófobos".[2]

Do lado dos quadros, começamos igualmente a perceber os efeitos da cultura do desempenho. Se, em um primeiro momento, eles foram seus mais vivos defensores, persuadidos de que tinham tudo a ganhar, hoje eles percebem que podem ser atingidos por sua parte sombria. A cultura do alto desempenho não é mais aconselhável, principalmente quando ela vem a justificar práticas de gerenciamento, cuja brutalidade nada deixa a invejar às práticas mais repressivas do poder disciplinar.

Managing in a High Performance Culture*

A carta chegou em uma quinta-feira de fevereiro de 2002. Ela o esperava ao voltar de seu giro. Quando viu o cabeçalho da Cap Gemini, Thomas duvidou do conteúdo. Três dias antes, esse engenheiro comercial de 28 anos tivera de anular com urgência suas férias no ski para se apresentar conforme a convocação de seu diretor de setor. A conversa foi breve e brutal. "Da boca de um responsável que eu havia cruzado duas vezes na esquina de um corredor, eu ficara sabendo que ia ser despedido por 'falta de resultados' e por 'agressividade comercial insuficiente' [...]. A carta me obrigava a deixar meu escritório de Defesa Central antes das 12 horas, no dia seguinte. Eu tinha de fato a impressão de ser despedido como alguém indecente." No dia seguinte, nenhum sinal de seu *manager* nem de seu responsável de recursos humanos. Tão logo jogado fora, já esquecido.

Fonte: V. Monnier, "Tolérance zero pour les cadres", *Le Nouvel Observateur*, 26 de setembro-2 de outubro de 2002.

---

[2] Ver nota na p. 127.
* Gerenciando em uma Cultura do Alto Desempenho.

Cap Gemini, depois de sua fusão com Ernst & Young, tornou-se o quinto grupo mundial de conselho e de serviços informáticos. O grupo realizou dois planos de reestruturações, suprimindo 5.500 postos de trabalho em 2000 e 2001 nas filiais estrangeiras. Para salvaguardar sua imagem e evitar um plano social na França, obrigatório a partir de dez demissões por mês, a direção de recursos humanos demitiu 75 assalariados em 2000 e 100 em 2001, sem ultrapassar a cifra de dez por mês. É preciso, portanto, encontrar motivos. A "insuficiência de resultados" e a "inaptidão profissional" são os motivos correntemente mais aduzidos. O método consiste em desqualificar as pessoas, esperando assim desencorajar o recurso à justiça. A técnica consiste em culpabilizar os assalariados, criticar sistematicamente seu comportamento, dar-lhes objetivos inacessíveis, avaliá-los negativamente, até que eles peçam demissão, ou não estejam mais em grau de reagir. Pode-se então "agradecê-los", sem medo de processo.

As mesmas práticas são desenvolvidas em outras sociedades. Em março de 2001, o jornal *Le Monde* revela a colocação em prática, a partir de informações fornecidas pelos empregados da IBM, de um sistema de avaliação do desempenho, que visa identificar assalariados chamados de "contribuintes fracos".[3] Esse programa, intitulado *Managing in a High Performance Culture 2001*, define os critérios de notação que cada *manager* deve aplicar para avaliar seus colaboradores, a fim de "colocar a barra mais alto". O documento começa por definir a "gestão do desempenho": "A evolução constante de nosso mercado nos impõe uma constante melhoria de nosso desempenho. Melhorar permanentemente é um elemento essencial para alcançar uma cultura do alto desempenho [...]. Conseguiremos colocar a barra mais alto?"

---

[3] *Le Monde* consagrou a isso um dossiê continuado, feito por Laure Belot e Laurent Mauduit, em suas edições de 8, 9 e 12 de março de 2002.

A sequência dá aos *managers* indicadores para "identificar e gerenciar os contribuintes fracos". Depois de identificados, estes recebem a nota 4, conforme o procedimento *Personal Business Commitment*; em uma escala de 1 a 4, a notação 4 é a mais baixa. Ela significa que os resultados do empregado são insuficientes e "levam a um procedimento de atenção". Essa atenção, que precede a demissão, em princípio, é de três a seis meses. Na realidade, ela é frequentemente reduzida a duas ou três semanas. Conforme os sindicatos, essas avaliações negativas estão em constante elevação. A avaliação personalizada seria de fato utilizada sistematicamente para demitir uma parte do pessoal. Os *managers* teriam até quotas a serem respeitadas na atribuição da nota 4. Depois de ter desmentido a existência dessas quotas, a diretora de recursos humanos admitiu a existência de "garfos que permitem dar indicadores e objetivos aos *managers* para as notações". Esses garfos podiam "variar em função dos resultados de cada unidade do grupo". Os próprios *managers* exprimem seu embaraço diante da obrigação que lhes é feita de notar mal colaboradores, principalmente quando estes realizaram seus objetivos quantitativos. Eles precisam então julgar seu comportamento, acusá-los de má fé, pôr em questão sua personalidade.

As consequências para os assalariados são desastrosas. Eles, que eram celebrados como uma elite, são agora qualificados de maus. Em uma empresa que sempre valorizou a excelência, a avaliação negativa é vivida como uma ferida terrível. Ao perder o reconhecimento da empresa, eles perdem sua base narcísica. Confrontados com uma dupla perda, do emprego e da autoestima, muitos desmoronam, sem compreender o que lhes acontece. Para aqueles que permanecem, a situação é igualmente conflituosa. Cada um sabe como o sistema é injusto, que os "grandes princípios" enunciados sempre não são respeitados, e que a ameaça de ser demitido pesa sobre todos. A competição feroz, ligada à concorrência diante do mercado, encontra-se em todos os escalões, entre os assalariados, para obter uma promoção, construir sua carreira, esperar escapar da próxima limpeza. Ela não deixa de ter consequências para o "moral das tropas".

"Somos muitos, custamos demasiadamente caro"

Na linguagem dos responsáveis de recursos humanos, "os efetivos são um custo". Essa abordagem abstrata permite pôr de lado as violências e os sofrimentos que as demissões geram. Um fechamento de estabelecimento não desemboca apenas sobre fatos quantificáveis: número de empregos perdidos, número de pessoas reclassificadas, número de pessoas colocadas em pré-aposentadoria, indenizações financeiras etc. "Eles representam para as pessoas atingidas provas, rupturas, traumatismos, perdas das quais nem sempre temos consciência, ou que se apagam por trás dos imperativos econômicos, financeiros, os diktats da modernização, as novas regras do jogo da mundialização" (Linhart *e outros*, 2002).

Os médicos do trabalho alertam regularmente os poderes públicos sobre as patologias ligadas à ameaça de perda do emprego. Três médicos do Isère (Achard, Chastel e Dell'Accio, 1998) observaram o aparecimento de perturbações no seio de empresas que põem em ação planos sociais. "Os assalariados se sentem traídos, destruídos — escrevem eles na pesquisa — e tentam dela sair por doença ou por fuga." A repetição de sintomas psicológicos como a desmotivação — "não suportamos mais" —, o ceticismo — "não cremos mais" —, a desvalorização — "somos demasiadamente caros" —, a denigração dos dirigentes — "eles mentem para nós" —, a perda de autoestima e de identidade profissional — "somos demais", aos quais se acrescentam perturbações somáticas e psicossomáticas que os médicos classificaram em cinco categorias:

- perturbações psíquicas: crises de angústia, fobias, estados de pânico, insônias;
- perturbações digestivas: úlceras gástricas, cãibras epigástricas, rectocolites ulcero-hemorrágicas;
- perturbações dermatológicas: psoríase, eczemas, crises de urticária;
- perturbações cardiovasculares: infartos do miocárdio;
- perturbações comportamentais: enxaquecas, tabagismo, violências físicas, alcoolismo, suicídios etc.

Os "sobreviventes", conforme a terminologia que depois se tornou familiar, desenvolvem patologias similares às daqueles que foram demitidos. "Somos demais, custamos demasiadamente caro", avaliam esses assalariados diante de transformações nas quais eles se sentem instrumentalizados e impotentes.

Danièle Linhart analisou as consequências de uma reestruturação a partir de conversas com uma centena de trabalhadores da empresa Chausson, confrontados com o fechamento de sua fábrica depois de muitos planos sociais escalonados em quatro anos (1993-1996).[4] Nos planos sociais, até naqueles que aparentemente são os mais vantajosos para os assalariados, os aspectos financeiros e administrativos levam a esquecer as pessoas. As negociações se orientam para procedimentos técnicos de medidas de reclassificação e tomam a forma contábil de indenizações. "A vida concreta é transposta, transfigurada em cláusulas jurídicas, convencionais; ela é fragmentada e cortada, por meio de balanços de competências, de garantias pelas sociedades de reconversão, negadas por indenizações financeiras consideradas como agravante de dívidas e de colocar os índices a zero" (Linhart e outros, 2002).

---

[4] A decisão de fechar a fábrica, tomada em 1991 pela direção, fora mantida em segredo, o que nos diz muito sobre o senso de ética desses dirigentes.

O sofrimento gerado não entra nas preocupações da gestão. Os responsáveis pensam que os assalariados devem adaptar-se à modernização, que essas mudanças têm um caráter inevitável e que os estados de ânimo não contam. Apenas a ação é importante. Os dramas pessoais, as consequências subjetivas devem apagar-se diante das necessidades econômicas. Encontramos aqui uma contradição maior do gerenciamento. De um lado um discurso que valoriza os recursos humanos, celebra a consideração pelas pessoas e insiste sobre as implicações subjetivas dos trabalhadores para o bom funcionamento da empresa. Do outro, uma incapacidade de levar em conta essa subjetividade quando ela se exprime fora das figuras impostas pela empresa. Até os responsáveis sindicais, em todo caso muito próximos do mundo do trabalho, mas principalmente implicados nas batalhas e nas negociações para obter as medidas mais vantajosas possível, estão pouco à escuta desse sofrimento. Um líder sindical, admirado por todos por causa de sua combatividade e de sua inteligência, confessa sua surpresa diante do grau de sofrimento que se depreendia das conversas: "Eu não imaginava que assalariados que haviam sido beneficiados com um plano tão bom possam dele sair traumatizados a este ponto".

Traumatismo — o termo não é demasiadamente forte. Porque não é apenas um emprego que se perde, para eventualmente encontrar um outro, mas toda uma vida que é quebrada: sentimento de desvalorização de si, ruptura das redes de solidariedade, perda dos elementos constitutivos da identidade profissional, culpabilidade, vergonha, fechamento sobre si, ruptura da comunidade de trabalho que apoiava a existência. A aceitação da perda de emprego necessita de um longo trabalho de elaboração psíquica, de desidentificação com o coletivo de trabalho, de desidealização de seu próprio sucesso profissional no seio da empresa, de descomprometimento com implicações narcísicas suscitadas pela crença de que a realização de si passa pelo trabalho. Ela passa igualmente pela projeção de si em um futuro concebível. A perda de confiança em um futuro, para si e para seus filhos, que se anuncia repetitivo e incompreensível, produz uma ansiedade profunda que ecoa a angústia da separação e o medo do abandono. Angústias arcaicas que encontram sua fonte no coração do aparelho psíquico e podem ter efeitos devastadores se não ajudarmos as pessoas a superá-los.

A "modernização" apresenta-se como a passagem de um mundo com regras do jogo conhecidas para um mundo instável, imprevisível, flexível, incerto. Não se trata tanto de se adaptar a um outro mundo, e sim de aceitar viver na adaptabilidade e na insegurança. É preciso estar pronto para se comprometer e se descomprometer a qualquer momento. Os empregados devem implicar-se totalmente e, brutalmente, serem capazes de ir embora, para outro lugar. "Tudo aquilo que constituía a especificidade, o valor de seu passado de operários, ou seja, uma forma de socialização muito forte, tecida de proximidade, de cumplicidade, de auxílio mútuo, de produção de sentido e de valor à distância da racionalidade da empresa, uma forma coletiva de quanto-a-si-mesmo, entre a contestação da ordem estabelecida e adesão à ideologia produtiva, encontra-se varrido, reduzido a nada. O próprio fato de que se possa encontrar nisso uma espécie de ligação prova que estamos defasados, inadaptados, e até que não temos mais lugar" (Linhart *e outros*, 2002).

A demissão não significa apenas a perda do emprego, mas também a perda de uma parte da própria história. Quando a história é negada, quando ela perde seu valor, o luto não pode ser feito. Numerosos pesquisados descreveram a desorganização psíquica acarretada pela perda do emprego. O desaparecimento da atividade profissional é uma verdadeira amputação do Ego, que reduz os estímulos e os apoios dos quais o indivíduo tem necessidade para desenvolver suas funções defensivas, narcísicas e elaborativas.

"O trabalho é, ao mesmo tempo, um lugar de descarga e de canalização da energia interna, uma situação de reforço da autoestima, graças às trocas e aos sentimentos de utilidade que ele fornece, um quadro que oferece, pela partilha de códigos comuns, achados para pensar o mundo e sua vida" (Morel-Jayle, 2000). No plano psíquico e social, a ruptura de uma atividade profissional é parecida com a morte. Florence Moel-Jayle descreveu com muita precisão as estreitas relações entre o trabalho de luto e a perda de emprego. Essa última pode frequentemente ser a ocasião de inventar para si uma outra existência, uma oportunidade de mudar de atividade e de descobrir outros mundos sociais. Todavia, quando a ruptura é brutal, quando ela é vivida como um fracasso pessoal ou como uma exclusão não merecida, ela gera vulnerabilidades narcísicas intensas, sustentadas pela vergonha e pela culpabilidade, que deixam o indivíduo em total confusão. Os sentimentos de traição, de impotência, de abatimento podem gerar uma depressão profunda. Principalmente se ele viver a situação como uma avaliação depreciada de si mesmo: "Não sou bom para nada, não soube me defender, sou definitivamente responsável por meu fracasso". Essa atitude é tanto mais frequente quanto mais o ambiente celebra o mérito pessoal, legitima um mundo de competição permanente, glorifica os ganhadores e estigmatiza os perdedores.

A degradação das condições de trabalho

A atenção colocada sobre as incidências subjetivas da busca desenfreada de desempenho não deve levar a minimizar suas consequências mais objetivas.
As doenças profissionais e os acidentes de trabalho são um sintoma da dureza das condições de trabalho.

Há dez anos, as doenças reconhecidas triplicaram na França.[5] Os acidentes de trabalho que necessitam de uma parada recomeçam a crescer desde 1990, para atingir a cifra de 911.000 em 1999.[6] Esses números estão provavelmente aquém da realidade, visto que as grandes empresas têm tendência de não declará-los, porque eles determinam o montante de sua cotização ao ramo acidente e doença da segurança social. Um estudo feito no Rhône, pelo doutor Bergeret, mostrou que, dos 516 cânceres no pulmão repertoriados, 116 tinham uma origem profissional, mas que nenhum fora declarado como tal (Hodebourg, 2000). Os trabalhadores precários e os jovens são particularmente atingidos. Os primeiros sofrem duas vezes mais acidentes do que os assalariados permanentes. Um trabalhador em cinco é vítima de um acidente antes dos 30 anos. São os assalariados dos subcontratantes os mais expostos, uma vez que as grandes empresas evacuam o risco interno por meio desse viés, impondo por outro lado a seus subcontratados ritmos e preços aberrantes. Em um estudo sobre as centrais nucleares, Annie Thébaud-Mony indica que "85% das tarefas de manutenção são realizadas por trabalhadores 'externos', que tomam 80% da dose coletiva de contaminação das centrais" (Thébaud-Mony, 2000).

Conforme um estudo da Fundação de Dublin,[7] os trabalhadores europeus têm o sentimento de que suas condições de trabalho se degradam. Esse organismo realiza regular-

---

[5] 124 mil casos foram recenseados em 1999 pela Caixa Nacional de Seguro Doença dos Trabalhadores Assalariados (CNAMTS).

[6] Conforme a DARES, célula estatística do ministério do Trabalho. Citado por Martine Bulard, 2001.

[7] Criada em 1975, a Fundação de Dublin para a melhoria das condições de vida e do trabalho é uma das 12 agências estabelecidas pela Comissão europeia. Seu conselho de administração compreende representantes dos Estados da Comissão, dos sindicatos e do patronato. O estudo referido foi realizado por Pascal Paoli e Damien Mérié em abril de 2001.

mente sondagens em profundidade junto de uma amostragem importante — mais de 21 mil pessoas no conjunto dos países europeus — sobre sua percepção de suas condições de trabalho. Em 2001, 47% consideram sua posição de trabalho penosa, contra 43% em 1990; 56% declaram trabalhar em grande velocidade, contra 48% em 1990; 60% se dizem submetidos a prazos apertados, contra 50% em 1990. Essas considerações subjetivas revelam tendências pesadas, confirmadas em todos os estudos sobre o sofrimento no trabalho: 33% dos assalariados declaram sofrer de dor nas costas, 28% de estresse, 12% de esgotamento. A aceleração dos ritmos de trabalho depende grandemente das modificações da organização. Para 67% dos assalariados, o ritmo de trabalho depende diretamente do cliente, contra 48% dos colegas e somente 38% dos superiores hierárquicos. O número de assalariados com horários fixos diminui constantemente. Ao mesmo tempo, a proporção daqueles que afirmam depender de ordens estritas aumenta, expressão da ambiguidade da "modernização" das condições de trabalho, entre um discurso que assimila a flexibilidade à liberdade e práticas que intensificam os controles, as prescrições e as exigências.

A transportadora de animais

Ned Allen está no infortúnio: demissão, divórcio, perda de sua residência, problemas financeiros. "É assim que aterrissei à PC Solution — o supermercado da informática em seu domicílio. Eu era ligado ao 'departamento de *software*'. A grande sala havia recebido o nome de 'transportadora de gado' porque era dividida em diversas séries de boxes minúsculos, equipados com um monitor, uma cadeira e um fone de ouvido. 120 celas nas quais os forçados do telefone estavam ligados à venda. A mercadoria a vender era um kit de 329 dólares e alguns centavos. Eu era pago a 5 dólares por hora, 40 horas por semana, nenhuma hora extra, nenhuma assistência social. Mas eu ganhava 10% em cada kit vendido. O rendimento mínimo era de 15 unidades por semana. Se eu não o atingisse seria despedido, sem discussão [...]. O problema é que apenas um interlocutor de 20 se deixava aproximar. No total, portanto, era preciso contar com cinco chamadas por dia, ou mais, para ter uma oportunidade de fazer uma venda. Com o mínimo de 15 unidades vendidas, compreendemos melhor a angústia permanente que pairava sobre a 'transportadora de gado'.

Havia momentos em que, levantando meu olhar fatigado da tela e discretamente me estirando em minha cadeira, eu surpreendia todas essas cabeças mergulhadas em uma corrida frenética aos resultados e dizia a mim mesmo: 'Eis a prisão do futuro. Uma penitenciária para trabalhadores como essas fábricas têxteis para 1900 onde a questão era a de sobreviver aos ritmos infernais ou morrer em pleno trabalho. A exploração absoluta à sombra do ciberespaço'".

Fonte: Douglas Kennedy, *Les Désarrois de Ned Allen*, Belfond, Paris, 1999 (trad. de Bernard Cohen).

A exploração é sempre atual. Mas ela parece menos visível à medida que a mobilização psíquica é mais importante. A flexibilidade solicita qualidades novas por parte das pessoas. "Importa que cada um partilhe a preocupação da produção e de sua regulação; as disposições relacionais são consideradas como determinantes no serviço à clientela e no funcionamento das equipes. Os momentos e os critérios da avaliação do trabalho realizado são frequentemente mais difusos, a atividade perde sua capacidade [...]. A disponibilidade ao cliente ou ao fluxo de produção, sob a pressão da urgência, torna-se um princípio diretor da atividade" (Périlleux, 2001). As consequências pessoais da flexibilidade exigem mobilidade, disponibilidade, aceitação da incerteza, implicação no trabalho, gosto pela complexidade, mobilização mental e psíquica, adaptabilidade, capacidade para a reconversão. Qualidades estimulantes para um espírito combativo, competitivo, ambicioso, mas que obrigam a estar constantemente em movimento e a aceitar sem reservas as exigências da empresa.[8] O acréscimo de horários de abertura, a flexibilidade, o encurtamento dos prazos de entrega, as remunerações dos assalariados indexadas à satisfação do cliente são outros elementos que acentuam a pressão permanente sofrida pelos empregados. No modelo hierárquico e disciplinar, as condições de trabalho eram sem dúvida penosas, mas a solidariedade entre os empregados atenuava seus efeitos psicológicos. A comunidade dos trabalhadores fornecia um apoio para suportar as obrigações. Essa solidariedade orgânica se enfraqueceu. A tentação do "cada um por si" é mais forte por ter sido encorajada pela corrida ao mérito, a ameaça dos planos sociais, a diversidade dos estatutos, a mobilidade vertical e horizontal e a individualização das remunerações. As reivindicações coletivas são enfraquecidas em favor de um encorajamento à negociação individual das situações. A violência das condições de trabalho desloca-se maciçamente para um nível psicológico.

As violências inocentes

No exemplo dos estabelecimentos Chausson, a duplicidade da direção geral é evidente. Cada plano social con-

---

[8] Ver o relato de um chefe de irradiação da Carrefour que, por menos de 1.500 euros por mês, se devota de corpo e alma a sua empresa (Philonenko e Guienne, 1997), ou ainda o de Hélène Weber (2005) sobre a adesão à McDonald's.

tribuía para conservar "os melhores", sobre os quais pesava uma exigência de produtividade aumentada, e para justificar a exclusão dos outros, por insuficiência de rendimento. Lembremos que a decisão de fechamento fora tomada desde o início. O álibi da falta de produtividade servia de máscara para as mentiras da direção geral[9] e para a estratégia decidida pelos acionistas, na ocorrência Peugeot e Renault.

A negação da realidade gera nos trabalhadores uma aniquilação, uma revolta impotente, uma incompreensão total e uma incapacidade de se defender diante de uma destruição programada por razões não confessadas. Temos aqui uma violência destrutiva, apresentada como a consequência de uma racionalidade econômica, vivida como totalmente irracional. Quanto mais a implicação pessoal dos assalariados é solicitada para favorecer o "sucesso" da empresa, mais a vulnerabilidade é maior diante de um abandono da produção que em nada é devido à má produtividade. Esse *nonsense* impede de entrar em um trabalho psíquico para recuperar a confiança em si mesmo e a segurança, permitindo investir-se em um futuro novo. São os próprios fundamentos da vida subjetiva e social que são atacados. A gestão gerencialista e o discurso que a acompanha mostram aqui seus perigos. A destruição não é tanto o fato de um comportamento perverso, e sim uma escolha estratégica, efeito de um sistema de poder abstrato, distante do concreto, ocupado por pessoas que não sofrem suas consequências.

Esse poder opaco coloca em situação ambígua o gerenciamento do aspecto concreto, que partilha o sofrimento dos assalariados, ao passo que ele é considerado como responsável por essa violência. Fora do gerenciamento superior, os quadros intermediários são frequentemente excluídos do processo de decisão. Ao passo que eles estariam prontos para

---

[9] A direção da fábrica não estava a par da decisão de fechamento.

se investir na busca de soluções alternativas, que evitariam o fechamento de estabelecimentos ou a aplicação de planos sociais drásticos. Em nome da modernização e da inovação, pedem-lhes que sacrifiquem suas tropas. Eles vivem frontalmente a contradição entre lógicas industriais e comerciais, que permitem medir a viabilidade das atividades pelas quais eles têm a responsabilidade, e as lógicas financeiras que levam a suprimi-las.

Em um contexto de reorganização permanente, é preciso sem cessar desenvolver novos projetos, novos estabelecimentos, novas configurações, que tornam obsoletos e arcaicos os antigos modos de fazer, as técnicas superadas, as modalidades de organização existentes e os homens que as punham em prática. Ainda mais que tais evoluções são acompanhadas de um discurso sobre "os assalariados incapazes de se adaptar e inovar, superados em seu saber, prisioneiros de sua rotina". Argumentos que justificam sua exclusão. Se os trabalhadores não forem flexíveis, eles se tornarão trabalhadores descartáveis (Abécassis e Roche, 2001). Não contentes de serem demitidos, eles ficam duplamente desqualificados. A responsabilidade de sua demissão é atribuída a uma falta de produtividade, ao passo que ela resulta de uma transformação das condições de produção e de uma falta de preparação por parte da empresa.

Os assalariados sempre se adaptaram às situações novas. Eles são perfeitamente capazes de inovar quando apelamos para sua capacidade reflexiva e para sua imaginação. O discurso sobre o arcaísmo e a rigidez dos empregados mostra-se, então, como particularmente violento, principalmente diante de assalariados que põem sua inteligência a serviço da produção. *A fortiori* nas organizações que associam os imperativos de produtividade a normas de funcionamento muito estritas. "A organização do trabalho, incapaz de resolver a tensão entre lógicas contrárias, perturba profundamente as atividades produtivas: os assalariados são entregues a essas contradições e encarregados de encontrar soluções. Há como que um subtratamento aos assalariados, até os mais subalternos, dos problemas que a organização não chega a resolver" (Linhart *e outros*, 2002). Na empresa hierárquica, quando o empregado estava diante de exigências contraditórias, apelava a seu chefe para fazer uma escolha. Nas organizações reticulares, cabe a cada um encontrar respostas para as incoerências do sistema. E se ele não chega a isso, tem o sentimento de frustração, de não estar à altura daquilo que lhe pedem. Ele vive em uma permanente insegurança.

A individualização gera a vulnerabilidade, que favorece a autoacusação. Cada um se sente culpado de não satisfazer exigências sempre mais prementes e tanto mais difíceis de contestar pelo fato de emanarem de um poder distante, abstrato, inacessível. Conhecemos raramente o rosto e o nome dos responsáveis pela gestão estratégica. No exemplo Chausson, os que decidem são "pessoas morais", na ocorrência dos representantes da Renault e da Peugeot. A decisão é tomada por ocasião de uma reunião do conselho de administração, em alguns minutos. Nenhuma discussão aprofundada foi feita sobre as consequências financeiras, sociais e humanas dessa decisão. As *violências inocentes* são violências cuja fonte é confundida por um sistema opaco. Elas se dissimulam por trás do para-vento de orientações estratégicas, de decisões que, de início, parecem abstratas, pois suas consequências concretas estão distantes. Elas são geradas por pessoas "de bem", pessoas "morais", apoiadas pela legitimidade que é conferida pela notabilidade, pelos diplomas e pela segurança de ter razão. Violências "inocentes", porque o próprio direito acaba justificando-as e porque o Estado fornece seu concurso para pô-las em prática.

Se aqueles que causam essas violências são inocentes, então aqueles que as sofrem tornam-se culpados. Culpados de protestar, culpados de resistir, culpados de se opor. Sua luta se torna ilegítima. São eles que são apontados como violentos. A dominação da ideologia gerencialista banaliza a violência, considerada como a consequência inevitável de mudanças necessárias, de uma modernização obrigatória.

Mais que denunciar a violência de um sistema econômico injusto e destrutivo, cada um se debate na solidão, diante de condições de trabalho que não cessam de se degradar, em um contexto em que os direitos sociais são designados como entraves para o desempenho. Para Robert Castel (2003), são grupos sociais inteiros que, hoje, perdem pé. Uma grande parte da classe operária, privada da possibilidade de dominar seu futuro, voltou a viver seu "dia a dia". Até os anos 1970, um operário podia dizer que sua situação iria melhorar e que aquilo que ele não iria obter por si mesmo, seus filhos um dia o obteriam. Cada um podia antecipar um futuro melhor. A "modernização" leva a minar os fundamentos do progresso social, pondo em questão os direitos sociais ligados ao trabalho. Esses direitos que asseguraram aos trabalhadores a proteção, ou seja, a segurança e um mínimo de independência social. Hoje, o patronato e os gestionários afirmam que as proteções sociais são obstáculos para o desenvolvimento da economia. Com efeito, a flexibilidade produz a precariedade. A partir do momento que os princípios de uma proteção social para todos não se impõem mais, rompe-se um princípio essencial: a preeminência do interesse coletivo e dos valores de coesão social sobre o livre jogo dos interesses particulares.

A privatização das proteções coletivas põe em questão o princípio segundo o qual cada indivíduo é semelhante a todos os outros. Uma sociedade de semelhantes não é uma sociedade de iguais, mas uma sociedade que reconhece a cada um o direito a uma existência social, ou seja, a um mínimo de recursos e de proteção. Para Robert Castel, afirmar que bastaria que o indivíduo seja liberto das obrigações estatais e jurídicas para desenvolver suas capacidades e seu espírito de empreendimento é um discurso de classe. Apenas aqueles que têm recursos podem libertar-se de um suporte coletivo. Definitivamente, o "desempenho sem limites" tem efeitos mortíferos. Ele justifica uma corrida para frente perpétua e uma competição sem fim, na qual a necessidade de poder é justificada pela necessidade de sobreviver diante do poder de seus concorrentes. É preciso estar na frente na corrida, com o risco de não mais existir. A obsessão do desempenho, a competição para ser o melhor, aumentar suas margens, esmagar seus concorrentes, inovar para criar novos produtos, geram uma corrida louca para frente, que põe o mundo sob pressão.

Capítulo 10

Uma sociedade de indivíduos sob pressão

— Como um homem garante seu poder?
Winston refletiu:
— Fazendo-o sentir, respondeu ele.
— Exatamente. Fazendo-o sentir.
A obediência não basta.
George Orwell, 1984.

As evoluções tecnológicas poderiam libertar o homem do trabalho. Elas parecem, ao contrário, colocá-lo sob pressão. Aliviam a fadiga física, mas aumentam a pressão psíquica. "As técnicas parecem eliminar o homem e, de fato, limitam sua utilização. Mas a causa pela qual elas difundem esse princípio de economia é a elevação irresistível do preço do homem em relação aos objetos" (Cohen, 2000). Um operário ganhava menos de 50 euros por mês em meados do século XIX. Hoje, ele ganha mais de 1.200 euros trabalhando duas vezes menos. Esses ganhos de tempo e de dinheiro se tornaram possíveis por um formidável aumento da produtividade do trabalho. Tudo acontece como se aquilo que o homem ganhar em tempo, ele o pagará em intensidade; aquilo que ganhar em autonomia, ele o pagará em implicação. Mais responsabilidades e, portanto, mais poder; o que os anglo-saxões chamam de *empowerment* torna-o responsável por aquilo que ele faz.

O alívio do fardo físico é compensado por um investimento subjetivo aumentado. "O homem moderno, continua Daniel Cohen, descobre hoje que uma sociedade que prospera não é uma sociedade liberta do trabalho. Com efeito, ao contrário do que pensam os teóricos do fim do trabalho, as técnicas modernas não substituem o homem. Elas exigem, ao contrário, que ele faça mais coisas. Para pagar sete vezes mais os operários hoje do que ontem, o capital exige por seu dinheiro que os operários façam, igualmente, sete vezes mais coisas."

Daí uma pressão, pelo tempo, pelos resultados, mas também pelo medo, que tem consequências terríveis. Ele gera comportamentos de adição, estresse cultural, sentimento de invasão, contra o qual é difícil de se defender, e sofrimentos que o indivíduo esconde; do contrário, se fossem expressos, ele ficaria visado.

A pressão do sempre mais e a ameaça de perder o lugar

Em 2003, uma das mais prestigiosas firmas de consultoria, entre os *big five*, anuncia duas medidas. A programação dos diagnósticos dos clientes doravante será realizada pelos consulentes em dois dias, em vez de três. As notas atribuídas aos consulentes pela avaliação serão todas abaixadas. O que pensar de tal decisão? De um lado, o "sempre mais", exigido do pessoal (fazer melhor em menos tempo), do outro, o "sempre menos", atribuído ao pessoal (aumentar sua rentabilidade sem aumentar sua remuneração). Esse exemplo é sintomático, uma vez que essa firma vende seu modelo de gestão para todas as grandes empresas no mundo inteiro. Ele ilustra três fenômenos maiores:

• a cultura da urgência pela redução sistemática do tempo e pela obrigação de reagir "de modo imediato", que cor-

responde a uma intensificação da mundialização e da concorrência (Aubert, 2003a);
• as ilusões da motivação pelos resultados, visto que as empresas não podem (ou não querem) assumir seus próprios compromissos quando os empregados vão "além das expectativas". Os objetivos são revisados pelo alto no que se refere às contribuições pedidas e por baixo no que se refere às retribuições propostas;
• o medo de ficar visado, internamente, pela técnica do placar e, externamente, por pressões múltiplas que vão da demissão direta à demissão forçada. A ameaça se tornou uma política corrente de gestão do pessoal (Lhuilier, 2002).

Na empresa gerencial, a incerteza constitui não tanto um recurso, como haviam mostrado Michel Crozier e Erhard Friedberg (1977), e sim uma ameaça. Não saber se lhe concederão os meios requeridos, se a superação de orçamento será aceita, se a promoção esperada será concedida. Os quadros e os empregados têm o sentimento de não mais controlar seu ambiente de trabalho e seu futuro. A ameaça consiste principalmente em não mais saber sobre quais critérios repousam as recompensas e as sanções. Como os sucessos e os fracassos não são mais objetiváveis a partir de elementos concretos, a incerteza encobre o medo de ser desaprovado e ficar visado. Quando a luta pelos lugares se desencadeia, o medo de ser posto "fora do jogo" é permanente. "Pois um risco maior hoje reside evidentemente na possibilidade de não mais fazer parte do jogo organizacional. Ao mesmo tempo, desenvolve-se a ideia segundo a qual fazer parte do jogo é em si uma recompensa. Situamo-nos, portanto, em um sistema minimalista, mas impiedoso, de luta para continuar no jogo e, caso possível, na corrida" (Courpasson, 2000).

A aceitação do risco é um elemento nodal na cultura da empresa. A luta pelos lugares é naturalizada. Ela é considerada como necessária e útil: que vença o melhor! A força desse sistema de poder é evidente. Ele se apresenta como justo e não arbitrário, pois não é a organização que, definitivamente, se torna responsável pelo lugar atribuído a cada um, mas o "mérito" de cada um, que é considerado como determinante do lugar ocupado. Nesse contexto, aquele que perde seu lugar, ou que não obtém aquele que ambiciona, só pode culpar a si mesmo. Como os outros são "melhores", é normal que sejam escolhidos. A lógica do mercado se impõe na gestão dos recursos humanos. A concorrência entre as pessoas leva a focalizar a atenção sobre os desempenhos de uns e de outros e a enfraquecer as críticas sobre os desempenhos do sistema de organização. Este se acha desobrigado de qualquer responsabilidade, assim como aqueles que garantem sua direção. O alto gerenciamento se beneficia de uma tela protetora. A concorrência não é percebida como um sistema de governo, mas como um modo de funcionamento normal, ligado à natureza das coisas. A ameaça de perder o posto é vivida como a sorte comum de todos os assalariados. A lógica *up or out* [subir ou sair] é considerada como normal. Ela impele cada um a se superar em favor do "sistema", a fim de garantir sua perenidade. Percebemos o mercado dos malogros: a finalidade se torna a sobrevivência da empresa, para a qual cada assalariado pode ser levado a sacrificar a sua.

    A empresa espera de seus empregados que sejam fortes, dinâmicos, competentes, disponíveis, seguros de si, capazes de enfrentar as contradições e de preencher objetivos sempre mais ambiciosos. *Above expectations*, podemos ler entre os critérios de avaliação utilizados para medir as competências. É preciso estar "acima das expectativas" para ser apreciado. O contexto suscita uma pressão contínua, um sentimento de jamais fazer o suficiente, uma angústia de não estar à altura daquilo que a empresa exige.

    Em alguns casos, a condenação ao sucesso está subentendida por uma ameaça objetiva. A ausência de resultados é paga por uma demissão imediata. Na maior parte do tempo, trata-se principalmente de uma obrigação interiorizada. Ela não seria tão imperiosa se não fosse apoiada por um embasamento inconsciente. O sistema gerencialista suscita um modelo de personalidade narcísica, agressivo, pragmático, sem estados de alma, centrado sobre a ação e não tanto sobre a reflexão, pronto a tudo para ter sucesso. O empregado projeta sobre a empresa seu próprio ideal de onipotência e de excelência e, ao mesmo tempo, introjeta o ideal de expansão e de conquista, proposto pela empresa. Ele acredita que esta irá poder satisfazer seus próprios fantasmas, particularmente a megalomania de ser o mais forte, o maior, o mais poderoso. Mas o exercício do poder tem seu reverso: a angústia pela perda de objeto. Angústia arcaica, que revela o medo de perder o amor do ser amado. Daí uma tensão permanente para continuar à altura de suas exigências.

As novas patologias do trabalho

Alain, 40 anos, engenheiro comercial junto a um grande construtor de informática, fez uma bela carreira. Até o dia em que, por causa da concorrência, seus objetivos foram revistos pela alta direção. Pressão, estresse, insônias, o ciclo infernal se aciona. Alain recorre ao Prozac, depois aumenta as doses, depois passa para a cocaína. Dois anos mais tarde sobrevêm a overdose e a cura por meio de desintoxicação.

Essa história nada tem de excepcional. Conforme Patrick Laure, pesquisador no CHU de Nancy, em quatro sobre cinco, hoje, está dopado. "A tomada de psicotrópicos — antidepressivos, tranquilizantes —, assim como a de verdadeiras drogas, reflete uma cultura da conquista que se torna necessariamente uma cultura da ansiedade. O fato de que esses medicamentos sejam utilizados para reforçar as capacidades corporais e psíquicas exprime a busca encarniçada de resistir em meio à competição." Quando a pressão é demasiadamente forte, a tentação é grande de recorrer a produtos para suportá-la.

Fonte: P. Laure, *Les Drogues de la performance*, CHU de Nancy, 1998.

Hoje, as consequências psicopatológicas dessas situações são conhecidas (Aubert e Gaulejac, 1991; Ehrenberg, 1992; Dejours, 1998). Particularmente, a depressão, o esgotamento profissional e a adição ao trabalho. A depressão é frequentemente larvar, dissimulada, pois é preciso parecer estar sempre em forma. A pessoa ressente um mal-estar difuso, uma "repulsa", um sentimento de lassidão, a impressão de não aguentar. Ela não se sente de fato doente, mas "bombada". O esgotamento profissional apresenta sintomas equivalentes. O termo inglês que o designa é interessante. O *burn out* sobrevém quando estamos nos esforçando demasiadamente para atingir um fim irrealizável. Somos consumidos a partir de dentro. O aparelho psíquico fica então como um elástico demasiadamente esticado, como se não pudesse relaxar. O esgotamento profissional caminha junto com um superinvestimento no trabalho. Os psiquiatras recebem cada vez mais pacientes "drogados" por sua atividade profissional.[1]

Os *work addicts* desenvolvem uma relação de dependência do trabalho, apresentando os mesmos sintomas que os dos drogados. Em um primeiro tempo, o hiperativismo tem efeitos psicoestimulantes: hiperestimulação sensorial, gratificações narcísicas, forte reforço grupal sobre a empresa, fantasma de fusão entre o Ego e o Ideal etc. Rapidamente, po-

---

[1] A partir de 1979, Max Pagès havia descrito esse fenômeno no capítulo "O trabalho como droga", na obra *L'Emprise de l'organisation*.

rém, outros efeitos se fazem sentir, como a impossibilidade de se descontrair, a necessidade incoercível de atividade, a dor-de-cabeça dos fins de semana, a angústia das férias, o enfraquecimento das capacidades criativas e fantasmáticas (Ghiho-Bailly e Guillet, 1996). Um funcionário da Xerox nos relatava que não tomava mais que duas semanas de férias consecutivas. Outrora ele tomava três. Na primeira, ele relaxava, na segunda, ficava doente e, na terceira, colocava-se de novo em condição para encontrar o ritmo e a pressão do trabalho. Ele havia, então, preferido suprimir a semana do meio. Constatamos, por outro lado, um encurtamento generalizado das férias longas. Para os "drogados do trabalho", o estado de carência pode tornar-se dramático em caso de ruptura do laço com a empresa. Caso daquele funcionário que continuava a ir todos os dias até sua empresa, até seis meses depois de demitido.

As características da hiperatividade no trabalho foram objeto de pesquisas na França (Brustein, 1999) e em Québec, feitas por Jacques Rhéaume e Marie-France Maranda. A hiperatividade é uma sobrecarga de trabalho que se instala duravelmente porque é considerada como normal e aceita voluntariamente. É vivida como uma resposta a uma exigência de organização, ainda que resulte, de fato, de uma "opção" pessoal, em um contexto em que os critérios para definir a carga de trabalho são vagos ou inexistentes. Ela é fonte de orgulho, acompanhado de uma queixa pouco convincente de "vitimização": "não aguento mais", "estou esgotado", "não tenho mais tempo para mim". Ela traduz um superinvestimento no trabalho que vem a preencher um sentimento de falta. Diante das exigências da gestão gerencialista, os trabalhadores têm o sentimento de que não fazem o bastante. Como se o trabalho realizado jamais fosse satisfatório. A combinação de uma expectativa de reconhecimento insatisfeito, de critérios flutuantes que definam concretamente o trabalho a ser feito e a incerteza diante da lógica de obsolescência, produz um sentimento de ameaça. "Produz-se então o imprevisível: em vez de um desinvestimento ou de uma retirada relativa da pessoa, é a hiperatividade no trabalho que se manifesta, exacerbadamente, como um modo de se proteger e de defender a profissão que parece ameaçada."[2] Tentativa ilusória para responder à incompletitude narcísica, às exigências infinitas de desempenho e às ameaças de demissão, a hiperatividade se torna, como o estresse, um sintoma banal pela forma como parece espalhado.

O estresse, estímulo ou doença?

A definição do estresse continua relativamente vaga.[3] Empiricamente, evoca-se um sentimento difuso de mal-estar e de ansiedade por meio da experiência de situações de trabalho qualificadas como estressantes. Distingue-se entre acontecimentos repentinos e perturbadores que têm um efeito por vezes traumatizante, mas esporádico, e situações permanentes, vividas cotidianamente, que são menos espetaculares, mas extremamente nocivas. O fenômeno é alarmante quando o estresse torna-se crônico. Segundo Pierre Marty, fundador da Escola de psicossomática de Paris, a descarga das tensões induzidas pelo estresse permanente provoca sofrimentos psicoemocionais — angústia, depressão, perturbações do sono e da sexualidade — e perturbações somáticas mais ou menos

---

[2] Jacques Rhéaume, "A hiperatividade no trabalho: entre narcisismo e identidade", em Aubert (dir.), 2004.

[3] Nicole Aubert e Max Pagès foram os primeiros na França a analisar o estresse como um fenômeno social, rompendo assim com os estudos de inspiração norte-americana, que considera "os fatores de estresse" em uma perspectiva behaviorista. O estresse é um processo com muitos níveis, cuja origem e extensão estão ligadas às transformações dos modos de gerenciamento. Os autores põem em evidência que, para além de situações objetivas, é principalmente a ausência de domínio sobre a organização de seu trabalho que é um fator determinante de estresse (Aubert e Pagès, 1989).

graves — hipertensão, alteração das defesas imunológicas, úlceras, doenças cardiovasculares (Marty, 1976).

Na empresa que cultiva o desempenho, o estresse não é considerado como uma doença profissional, mas como um dado quase natural, ao qual é conveniente se adaptar. Ele se encontra de tal forma espalhado que a "resistência ao estresse" é exigida como uma qualidade necessária para ter sucesso. Mais do que se interrogar sobre suas causas, aprende-se a "gerenciá-lo". Essa gestão consiste em acostumar-se com ele por meio de exercícios ou de truques: relaxamento das espáduas, respiração ventral, relaxamento, meditação, massagens, bolas de borracha "antiestresse", caixa que permite medir as capacidades de resistência etc. Nesse domínio, a imaginação dos experts não tem limites. Eles tentam resolver o problema combatendo suas causas. Eles o consideram como um mal necessário, ao qual é conveniente se adaptar, canalizando seus efeitos mais nocivos.

O Bureau International du Travail publica todo ano um relatório que mostra o crescimento do fenômeno. O último relatório indica que uma pessoa sobre dez sofre de estresse no mundo, três sobre dez perturbações mentais e que 5% das saídas da empresa se devem à depressão. Conforme as cifras da Agência europeia para a segurança e a saúde no trabalho, 28% dos assalariados europeus seriam atingidos, ou seja, 41 milhões de trabalhadores, dos quais uma maioria de mulheres. O estresse sobrévém justamente depois da dor nas costas como problema de saúde ligado ao trabalho. Ele é a causa de 24% das crises cardíacas. Favorece o câncer, provoca uma superconsumação de trabalho, de álcool e de má alimentação. É uma das causas maiores da depressão e frequentemente leva ao suicídio.[4] Nesse

---

[4] Estudo citado por Anna Diamantopoulou, comissária europeia nos assuntos sociais, por ocasião do lançamento da campanha "Para a prevenção do estresse de origem profissional" no Parlamento europeu, em julho de 2002. Estudo realizado por Eurostat, Agência europeia para a segurança e a saúde no trabalho, sediada em Bilbao, na Espanha.

estudo, as causas invocadas são a ausência de controle do empregado sobre seu trabalho, a repetição das tarefas, a pressão dos prazos e dos ritmos, o meio ambiente (ruído, emanações tóxicas) e a exposição à violência. O custo humano e econômico do estresse profissional representa 20 bilhões de euros por ano em perda de produtividade e em custos médicos, sem contar o absenteísmo que ele gera.

Em um estudo realizado junto a 700 dirigentes e quadros dirigentes de empresas francesas, Jean-Benjamin Stora indica que 46% se consideram como "hiperestressados", 32% têm perturbações cardiovasculares, 63% astenia, 24% perturbações do sono e 12% perturbações gástricas. As causas evocadas dessas perturbações são diversas: a colocação em prática de objetivos irrealistas, os conflitos entre os membros da direção, as relações com as diferentes estruturas da organização, os ritmos de trabalho, os esforços de adaptação nos momentos de crescimento rápido, a concorrência entre colegas etc. (Stora, 1998). A lista é interessante, visto que declina perfeitamente o conjunto das funções de um *manager*, como se o estresse fosse inerente à própria função. Essa lista mostra que o estresse não é principalmente a consequência de uma crise, de uma situação passageira ou de uma conjuntura negativa. Ele é gerado pelo próprio funcionamento da empresa.

O estresse não atinge somente os quadros e os dirigentes, ainda que seja disso que mais se fala. Os médicos do trabalho são cada vez mais numerosos, demonstrando a ligação entre as novas formas de organização do trabalho e o agravamento das perturbações de saúde dos assalariados. O departamento de epidemiologia do Inserm de Toulouse realizou um estudo junto a 30 mil assalariados que demonstra um agravamento sensível dos sintomas ligados às condições de trabalho e, mais precisamente, ao estresse que elas provocam nos assalariados das categorias mais desfavorecidas (Delbergue, 2002).

Diante daquilo que deveria ser considerado como uma epidemia, as reações dos poderes públicos e das empresas são mais discretas, para não dizer inexistentes. Cabe a cada trabalhador "se cuidar", como se fosse pacífico que aí se trata de um sintoma de vulnerabilidade psíquica que necessita um apoio psicológico ou um auxílio médico. É o paciente que deve tirar as consequências disso e aprender a viver com a situação. As condições de trabalho que o provocam não são postas em questão. Muito ao contrário. Do lado da empresa, pretende-se que o estresse tenha um caráter estimulante, que é preciso aprender a transformá-lo em "estímulo positivo", e que uma dose de "bom estresse" favorece o desempenho. O estresse é banalizado ou apresentado como a consequência de comportamentos individuais, ao mesmo título que o cerco moral.

Assédio moral ou moral do assédio?

Três milhões de europeus seriam vítimas de assédio sexual e 12 milhões de assédio ou cerco moral, indica Anna Diamantopoulou em seu relatório ao Parlamento europeu. O debate sobre o cerco moral pôs às claras a intensidade do mal-estar no mundo do trabalho. O sucesso do livro de Marie-France Hirigoyen (1998) serviu como revelador da importância desse sofrimento social. Particularmente, da ligação entre o sofrimento psíquico, habitualmente confiado a um psiquiatra no segredo de seu consultório, e situações de trabalho vividas no cotidiano. A repercussão de sua obra levará o Parlamento a legiferar. "Constituem um cerco moral os procedimentos repetidos que têm como objeto ou como efeito uma degradação das condições de trabalho de um assalariado suscetível de sofrer injúrias a seus direitos e a sua dignidade, de alterar sua saúde física ou mental, ou de comprometer seu futuro profissional. O cerco moral pode ser do empregado, de um superior hierárquico ou de qualquer outro colega."[5] A lei estipula que um processo de mediação pode ser requisitado por qualquer pessoa da empresa que se julgue vítima de assédio moral ou sexual.

O reconhecimento legal da violência feita a assalariados é um progresso notável. A lei põe em questão comportamentos singulares, procedimentos perversos que certamente existem e que convém condenar. Mas, ao fazer isso, ela oculta as causas profundas do assédio. Ela contribui para individualizar o problema. Também minimiza o fato de que os comportamentos de assédio, tanto do lado de quem o faz como do lado das vítimas, são a consequência de uma pressão generalizada que se desenvolve no mundo do trabalho.

Seria por isso necessário falar de organização perversa, com o risco de cair na armadilha do antropomorfismo organizacional? Uma organização não tem cabeça, nem braço, nem um coração, contrariamente às imagens amplamente espalhadas em certas obras de gestão. Ela também não tem um aparelho psíquico, de inteligência ou de sentimentos. Todas as metáforas que atribuem à organização características humanas fazem crer que os conflitos que ela gera poderiam ser resolvidos do mesmo modo que tratamos os problemas somáticos ou psicossomáticos. Se a organização é uma produção humana, ela não obedece às mesmas leis que a biologia e a psicologia. Uma organização não é neurótica, nem paranoica, nem perversa. Em troca, seu modo de funcionamento pode suscitar nos empregados comportamentos neuróticos, paranoicos ou perversos (Enriquez, 1998). Em particular, ela pode pôr em ação modos de gerenciamento que favoreçam o cerco moral, ou seja, relações de violência, de exclusão, de ostracismo.

---

[5] Artigo 168 da lei 2002-73 de 17 de janeiro de 2002. *Bulletin officiel* de janeiro de 2002.

Um contexto violento e paradoxal, no qual as regras do jogo são incertas, o quadro instável, as formas de sanção ou de reconhecimento são incertas, as promessas não são mantidas, pode suscitar comportamentos sadomasoquistas, sentimento de onipotência para uns, submissão incondicional para os outros, e muitas outras formas de perversões. Sabemos que a prática da dupla linguagem pode produzir loucura. Quando o conjunto do sistema de organização se torna paradoxal, quando ele se apresenta como perfeitamente racional, os empregados "enlouquecem" [lit. *pètent les plombs*]. Convém, portanto, analisar essa "loucura" como uma violência e não tanto como uma patologia. O sofrimento psíquico e os problemas relacionais são os efeitos dos modos de gerenciamento. A noção de cerco moral tende a focalizar o problema sobre o comportamento das pessoas, mais do que sobre os processos que os geram. Quando o assédio, o estresse, a depressão ou, mais geralmente, o sofrimento psíquico, se desenvolvem, é a própria gestão da empresa que deve ser questionada. Na maioria dos casos, o cerco não é o fato de uma pessoa particular, mas de uma situação de conjunto.

Os empregados, em sua maioria, sentem-se individualmente assediados porque são coletivamente submetidos a uma pressão intensa.[6] Todavia, por não poder intervir sobre as faltas cometidas pela organização do trabalho, eles se agridem mutuamente, até se ferindo, como nas experiências de Henri Laborit. Quando um rato, fechado em uma gaiola, recebe uma descarga elétrica, ele agride seu "colega". Se estiver sozinho, desenvolve perturbações psicossomáticas (Laborit, 1999). Por não poder agir sobre as causas do sofrimento, no caso o experimentador que provoca as descargas, ele volta suas armas contra ele. No mundo do trabalho, os mesmos

---

[6] Relatório do Conselho Econômico e Social, apresentado por Michel Debout (2001).

processos encontram-se em ação. Aqui, porém, o experimentador é uma figura abstrata. Podemos acusar "o capitalismo", "o liberalismo", "o sistema", mas não temos nenhum meio de agir contra ele. A hierarquia, assim como os colaboradores e os subordinados, são também pegos em uma pressão permanente que não conseguem controlar. Cada um tenta descarregar sua agressividade sobre o outro, contribuindo assim para reforçar a lógica do "salve-se quem puder".

Poder focalizar o sentimento de assédio sobre uma pessoa é tranquilizador, como se bastasse que essa pessoa mudasse de comportamento para resolver o problema. Isso significa ocultar um fato maior: na empresa hipermoderna, todo o mundo encontra-se sob tensão. Cada um sofre e exerce pressões em uma corrente sem fim, em que cada elo pode encontrar-se em uma posição de assediador ou de assediado. O assédio ou cerco não pode ser tratado como um problema estritamente comportamental (Cru, 2002),[7] ainda que tenha efeitos psicológicos. Uma política de prevenção deve levar em conta o contexto organizacional que o faz emergir. "Para libertar a palavra e prevenir o assédio, é preciso dar novamente força ao quadro simbólico: que seja levado em conta o sofrimento do indivíduo em uma organização do trabalho submetida a irregularidades cada vez mais graves" (Giust, 2002). Convém particularmente lutar contra as políticas de gestão dos recursos humanos que geram o assédio.

Uma violenta busca de reconhecimento

Com efeito, a causa maior do assédio deve ser buscada nas três tendências gerencialistas que colocam o conjunto do sistema de organização sob pressão: a distância entre os ob-

---

[7] Damien Cru é responsável pelo polo "Saúde e trabalho" na ARACT (*Agence régionale pour l'amélioration des conditions de travail d'Île-de-France*).

jetivos fixados e os meios atribuídos; a defasagem maciça entre as prescrições e a atividade concreta; a distância entre as recompensas esperadas e as retribuições efetivas. Do lado da empresa, o gerenciamento de projeto, a corrida ao mérito, a qualidade total, o fator de "falha zero", os fluxos tensos, a individualização das gratificações e a flexibilidade são igualmente processos que põem em concorrência os indivíduos em uma exigência de fazer sempre melhor. Quando cada um é convidado a se prejudicar para alcançar seus objetivos, o desejo de sucesso pessoal e o medo de errar ficam exacerbados. Ainda mais que os critérios de sucesso se tornam cada vez mais exigentes e que os riscos de fracasso cada vez mais presentes. O sucesso pode ser apenas temporário em um universo em que a competição obriga a proezas constantemente renovadas.

Nesse contexto, cada um entra em uma busca desenfreada por reconhecimento. A empresa pretende fornecer a seus empregados um quadro de vida, um projeto de desenvolvimento pessoal, uma atividade interessante, um sistema de gratificação e todo um conjunto de dispositivos que permitem implicar-se no trabalho, identificar-se com seus resultados, mobilizar-se psiquicamente sobre aquilo que a empresa representa. Como uma onipotente mãe, ela responde fantasmaticamente ao desejo de ser totalmente preenchida por um mesmo objeto. Mas a satisfação desse desejo é uma ilusão. Crer nisso é confrontar-se com a angústia pela perda do objeto: o medo de perder as gratificações, de não mais estar à altura das expectativas da empresa, assim como uma criança tem medo de perder o amor de sua mãe. Essa angústia sobrevém quando "o indivíduo imagina que seu objeto anaclítico corre o risco de lhe fazer falta, de lhe escapar", segundo a definição de Jean Bergeret (1996). O objeto "anaclítico" é o objeto sobre o qual o sujeito se apoia para seu desenvolvimento psíquico. Ele pode ser uma pessoa, mas também uma instituição, uma empresa, um grupo.

Diante da angústia, o modo privilegiado de defesa é o recuo sobre si mesmo e o ativismo desenfreado. Alguns se tornam agentes dóceis da organização, deixando-se instrumentalizar totalmente. O trabalho se torna uma obsessão, eles se concentram sobre seus objetivos, toda distração é sentida como perturbação insuportável. A tensão cria condições propícias para o assédio, seja em uma posição perversa, na qual os outros são percebidos como objetos utilitários, seja em uma posição masoquista de vítima, na qual o outro é fonte de um sofrimento pelo qual não se quer passar, e seja em uma posição paranoica, na qual o outro é percebido como um perseguidor. A vivência dessas diferentes posições está ligada a componentes psíquicos já presentes. Uns têm uma propensão a se posicionar como executores dóceis da vontade de outrem, os outros como vítimas ou ainda como carrascos. Definitivamente, são as condições de trabalho que solicitam e favorecem tal ou tal funcionamento psíquico.

Todos os ingredientes estão presentes para favorecer um contexto de assédio ou cerco generalizado. Para Daniel Sibony, a violência em nossas sociedades é forçosamente assediadora, porque repetitiva. A perversão não é a dominante maior dessa violência. É mais do lado da exigência de reconhecimento, daquilo que ele chama de "entre-dois-choques narcísicos" que é preciso compreender esse tipo de violência, "porque com muita frequência as pessoas desencadeiam uma angústia agressiva a partir do momento que seu enquadramento narcísico é ameaçado ou que eles assim o creiam" (Sibony, 1998).

Em um universo gerencialista, o narcisismo é a instância psíquica mais solicitada, ao contrário do universo hierárquico, que se dirigia de modo maciço ao Superego. O contrato de trabalho no universo gerencialista não se funda tanto sobre o direito, mas sobre uma expectativa de reconhecimento recíproco. É um contrato narcísico (Aulagnier, 1981), pelo qual o empregado investe sua libido em um conjunto do qual ele se torna parte ativa e que lhe oferece reconhecimento e idealização. O indivíduo espera da empresa que ela favoreça sua realização, e a empresa espera do indivíduo que ele dê sua adesão total a seus objetivos e a seus valores. Esse contrato narcísico cria uma osmose intensa entre o indivíduo e sua empresa, osmose que perdura enquanto a empresa lhe concede as gratificações que ele espera. Quando esse contrato fantasmático é rompido, emergem o ressentimento, a perda de confiança, a rejeição, o despeito e a desmobilização psíquica. "Na realidade, o ressentimento se instala não porque o trabalho exige demais dos indivíduos, e sim porque ele não lhes dá ou não lhes retribui suficientemente. Àqueles que aceitam oferecer-se sem mais, na maioria das vezes no anonimato social e com seus riscos e perigos, mede-se mesquinhamente o reconhecimento, nega-se sua competência e se contesta sua iniciativa quando ela perturba os poderes" (Clot, 1999).

Temos aqui uma contradição maior: quanto mais se obtém reconhecimento por promoções e por prêmios, mais se sobe na escala das esferas de poder, tanto mais a competição devassa e mais se arrisca a se tornar visado, juntando-se à corte dos excluídos do reconhecimento. A pessoa pode frequentemente se encontrar em um placar dourado, mas as empresas têm cada vez menos meios de conservar aqueles que se tornaram inúteis. A doença é então uma saída "honrosa" para a empresa, que evita a demissão, e também para o assalariado, que encontra um meio de cristalizar um sofrimento difuso sobre um sintoma preciso.

"Um ganhador produz inevitavelmente perdedores", escreve Albert Jacquard. O culto do desempenho repousa sobre a ilusão de onipotência. Cada indivíduo, persuadido no fundo de si mesmo de que é o melhor, adere a uma cultura da competição, que celebra o mérito individual. Seguro de ser vitorioso, ele não vê que, afinal de contas, os perdedores serão sempre mais numerosos do que os ganhadores, e que o custo da vitória é elevado. A ilusão narcísica produz cegueira sobre as oportunidades reais de sucesso, assim como a exigência de sucesso contínuo leva obrigatoriamente ao fracasso. O afastamento dos que possuem menor desempenho leva à exclusão dos mais idosos, dos mais fracos, dos recalcitrantes e, afinal de contas, de todos aqueles que se esgotam.

A externalização dos custos psíquicos e sociais do trabalho

O estresse e a exclusão são considerados, do lado do gerenciamento, como "fatores externos", uma vez que se referem aos indivíduos e não à empresa. Michel Albert dizia com crueza: "Para as empresas, o desemprego não é um problema, e sim uma solução". Em outras palavras, elas não precisam se preocupar com o pleno emprego. Ao contrário, certo volume de desemprego permite comprimir os salários, encontrar facilmente mão de obra e confrontar-se com uma combatividade menor por parte dos assalariados. Os planos sociais são hoje percebidos como o sinal de uma política dinâmica de gestão dos recursos humanos, ao menos nas grandes empresas cotadas na Bolsa. Quando os efetivos diminuem, as ações sobem. Os dirigentes não cessam de exigir mais flexibilidade e alívio dos cargos. Ouvimos, cá ou acolá, dizer que os desempregados são responsáveis por sua própria situação, visto que seriam eles que estariam recusando-se a trabalhar. Nesse contexto, os dirigentes das empresas podem desobrigar-se de sua responsabilidade, ainda mais que eles são ameaçados de serem transferidos, caso os poderes públicos lhes impuserem assumir os custos sociais dessas opções.

Podemos constatar as mesmas lógicas em ação a respeito das perturbações psíquicas. Conhecemos as dificuldades para fazer reconhecer uma doença profissional. Foram necessárias muitas lutas para que a responsabilidade dos empregadores fosse reconhecida e que eles fossem condenados a assumi-la. Apenas as doenças das quais se prova que foram diretamente provocadas pelas condições de trabalho são consideradas como doenças profissionais. No registro psicossomático, essas provas são difíceis de serem apresentadas. A ligação entre perturbações psíquicas e condições de trabalho estressantes ou assediadoras é difícil de demonstrar. Ainda mais que outros fatores, familiares e pessoais, intervêm sempre na questão. Como provar que uma depressão nervosa, uma úlcera no estômago ou um infarto do miocárdio são a consequência direta da pressão do trabalho? É porosa a fronteira entre a doença mental e o sofrimento ligado a condições degradadas de trabalho. "A nebulosa das patologias psicossomáticas, que não possui forçosamente uma causa identificável em termos de patologia mental, não impede que o recurso repetitivo ao sistema de cuidados para afecções somáticas sem causa orgânica é uma das expressões correntes do mal-estar social" (Lazarus, 1995).

Doença ou mal-estar social? Patologia ou violência das condições de trabalho? Depressão ou desespero? Como qualificar as interfaces entre os sintomas experimentados pelos assalariados, que têm efeitos somáticos e psicossomáticos, e as condições de trabalho que os geram? Tanto o estresse como o hiperativismo são fenômenos sociais, antes de serem "doenças" pessoais. Quando eles se expressam sob a forma de sintomas somáticos ou psicossomáticos, eles dependem de uma abordagem médica. Todavia, na origem, o problema não é médico. Se ele se traduzir por sintomas individuais, ele provém de um mal-estar provocado pelas condições de trabalho. Suas fontes não são psicológicas. Elas são inscritas em um modo de funcionamento da organização que "desorganiza" os equilíbrios de base dos empregados e provoca mal-estares que desaparecem quando a pressão do trabalho é aliviada.

Devemos, nessas condições, falar de doenças? O que os médicos e psiquiatras podem fazer diante desses fenômenos? Podemos aceitar que o seguro-doença assuma o custo financeiro dessas "doenças", quando a pressão do trabalho é sua causa? A resposta a essas questões é complexa. Entre a ideologia humanista ("a vida humana não tem preço") e a ideologia gerencialista ("a saúde tem um custo"), o debate permanece aberto. Todavia, dificilmente podemos aceitar que ele seja feito fora da empresa, quando as condições de trabalho são uma determinante maior do sofrimento psíquico e social (Dejours, 1998). O encobrimento da responsabilidade da empresa nesse domínio leva a uma dupla armadilha. De um lado o agravamento contínuo das perturbações e das despesas de saúde; do outro, uma cegueira sobre a degradação das condições de trabalho e de suas consequências sociais. Para sair dessa armadilha, é urgente restabelecer as ligações entre a gestão dos recursos humanos e a saúde mental. O paradoxo chega ao cúmulo quando sabemos que hoje o sistema de saúde é, também ele, obrigado a se submeter aos *diktats* da ideologia gerencialista.

Como vimos, o poder gerencialista tem como objetivo canalizar a energia psíquica a fim de transformá-la em força de trabalho. É responsabilidade da empresa "gerenciar" as consequências desse modo de funcionamento. Os processos de mobilização psíquica têm consequências sobre a saúde mental daqueles que a suportam. Pressão para aqueles que se deixam embalar pelas sirenas do sucesso, depressão para aqueles que não chegam a responder às exigências do alto desempenho, estresse para todos aqueles que devem suportar a cultura do assédio. Uns se dopam para permanecer na corrida, outros se medicam para cuidar de suas feridas, e todos vivem com ansiedade e medo. Tudo acontece como se as empresas que praticam esse tipo de gerenciamento usufruíssem uma impunidade total quanto a suas consequências humanas, sociais e financeiras. Cabe definitivamente à coletividade assumir seus custos, ao passo que essas mesmas empresas se queixam de pagar demasiados encargos.

Para sair dessa contradição, seria útil calcular os custos econômicos, sociais e humanos da busca desenfreada do desempenho. No mesmo espírito, as degradações do meio ambiente deveriam ser reparadas por aqueles que são sua causa. A poluição, a exploração dos recursos naturais, os atentados à natureza foram considerados durante muito tempo como as consequências inevitáveis do desenvolvimento industrial. Hoje, o mundo está mais atento à necessidade de proteger nosso planeta. A proteção do meio ambiente torna-se uma prioridade.

A gestão deveria oferecer-nos instrumentos tão adequados, para avaliar esses custos sociais e psíquicos, quanto aqueles que ela criou para avaliar os benefícios e as perdas financeiras. Essa preocupação seria o sinal de que ela não é mais uma ideologia a serviço do poder dominante, mas uma ciência a serviço do interesse geral. Na expectativa disso, podemos estar seguros de que um alívio da pressão no trabalho permitiria reduzir as despesas de saúde que ela acarreta.

Parada ao produtivismo e ao ativismo desenfreado

A obsessão gestionária leva a um ativismo desenfreado, que não suporta o menor "tempo morto". Essa agitação permanente faz perder o próprio sentido da vida. É assim que os inativos ou os desempregados são considerados como ociosos ou acomodados, que de fato não têm o direito a uma existência social. Vergonha para todos aqueles que não se investem na produtividade! Vergonha para todos os desocupados, todos os contemplativos, todos os "inúteis para o mundo" (Castel, 1995).

Todavia, torna-se evidente que o mundo caminha para sua perdição se não mudarmos esse modelo de desenvolvimento produtivista. Os debates sobre o desenvolvimento durável (*sustainable*) propõem uma alternativa a essa destruição anunciada. Alguns nela veem um progresso inegável, que obriga os meios econômicos a levar em conta o meio ambiente. Outros, um disfarce destinado a legitimar o produtivismo. Conforme estes últimos, "o desenvolvimento durável, posto em cena na conferência do Rio de Janeiro em 1992, é uma 'monstruosidade verbal', característica da 'ideologia desenvolvimentista', que funda uma empresa agressiva em relação à natureza, assim como em relação aos povos: obra ao mesmo tempo econômica e militar de dominação e de conquista. É preciso que renunciemos a essa corrida louca para um consumo sempre maior [...], a fim de evitar a destruição definitiva das condições de vida sobre a terra, mas também e principalmente para tirar a humanidade da miséria psíquica e moral. O pós-desenvolvimento é a busca de modos de expansão coletiva nos quais não seria privilegiado um bem-estar material destrutivo do meio ambiente e da ligação social. Esse objetivo pode ser chamado de *umran* (desabrochamento) como em Ibn Khaldun, o *swadeshi-sarvodaya* (melhoria das condições sociais de todos), como em Gandhi, ou o *hamtaare* (estar bem juntos), como entre os Toucouleurs, o importante é mostrar a ruptura com a empresa de destruição que se perpetua sob o nome de desenvolvimento ou, hoje, de mundialização".[8]

Pode-se medir a defasagem entre a filosofia que inspira esse manifesto e a ideologia gerencialista. Uma é marcada pela utopia de um mundo atento às necessidades da humanidade, a outra pela busca de produtividade. Para lutar contra o culto da urgência e do ativismo desenfreado seria necessário ousar reabilitar valores em desuso e passados da

---

[8] Manifesto do Réseau pour l'après-développement (RAD), tirado de *Décoloniser l'imaginaire*, de Serge Letouche, nas Éditions Parangon. Citado pela revista *Partage*, n. 170, janeiro de 2004.

moda, como a lentidão e a desocupação. "A desocupação consiste em afirmar o existencial como finalidade, mais que a produção, a qualidade do estar no mundo, mais do que o poder" (Blanchot, 1986). O existencial é o registro do mundo vivido, dos sentimentos, emoções, relações afetivas, amorosas, sociais. É uma atenção à escuta e à palavra. Não uma palavra reduzida a uma linguagem racional, mas uma palavra viva, uma palavra que canta, que exprime as coisas da vida, a profundidade de uma existência humana. Uma palavra que se dá como finalidade encantar o mundo, em vez de fechá-lo em cálculos, programas ou classificações. O mundo vivido está no oposto do mundo da produtividade e do desempenho. Ele celebra o lúdico mais que o trabalho, o prazer dos corpos mais que a busca de resultado, a disponibilidade para o outro mais que a medida dos desempenhos.

Enquanto, por séculos sem fim, os homens sonharam libertar-se da obrigação de trabalhar, é paradoxal pensar que hoje a libertação passa primeiro pelo trabalho, com o risco de perder sua vida para ganhá-la, como muitas de nossas elites, que declaram ter uma vida infernal ao mesmo tempo em que se apresentam como modelo para os outros. O ideal da Grécia antiga era o de se libertar do trabalho. Lembremo-nos da história dos índios tupi-guarani, que haviam deixado sua terra porque achavam insuportável consagrar quatro a cinco horas por dia para garantir sua subsistência. Eles partiram em massa, através da floresta, em busca de uma terra ideal, na qual pudessem viver sem trabalhar. É essa terra maravilhosa que os espanhóis chamaram de Eldorado.

No dia 17 de agosto de 1551, uma frota armada pelo rei de Portugal aporta sobre as costas brasileiras. A bordo, certo Américo Vespucci. Ele descreve um mundo que apresenta todas as características do paraíso terrestre. "O trabalho e os tormentos não são nela uma obrigação para os homens. As árvores não precisam de nenhum cuidado e dão frutos em abundância, as flores e as fontes fornecem água pura, o mar fervilha de peixes, a terra incrivelmente fecunda superabunda de frutos suculentos. Os homens vivem ainda em uma total inocência. Têm todos a pele avermelhada, porque vivem totalmente nus desde o crescimento até a morte, e são assim bronzeados pelo sol. Não possuem nem veste, nem ornamentos, nem qualquer bem próprio. Tudo pertence à comunidade, inclusive as mulheres [...]. O pudor e os mandamentos da moral são completamente estranhos a essas crianças da natureza: o pai dorme com sua filha, o irmão com sua irmã, o filho com sua mãe. Eles ignoram as inibições, o que não os impede de atingir a idade de cinquenta anos, quando não são comidos antes... O canibalismo, com efeito, é a única característica desagradável."

Fonte: S. Zweig (1941), *Amerigo. Récit d'une erreur historique*. Belfond, Paris, 1992 (trad. Dominique Autrand).

Seria necessário voltar sobre as raízes profundas que levaram ao desaparecimento de uma civilização tão idílica. Para além da nostalgia do mundo selvagem, como compreender que o espírito de conquista, de trabalho e de austeridade importe mais que o gosto pela despreocupação, pela felicidade imediata, pela desocupação?

Evocamos com Marcel Gauchet uma explicação para o ativismo desenfreado do universo gestionário. Querendo-se igual a Deus, assegurando seu domínio sobre a natureza, querendo possuir as coisas, explorar os recursos, acumular os bens, o homem perdeu sua despreocupação. Em sua luta contra a angústia mortal, ele esquece o sentido de sua vida. A busca do "sempre mais" leva-o a renunciar à alegria dos momentos presentes.

"Não sonhemos!", relembram-nos constantemente os gestionários. É preciso ser sério e realista. A utopia é perigosa. É verdade que o "fim do trabalho" é um mito conservado por alguns intelectuais que não estão ameaçados pela pobreza ou pelo desemprego. Em nossa sociedade, é o trabalho que traz a segurança, a autonomia e as bases necessárias para existir socialmente. Poderia, portanto, parecer paradoxal querer libertar-se daquilo que dá a cada indivíduo meios de subsistir e de existir. Ainda mais que foi pelo trabalho que o homem pôde conquistar o conforto, o aumento da duração de sua vida, a proteção contra as catástrofes naturais, uma segurança sempre relativa, mas globalmente garantida. Aqueles que vivem ainda fora da esfera do trabalho "gestionário" gostariam de poder partilhar todos os seus "prejuízos" para sair da miséria. Para eles, o desempenho é, com toda a evidência, sinônimo de progresso e de bem-estar.

Devemos lembrar esses dados para não alimentar uma ingenuidade provocante ou um angelismo devastador. A desocupação é um luxo. Ela é insuportável para aquele que tem fome e impraticável para aquele que é estigmatizado. Quando os desempregados são acusados de se acomodar na assistência e de viver sobre as costas da sociedade, vemos o caminho que resta a percorrer para considerar a desocupação como uma finalidade social. Ainda aí, não é preciso opor a objetividade das condições de existência — cada um tem necessidade de condições materiais para existir socialmente — aos elementos que favoreçam uma subjetividade feliz e dão um sentido a esta existência. O trabalho é um meio de subsistência, e não a finalidade da existência.

Essa lembrança é tanto mais necessária pelo fato de a escola ter se tornado um sistema de luta contra a desocupação. Desde a mais tenra idade, as crianças devem aprender a trabalhar, mais do que "estar junto", mais a acumular saberes preconstruídos do que viver a experiência de relações espontâneas e conviviais, que funda uma comunidade harmoniosa. A escola valoriza a aplicação de programas, a disciplina, a classificação, a competição e a seleção, como se conviesse preparar as crianças o mais cedo possível para entrar em um mundo da produção do que para viver em sociedade. Poderíamos sonhar uma outra escola, que valorizasse a eclosão de uma socialidade primária (estar bem juntos) e até a vida contemplativa (Arendt, 1961), ou seja, a espontaneidade, o tempo, a vagabundagem, o descanso, a sensibilidade, a escuta dos outros, a compreensão das diferenças...

Condeno a ignorância que reina neste momento tanto nas democracias como nos regimes totalitários. Essa ignorância é tão forte, frequentemente tão total, que a diríamos desejada pelo sistema, senão pelos regimes. Refleti frequentemente no que poderia ser a educação da criança. Penso que seriam necessários estudos de base muito simples, em que a criança aprenderia que ela existe no seio do universo, sobre um planeta, do qual, mais tarde, ela deverá administrar os recursos; que ela depende do ar, da água, de todos os seres vivos e que a menor violência arrisca tudo destruir. Ela aprenderia que os homens se mataram mutuamente nas guerras e que cada país arranja sua história mentirosamente, de modo a adular seu orgulho. Ensinariam a ela o bastante do passado, para que ela se sentisse ligada aos homens que a precederam, para que os admire no que merecem, sem transformá-los em ídolos. Tentariam familiarizá-la ao mesmo tempo com os livros e com as coisas, ela saberia o nome das plantas, conheceria os animais. Sua educação sexual compreenderia a presença de uma maternidade, sua educação mental, a visão dos grandes doentes e dos mortos. Há, sem dúvida, um meio de falar às crianças de coisas verdadeiramente importantes, mais cedo do que é feito.

Fonte: Marguerite Yourcenar, *Les Yeux ouverts*.
LGF, Paria, 1981.

O que há de mais importante do que ensinar os filhos a viver juntos no respeito pelo nosso planeta terra e com a finalidade de construir uma sociedade de humanos solidários e não violentos? Para fazer isso, conviria recusar a luta pelos lugares, que obriga cada indivíduo a provar sua utilidade para ter uma existência social.

Capítulo 11

Explosão das classes sociais e luta pelos lugares

> Uma sociedade de indivíduos não seria mais, propriamente falando, uma sociedade, mas um estado de natureza, ou seja, um estado sem lei, sem direito, sem constituição política e sem instituições sociais, vítima de uma concorrência desenfreada dos indivíduos entre si, da guerra de todos contra todos.
>
> *Robert Castel*

A exigência de mobilidade é um dogma das sociedades liberais, ao mesmo título que a flexibilidade é exigida na empresa. O indivíduo hipermoderno deve estar disponível para mudar de emprego, de lugar, de modo de vida. Aquele que resiste é catalogado como não empregável. A adaptabilidade permanente às transformações socioeconômicas se torna uma norma, particularmente no mundo do trabalho, em que ela é enunciada como uma necessidade. A gestão gerencialista afirma que a mobilidade é fator de progresso uma vez que ela encoraja a iniciativa, o mérito individual, a motivação para ter sucesso e uma maior igualdade de oportunidades. Esse modelo se opõe à visão de uma sociedade estratificada, dividida em classes sociais, petrificada no imobilismo. Essa oposição simplista encobre uma realidade contraditória. A sociedade hipermoderna caracteriza-se por uma instabilidade das posições individuais, fator de mobilidade, e uma permanência do peso da origem social nas trajetórias sociais, fator de reprodução das desigualdades. Evocamos, em uma obra precedente, o fato de que "a luta pelos lugares substitui a luta de classes" (Gaulejac e Taboada-Léonetti, 1994). Mais de dez anos depois, o fenômeno se amplificou. As classes sociais se desagregam. Os indivíduos são confrontados com uma luta cada vez mais solitária para existir socialmente. Uns em uma competição encarniçada para entrar na elite, outros para conservar posições adquiridas; outros, por fim, confrontados com uma desinserção social, andam desesperadamente errantes para encontrar ou reencontrar uma situação e um reconhecimento.

O risco de perder o lugar

Conforme L.-A. Vallet (1999), a fluidez social, o fato de mudar de posição social, ou seja, de ocupar um lugar diferente de seu meio de origem, aumenta em média 0,5 por ano, o que representa 20% desde os anos 1960. A separação entre as categorias sociais, portanto, não desaparece brutalmente, mas se modifica em profundidade no decorrer do tempo. Essas mudanças referem-se principalmente aos filhos de agricultores, de operários e de empregados que deixam seu meio de origem para ocupar profissões intermediárias, ao passo que as crianças dos quadros estabelecidos beneficiam-se de uma posição social adquirida: 75% delas fazem parte de classes superiores e intermediárias. A reprodução social continua a produzir seus efeitos, embora a mobilidade aumente, particularmente pelo fato de que o crescimento do grupo dos quadros estabelecidos que constituem hoje, com as profissões intermediárias, chegue perto de 35% da população ativa, contra menos de 15% nos anos 1950.

A característica essencial dessa "fluidez social" reside nas transformações do mercado de emprego e na emergência de um processo generalizado de precarização. A fragilização das relações de emprego atinge todas as categorias de assalariados. "Além das variações conjunturais da atividade, o risco objetivo de perda do emprego aumentou cerca de 20% entre o início dos anos 1980 e o fim dos anos 1990" (Maurin, 2002).

A cada ano, 1 milhão e 500 mil empregos desaparecem, o que representa 6% da população ativa, ou seja, um ativo sobre dois em dez anos. A flexibilidade exigida pelas empresas não atinge do mesmo modo as diferentes categorias sociais. Em 2000, as taxas de mobilidade anual dos empregados e operários não qualificados foram de 24%, ou seja, o dobro das dos ricos e profissões intermediárias (12%). Mais de 60% dos empregados e mais de 70% dos operários não qualificados são recrutados com estatutos precários, contra 30% para as profissões intermediárias e 20% para os ricos. As mudanças são mais o fato da alta da instabilidade no emprego do que de uma opção de vida. Os jovens são particularmente atingidos pelo fenômeno. Durante os dez primeiros anos de sua trajetória profissional, eles são confrontados com uma mobilidade sofrida: são os mais vulneráveis que servem de mão de obra suplementar, em função das imprevisibilidades da conjuntura (Comissariat au Plan, 2003).

Assistimos a uma inversão das normas. Para a sociedade industrial, a norma dominante era adaptar-se a uma ordem social considerada como estável, na qual a melhoria da sorte passava por uma progressiva ascensão na "escala social", permanecendo em ligação e em continuidade com seu meio de origem. É esse modelo que se transforma. Cada indivíduo se torna uma "partícula elementar", que se deve libertar de todos os entraves que se supõe impedi-lo de "ter sucesso", de assumir riscos para se realizar plenamente e fazer carreira. A mobilidade se torna a norma. O homem flexível substitui o homem de profissão. A profissão, que era o elemento fundador da identidade profissional, não é mais o elemento persistente das trajetórias. A identidade de profissão, que ancorava cada indivíduo em uma corporação, em um universo profissional estruturado, do qual ele partilhava as normas, os hábitos e os "savoir-faire", é substituída por uma identidade flexível, polivalente, que varia em função das imprevisibilidades da carreira. A reconversão se torna uma passagem necessária. A adaptabilidade, uma norma imposta.

Nesse contexto, os movimentos sociais se transformam. A própria ideia de luta de classes é atenuada. Isso não significa que as lutas sociais não existam mais. Significa simplesmente que as lutas coletivas, que marcaram a história da sociedade industrial, tendem a se atenuar em favor de lutas mais individuais para ter um lugar, para melhorar sua posição social, para conquistar poder. Se cada um é hoje convidado a "gerenciar sua vida", como se gerencia a própria carreira profissional, essa gestão não é, por outro lado, igualitária. As possibilidades de promoção permanecem estritamente dependentes das origens sociais e da herança.

Uma sociedade de desintegração

A sociedade industrial era[1] uma sociedade estratificada, não igualitária, constituída de classes que desempenhavam um papel central de integração para seus diferentes membros. A pertença a uma classe fundava um sentimento profundo de identidade social que se transmitia de geração em

---

[1] É preciso falar com o verbo no imperfeito? Traços da sociedade industrial subsistem nas empresas, no urbanismo, nos modos de organização do trabalho, assim como nas representações individuais e coletivas. Contudo, esse modelo parece em vias de desaparecimento progressivo, em favor de outro modelo, a sociedade hipermoderna, da qual tentamos perceber os contornos (Aubert, 2004).

geração. A pessoa era reconhecida como camponês, operário, comerciante ou estabelecido. O trabalho era, por sua vez, uma necessidade de sobrevivência, um valor e um elemento central da inserção social. A mobilidade era fraca. A ordem socioeconômica impunha sua reprodução. As possibilidades de promoção eram raras e submetidas a passagens regulamentadas como a obtenção do diploma ou a ascensão hierárquica no seio da empresa. Ao lado de classes bem identificadas, como a burguesia e o proletariado, certo número de grupos sociais tinha problemas de integração. Mas o contrato social era claro, a integração dos marginais e do subproletariado devia ser feita por meio do trabalho.

O termo "subproletariado", que designava as populações pobres, que vivem na precariedade, era significativo. Tratava-se da classe mais "inferior", cuja vocação era alcançar a classe dos trabalhadores. O prefixo "sub" representava uma posição nos estratos de uma sociedade concebida como uma ordem hierárquica estável, em que cada um era convidado a subir os escalões. A pessoa estava mais ou menos no alto ou mais ou menos embaixo na "escala social", o que permitia a cada um situar seu lugar em relação aos outros. A sociedade era concebida como um conjunto no qual o progresso econômico devia dar a todos um emprego.

O trabalho tornou-se o elemento essencial para fixar a posição de cada um na sociedade e para canalizar as finalidades da existência sobre a carreira profissional. A esperança de melhorar a própria posição tornou-se uma aspiração comum que dá um sentido à história individual. Na sociedade industrial, os conflitos sociais repousavam essencialmente sobre a repartição da riqueza produzida entre as diferentes categorias sociais. Se existiam desigualdades, injustiças e exploração, a sociedade inteira estava voltada para a perspectiva de um crescimento dos níveis de vida, de uma possibilidade de acesso para todos à cultura, de uma promoção para o maior número. O conflito central organizava-se em torno da questão das desigualdades e da exploração, questão que animava o debate político.

Assistimos hoje a uma explosão desse modelo. A ideologia "gerencialista", que valoriza a mobilidade e a flexibilidade, transforma não só o modo de organização das empresas, mas o conjunto da sociedade. Em um mundo caracterizado pela integração, estratificação, centralização e hierarquização, esse novo modelo introduz a instabilidade, a ruptura, a precariedade e a insegurança. A busca da produtividade acarreta uma diminuição dos empregos protegidos e a rejeição de trabalhadores com desempenho insuficiente. As tarefas não qualificadas e os empregos operários são automatizados ou confiados a empresas externas que não beneficiam seu pessoal com as mesmas vantagens.

Essa evolução corre o risco de se generalizar. Ela leva a uma divisão do trabalho em torno de três polos: um polo de empregos permanentes, um polo de empregos periféricos e um polo de empregos precários (Abécassis e Roche, 2001). Na França, um relatório do Centro de Estudos e de Pesquisas sobre as qualificações desde 1993 notava que, de 25 milhões de ativos, 13 milhões estavam em situação de vulnerabilidade econômica e social, e 5 milhões em situação de precariedade. Observamos uma desintegração da sociedade. Se o crescimento contribui para criar novos empregos, ele também transforma empregos "protegidos" em empregos voláteis, instáveis, incertos.

A explosão da classe operária

Em vinte anos, de 1982 a 2002, cerca de 1 milhão e 300 mil empregos operários foram suprimidos. No início dos anos 1980, havia ainda mais de 100 mil operários não qualificados na metalurgia, 160 mil na confecção e 100 mil na área têxtil. Essas três categorias não representam hoje mais que 30 mil empregos. "O declínio da classe operária não é apenas quantitativo. É, antes de tudo, qualitativo. As pessoas não qualificadas não se encontram mais em equipe sobre as vastas linhas de montagem dos anos 1960. Elas estão disseminadas em sociedades de limpeza ou de vigilância, às quais os novos estabelecimentos industriais entregam seus locais de noite, depois do encerramento do dia" (Goux e Maurin, 1998).

Nos anos 1960, três quartos de operários trabalhavam na indústria. Atualmente, mais de 50% trabalham nas sociedades de serviço como reparadores, agentes de conserto, mantenedores, motoristas e manobristas, frequentemente em empresas de pequeno porte. Os outros se ligam a hipermercados, a sociedades de restauração, aos centros de chamadas telefônicas. A nova classe operária se distingue cada vez menos do mundo dos empregados.

Michel Verret (1988), desde o fim dos anos 1980, analisava a explosão da classe operária em três polos:

• O polo *promocional* reúne os operários qualificados que se tornam técnicos e aqueles que estão em reconversão em empregos cuja qualificação e conteúdo são diferentes. Objetiva e subjetivamente, eles estão mais próximos das classes médias do que da classe operária. Na França, 44% dos operários são proprietários de suas residências ou se encontram em via de acesso à propriedade. Esses trabalhadores têm a tendência de deixar as organizações operárias tradicionais (sindicatos e partidos) para investir-se em uma carreira profissional e defender valores mais individualistas do que sociais. Sua identidade se arrasta entre uma identidade herdada, motor de uma consciência de classe que explode, e uma identidade adquirida que os assimila aos modos de vida das classes médias.

• O polo *tradicional* se refere ao modelo do "operário pobre, solidário e rebelde", que conserva uma forte consciência de classe, que se manifesta por posições próximas ao do Partido Comunista, da CGT, ou de certos partidos de extrema esquerda. Mas esse modelo de referência se torna cada vez mais obsoleto. Apoiado sobre a nostalgia das lutas passadas, sobre o mito do proletariado que encarna o futuro da humanidade e sobre a expectativa de uma revolução hipotética, ele não provoca mais a adesão maciça que suscitava. Por não poder refontizar-se nas lutas sociais, a consciência de classe desagrega-se e os referentes identitários se fragilizam.[2] Temos aqui uma defasagem entre uma afirmação identitária forte e uma necessidade de adaptação a uma nova sociedade.

• O polo *em perdição* é composto pelos mais vulneráveis, aqueles que são as vítimas das reestruturações, das mudanças tecnológicas e da "modernização". Pouco qualificados, eles ocupam empregos precários, incertos, nos quais perdem os valores tradicionais, fundados sobre uma consciência de classe afirmada e o valor-trabalho como fator de revalorização. Na classe operária, a pessoa se identifica com aquilo que faz. Quando aquilo que se faz é qualificado de "pequeno bico" e, frequentemente, até de "bico sujo", ele não pode ser fator de valorização identitária. A desqualificação é então um elemento de desvalorização e de desafiliação (Castel, 1995). A precariedade gera o isolamento social e a invalidação psicológica.

Em 2004, os operários representam menos de 20% da população ativa, contra mais de 34% em 1975. Há, portanto, uma diminuição contínua e importante dos empregos operários. O sentimento de pertença a uma classe se dilui.

---

[2] "A consciência de classe constrói a imagem de um conflito; ela canaliza os sentimentos de injustiça e de revolta, dá-lhes um sentido e transforma a frustração em afirmação positiva da dignidade do trabalho e da experiência operária" (Dubet e Lapeyronnie, 1992).

As solidariedades atenuam-se diante da defesa de interesses mais pessoais e da ascensão do individualismo. A tradição operária — no contexto da sociedade industrial — foi construída em oposição ao capital. Os operários partilhavam as mesmas condições sociais, a mesma identidade de classe, as mesmas aspirações em um combate solidário contra os patrões e os acionistas, a fim de defender "o trabalho". As aspirações operárias parecem hoje muito distantes dessa representação marxista da sociedade. A perda de influência do Partido Comunista é o sintoma desse fenômeno. Por não lutar para melhorar a condição operária e dar-lhe a esperança de aceder a um maior poder, o combate não tem mais sentido. A pesquisa de Danièle Linhart (2002), descrita anteriormente, ilustra cruelmente a questão. Les Chaussons, conforme a expressão da época, simbolizavam a vanguarda do proletariado e o orgulho do mundo operário. Hoje, eles exprimem o desencantamento e o fechamento sobre si mesmo. Enganados pelos planos sociais sucessivos, que lhes prometiam a salvaguarda da fábrica contra um aumento do pagamento, eles foram violentamente derrotados no duplo front da proteção social dos demitidos e da melhoria da produtividade. As lutas realizadas na época foram consideradas como exemplares. Hoje, a fábrica está fechada. Sabemos atualmente que a decisão de fechamento fora tomada desde o início, antes da criação dos planos sociais sucessivos, um meio de atenuar a combatividade do pessoal. A cada onda, os empregados eram dilacerados entre a esperança de conservar seu emprego e a solidariedade com os demitidos. As conversas realizadas cinco anos depois mostram que a culpabilidade dos "sobreviventes" continua sempre ativa, reavivada pela vergonha de terem sido cúmplices, a contragosto, de uma traição. Sentimentos por outro lado mais complexos, porque hoje eles sabem que suas lutas estavam votadas ao fracasso.

Esse exemplo é característico das transformações profundas do mundo operário. De um lado, os trabalhadores têm o sentimento de que são tratados como "peões". Por outro, eles não podem mais identificar seu futuro e, *a fortiori*, o de seus filhos, com o da classe operária. A explosão do voto operário no xadrez da política revela a explosão da classe operária na cena social. Ela é a expressão de uma mistura de ira, desilusão e angústia ideológica.

O trabalho operário, todavia, não desapareceu. Mais de um quarto dos trabalhadores, na França, tem condições concretas de trabalho e de existência, que os assimilam à condição operária: repetição, execução, rotina, fadiga física, salários medíocres etc. É o sentimento de pertença a um coletivo claramente identificado, que partilha a mesma comunidade de destino e uma identidade comum, que está em falta. Ainda mais que a desvalorização da condição operária é evidente. Ela é considerada como uma população arcaica, no limite da obsolescência, presa na tenaz entre o sonho promocional das classes médias e a obsessão de se fazer recuperar pelos mais desfavorecidos (Beaud e Pialoux, 1999).

A explosão da burguesia

Para Michel Pinçon e Monique Pinçon-Charlot (2000), apenas a burguesia, na sociedade pós-industrial, resistiu ao desaparecimento das classes sociais. Contrariamente às outras categorias sociais, ela conserva uma consciência muito clara de seus interesses e daquilo que a distingue das outras classes. Todavia, assim como a classe operária, ela é penetrada por tensões importantes. Ela também explode entre um polo dinâmico, móvel, competitivo, um polo agarrado a tradições cada vez mais difíceis de manter, e um polo ameaçado pela regressão, pela decadência e perda de inserção social.

O polo dinâmico corresponde, de um lado, à nova classe dirigente em emergência, a *hiperburguesia* (Duclos, 2002). Ela reúne aqueles que ocupam posições de poder nos grupos financeiros e nas multinacionais, assim como os consultores em finanças, em direito, em informática e em estratégia, que os aconselham. "A hiperclasse se desenvolveu em um movimento de saída do mundo do engenheiro [...] para se apoderar do poder mundial", escreve Denis Duclos. Modelada sobre a grande burguesia americana, essa nova burguesia se afasta dos valores da ética protestante para conservar apenas o espírito do capitalismo. Ela participa da construção de um mundo ultraliberal, ou seja, de um mundo feito a sua medida, sem barreiras para a circulação dos capitais, das mercadorias, dos serviços e, portanto, sem limites para a extensão de seu domínio. Ela não está mais a serviço de um projeto industrial que supõe reinvestir os benefícios da produção, mas a serviço de uma lógica financeira, animada por interesses especulativos. Fazer frutificar seu capital não em um projeto social, animado por uma preocupação com o bem comum, mas em um projeto individual que não atribui a si nenhuma finalidade além de se enriquecer. À imagem do capitalismo financeiro, a hiperburguesia é desterritorializada. Ela possui "pés-no-chão" em múltiplas paragens, haveres em diferentes paraísos fiscais, atividades em diferentes países. Ela se afasta de suas "ligações" nacionais e de suas raízes identitárias progressivamente. Michel Pinçon e Monique Pinçon-Charlot (1996) descrevem como o cosmopolitismo e a "multiterritorialidade" internacional são componentes importantes da "alta sociedade", que acolhe individualidades de todos os tipos, provindas de trajetórias sociais heteróclitas. Ela é, por natureza, instável, uma vez que a pertença a um mundo volátil é efêmera, uma vez de fortunas que se fazem e se desfazem rapidamente.

    Por isso, recém-vindos, para não dizer "chegados", contribuem para a emergência de uma "internacional dos *managers*", cujo destino identifica-se com sua carreira feita nas multinacionais, *holdings* financeiros ou grandes escritórios de consultores. Ora, as carreiras profissionais, no mundo do business, obedecem a regras cada vez mais independentes dos hábitos da burguesia. Os valores gerencialistas se acomodam mal com os valores tradicionais. O duplo movimento de privatização do mundo e de desterritorialização do capital contribui para aumentar as tensões e as diferenças, no seio das burguesias nacionais, entre aqueles que desejam aceder a esse novo modelo, aqueles que o recusam em nome de valores aos quais permanecem ligados e aqueles que não conseguem mais manter sua posição social. Há dois séculos, a burguesia garantia sua reprodução por meio de uma gestão da herança, segundo o modelo do "bom pai de família" e pela consolidação de seu capital cultural investindo nas grandes escolas (Bourdieu e Passeron, 1972; Bertaux, 1977). Essas duas estratégias deram suas provas. Sua pertinência é hoje cada vez menos evidente. Há alguns anos, vemos politécnicos como garagistas, formados marginalizados, técnicos em declínio, diplomados de escolas de comércio sem emprego. O diploma, por mais prestigioso que seja, não é mais o passaporte para um sucesso garantido. Alguns se encontram na luta, outros desmoronam depois de um início de carreira flamejante. A vida dos quadros superiores não é mais "um longo rio tranquilo", mesmo para aqueles que no início possuem todos os atributos necessários para aceder à elite. Esses fenômenos são ainda mais acentuados por aqueles que não obtiveram os diplomas mais prestigiosos.

Nesse contexto, uma parte da burguesia tradicional tem a ilusão de manter sua posição, agarrando-se aos sinais de uma dominação passada, ao passo que seu poder financeiro, social e cultural é corroído por todos os lados. A luta pelos lugares obriga-o a se investir em uma competição exacerbada para fazer carreira e aceder aos postos mais elevados. É assim que vemos crianças, desde a escola maternal, empurradas para ter programas de excelência, integrar as melhores classes, entrar nos melhores estabelecimentos, preparar-se nos melhores concursos, a fim de integrar as grandes escolas. Graças a uma vigilância permanente, essas crianças são educadas como cavalos de corrida, submetidas a uma seleção impiedosa. Se algumas transpõem todos os obstáculos, numerosas são as que se esgotam nessa corrida infernal (Léotard, 2001). Para um que parece "ter sucesso", muitos saem feridos e amargurados de um sistema escolar percebido como uma vasta empresa de seleção. Eles devem então reduzir suas ambições, renunciar a atingir os píncaros para se contentar com um lugar "médio".

Uma nova classe dominante?

Podemos ainda, nessas condições, falar de classe dominante? O termo conota um marxismo arcaico que parece hoje fora de moda para a grande maioria dos sociólogos, excetuando alguns irredutíveis.[3] O próprio termo "classe social" parece hoje obsoleto. Nos anos 1970, o debate sociológico se organizava em torno da questão da reprodução social, dos movimentos sociais, das ligações entre a pertença de classe e a consciência de classe. Trinta anos mais tarde, Pierre Bourdieu, em seus artigos sobre o neoliberalismo, denuncia "a inclinação das relações de classe em favor dos proprietários do capital" e a coalizão entre "a nobreza de Estado e a nobreza da empresa para pôr em prática um projeto político de dominação planetária" (Bourdieu e Wacquant, 2000). Essa denúncia de uma nova classe planetária é sedutora, visto que ela permite identificar uma cas-

---

[3] Ver a esse respeito Louis Chauvel, 1999; o dossiê "Exploração e classes sociais: totem ou tabu?", *Mouvements*, n. 26, março-abril 2003; e a obra dirigida por Paul Bouffartigue, 2004.

ta que simboliza a encarnação do poder, como em 1936, quando a Frente Popular denunciava a dominação das duzentas famílias.

A dominação do capital encarna-se hoje não tanto em uma classe proprietária dos meios de produção, e sim no desenvolvimento de sistemas de organização complexos, fundados sobre lógicas abstratas e desterritorializadas. A hiperburguesia conjuga as posições de poder ligadas a postos-chaves de influência e de decisão nos grandes grupos financeiros, mas também nos meios de comunicação, nas empresas multinacionais — particularmente de informática —, da distribuição, do luxo e do turismo. Essa classe partilha também dos sinais de coesão cultural, fundada sobre uma concepção liberal da economia, da valorização da competição, do desejo de suprimir todas as barreiras que freiam a livre-troca, sejam elas nacionais, jurídicas, institucionais ou ainda intelectuais. A hiperburguesia separa-se de suas filiações uma vez que se mundializa. O que deixa uma interrogação a respeito de suas capacidades de reprodução. Longe de representar uma classe social homogênea, ela é composta de uma coleção de indivíduos, dos quais alguns podem ter laços de parentesco, ao passo que outros são o produto de destinos heteróclitos e de origens diversas. Podemos duvidar que constituam um grupo social perene, capaz de garantir sua dominação no tempo.

O grau de abstração dos mecanismos financeiros permite sem dúvida que a hiperburguesia garanta para si confortáveis *plus-valias*, mas não controlar sem partilha esses sistemas de organização e, ainda menos, transmitir seus poderes a seus descendentes. O mundo da hiperburguesia é instável e competitivo. Suas posições são efêmeras. Nele vemos enriquecimentos fulgurantes e também quedas espetaculares, estrelas que sobem e desaparecimentos repentinos. Ao contrário da grande burguesia do mundo industrial, que consolidava seu poder sobre muitas gerações por meio de uma ostentação recíproca do capital econômico, do capital social e do capital cultural, seu poder é mais abstrato, virtual e volátil, da mesma forma que o capital financeiro sobre o qual ela o funda. Além disso, não existe entre seus membros laços de solidariedade que os conduziriam a estratégias concordantes. Trata-se de um meio no qual os valores se fundam sobre um individualismo exacerbado, uma fascinação pelo dinheiro e uma competição encarniçada.

A hiperburguesia está bem menos preocupada que a burguesia capitalista industrial em legitimar seu poder. Se alguns defendem a ideia de uma "boa governabilidade", respeitosa pelo ambiente, preocupada com os interesses do pessoal, atenta à responsabilidade citadina da empresa, os outros estão essencialmente preocupados com a defesa de seus interesses particulares em uma busca insaciável de rentabilidade, preocupados em conquistar novas fatias de mercado e dele tirar um lucro imediato. Os interesses em curto prazo desses últimos se opõem aos cuidados em longo prazo dos anteriores (Wallerstein, 1985). O desencantamento de bom número de *managers* que, contudo, aderiram com paixão à "nova economia", é o sinal dessa fratura no seio dos "dominantes".

O capitalismo financeiro explode a classe dirigente e os valores que lhe davam consistência. O "cada um por si" domina, o universo refinado dos conselhos de administração sem "história" abre espaço para o universo impiedoso dos negócios e dos negociantes. A obsessão de eliminar o concorrente na corrida para o lucro duplica-se com uma vontade também encarniçada para eliminá-lo na corrida pelos postos. É preciso "arrancar a pele" do outro para salvar a própria. A cultura do ódio leva a promover a eliminação, em detrimento da cooperação. As solidariedades de classe atenuam-se em favor de uma ferocidade que se considera favorecer os melhores.

O conceito de hiperburguesia é interessante para designar a emergência desse conjunto heteróclito e multipolar, fascinado pela onipotência e pelo "multiculturalismo mundialista". Mas não podemos dizer que se trata de fato de uma classe social. É antes um conjunto de indivíduos que acalentam a ilusão de um poder efêmero, sob muitos aspectos virtual, combatendo-se em uma luta selvagem para ocupar os lugares mais invejáveis. É preciso ser o mais forte, o mais rico, o maior, em uma palavra, o primeiro. A hiperburguesia renova-se permanentemente, atenta àqueles que sobem e indiferente àqueles que caem. Centrada sobre o aqui e o agora, ela não tem memória, nem fidelidade, nem inserções.

A explosão das classes não é o fim das desigualdades

O desenvolvimento da luta pelos lugares não significa, por outro lado, nem o fim das classes nem o fim das desigualdades sociais. Cada um não dispõe das mesmas armas para enfrentá-la. Os efeitos da herança, ou seja, o conjunto dos "capitais" (econômico, social e cultural) de que um indivíduo dispõe desde o nascimento, são sempre elementos determinantes. Outrora eles fixavam uma pertença durável. A probabilidade para um filho de operário tornar-se operário era tão forte como a de um filho de classe alta tornar-se a ela pertencente. Hoje, esses capitais ainda são suportes essenciais da fabricação social dos indivíduos, ou seja, dos "hábitos" que os predispunham para ocupar tal ou tal posição, para "escolher" tal ou tal orientação escolar ou profissional. Mas essas orientações são cada vez mais instáveis. Elas podem ser postas em questão a partir de novas experiências, de imersão em mundos sociais diversos, em encontros inéditos, em sucessos ou fracassos que provocam rupturas imprevistas.

A instabilidade crescente não produz um aumento da mobilidade ascensional, nem uma diminuição das desigualdades entre os indivíduos. A identidade herdada permanece um determinante poderoso da trajetória social. "As posições na hierarquia do assalariado, escreve Eric Maurin (2002), também são sempre amplamente dependentes da origem social. Elas têm cada vez menos tendência de evoluir no decorrer da carreira e ser cada vez mais fortemente determinadas pelo momento da inserção e pelo diploma". Temos aqui um paradoxo. O liberalismo justifica sua doutrina pela ideia de dar a cada indivíduo uma oportunidade de mudar seu destino. Ele favorece a flexibilidade do trabalho e a mobilidade profissional, a fim de permitir que cada um desenvolva seu talento. Com a condição de oferecer a igualdade das oportunidades, particularmente facilitando seu acesso à escola e à formação. É assim que o acesso ao ensino progressiva e maciçamente se abriu para todos e que o mercado de trabalho se tornou concorrencial. Todavia, as desigualdades de destino são sempre persistentes: os fracassos escolares atingem 70 a 80% das crianças mais pobres, contra menos de 15% das crianças mais ricas. Os filhos de operários têm duas vezes mais oportunidade de conhecer o desemprego que os filhos dos ricos. O risco de perder o emprego é quatro vezes mais alto para as pessoas pouco ou não diplomadas do que para aquelas que terminaram seus estudos superiores. "Se há de fato um aumento de fluidez — uma mais forte mistura social de troca —, o fenômeno dominante continua a reprodução social, em que os filhos de ricos têm no nascimento, em relação aos operários, probabilidades setenta vezes mais importantes de aceder à categoria rica do que as de operário..."[4]

Essas desigualdades são reforçadas pelos mecanismos de acesso à formação permanente, elemento determinante da "empregabilidade". Os trabalhadores não qualificados se beneficiam quatro a cinco vezes menos de formação profis-

---

[4] Louis Chauvel, em Bouffartigue (ed.), 2004.

sional que os técnicos. Ora, a formação é um mecanismo determinante para enfrentar as reconversões necessárias, a fim de conservar seu posto no mundo do trabalho ou de se preparar para ocupar outros. As desigualdades na escola, no momento do recrutamento, diante das possibilidades de avanço, diante da formação e das necessidades de reconversão, são menos visíveis que as que se devem à divisão do trabalho no seio das empresas. As evoluções da condição salarial fragilizam as relações de emprego, remetendo à pessoa, mais que a seu estatuto ou a sua competência profissional, a responsabilidade por seu sucesso ou por seu fracasso.

Não são os efeitos de classe que desaparecem, mas a visibilidade desses efeitos. Os operários não formam mais uma classe consciente de si mesma. Os empregados e as classes médias jamais estiveram no fundamento de uma consciência forte. Na representação marxista da sociedade, o proletariado devia desempenhar um papel de catalisador das dinâmicas sociais para reverter a ordem capitalista. A contradição capital/trabalho se exprimia por uma oposição estrutural entre a burguesia e o proletariado. Essa representação do mundo capitalista era ativa na sociedade industrial. O debate político encontrava sua expressão por meio do confronto entre a direita e a esquerda. As questões das desigualdades e da exploração hoje não estão mais no coração do debate político. Este se desloca para a mundialização e para a exclusão: é preciso favorecer o crescimento para lutar contra o desemprego, criando empregos. As questões de lugares parecem ter mais importância que os confrontos de classe. O projeto revolucionário de mudança da ordem social pela tomada do poder se atenua. Esperamos do político que ele impeça que o tecido social se dilacere, que reforce a coesão social e que ele produza a inserção. Não é mais a luta de classes que marca o discurso do político, e sim a luta pelos lugares. Dar a cada um a possibilidade de ter uma existência social em uma sociedade na qual os indivíduos têm medo de a perder.

Uma classe social se forma e se manifesta a partir de uma comunidade de situações a defender. No lado oposto, a luta pelos lugares confronta cada um com uma contradição entre um projeto individual de "*sair-se bem*" e um projeto coletivo de melhorar a sorte daqueles que partilham de sua condição. Pudemos verificar, a respeito da dificuldade das associações de desempregados de mobilizar os sem-emprego para melhor defender seus direitos (Dethyre e Zediri-Corniou, 1992). Um desempregado luta para encontrar um trabalho. Luta para não mais ser desempregado e não tanto para melhorar a condição dos desempregados. A corte dos excluídos não forma uma classe social. Ela é uma reunião de indivíduos que têm trajetórias sociais heterogêneas e vivem situações diversas. Eles não partilham um sentimento de pertença, não têm motivos para lutar coletivamente para mudar suas condições de existência. Podemos lutar coletivamente contra a exploração ou a repressão. É mais difícil lutar contra a exclusão, porque aí se trata de um combate solitário, não para mudar a sociedade, mas para nela encontrar um lugar.

Capítulo 12

A política contaminada pela gestão

> Entramos em um mundo gerenciado, simplesmente gerenciado, com a política transformada em técnica, e a tragédia é liquidada, como quando se renuncia ao absurdo.
>
> Pierre Legendre

Diante da globalização, da explosão das classes, do desenvolvimento da luta pelos lugares, as expectativas em relação à política mudam. Dela esperamos respostas aos múltiplos problemas gerados pelas mutações econômicas e sociais. Temos aí uma armadilha. Os homens políticos são tentados a se transformar em homens de negócios, à imagem dos *managers* dinâmicos, e os homens de negócios apoderam-se do poder político, em nome do desempenho e da competência, mesmo quando não têm qualquer experiência política. Eles se gloriam de sua experiência de homem de empresa e propõem gerenciar a cidade com esse modelo. O debate político arrisca então a se reduzir a um debate de conselho de administração em torno de problemas orçamentários e financeiros. As considerações econômicas sobredeterminam todos os aspectos da vida social. A abordagem contábil impõe suas normas aos negócios públicos, a gestão privada se torna a referência central para governar os homens. Os homens políticos pensam fundar a eficácia de sua ação no modelo gerencialista, ao passo que esse modelo desvaloriza a ação pública.

O primado do econômico sobre o político

Estamos em 2001, em plena campanha para a eleição presidencial na França. Lionel Jospin apresenta-se em uma reunião pública no Norte. É interpelado por uma mulher, operária de uma fábrica LU, pertencente ao grupo Danone, que a direção decidiu fechar. "O que a esquerda fez contra a mundialização? Contra as grandes empresas que demitem, ao passo que elas recolhem benefícios? O que vocês fizeram para nos defender? Se a fábrica fechar, eu perderei tudo..." Vemos que a face de Jospin se crispa: "Mas fizemos baixar o desemprego, criando 900 mil empregos!" Depois, arrastado por seu grupo, continua seu caminho...

A cena cristaliza a defasagem entre aquilo que as "pessoas" vivem e aquilo que os "políticos" fazem. Defasagem que parece irredutível. De um lado, uma mulher exprime sua ira porque ela se encontra em uma situação de desespero. Do outro, um homem político, respeitável sob muitos aspectos, faz o que pode para tratar dos problemas do mundo. Ela fala de sua vida, singular e concreta; o outro responde com cifras globais e abstratas. Esse diálogo é revelador da "estranha estranheza" que atinge nossas sociedades hipermodernas. Mistura de incompreensão (uma empresa faz um plano social e suas ações sobem na Bolsa), de incoerência (fecha-se uma fábrica que parece rentável), de destrutividade (porções inteiras da sociedade se desfazem para favorecer a "modernização"), de injustiça (trabalhadores são sacrificados para favorecer o enriquecimento dos acionistas), de impotência (as lógicas econômicas escapam ao controle da comunidade social), de desigualdade (os ricos se enriquecem; os pobres, empobrecem).

Daí o sentimento de uma sociedade que explode, atravessada por forças contraditórias, lógicas irracionais, violências destrutivas. Entre as instituições e os cidadãos, a distância parece total. Yves Barrel evocava uma ruptura de diálogo entre a população e as instituições consideradas como suas representantes: "Quando o establishement social procura sua população, ele não a encontra [...]. A sociedade se torna em parte como que estranha a si mesma, defasada em relação a seus próprios códigos, vivendo uma espécie de equivalente social do desdobramento da personalidade" (Barrel, 1984). A crise do político se enraíza nessa defasagem que não parou de se reforçar, entre a demanda social e a oferta institucional. O Estado parece incapaz de manter seu papel de instância de regulação entre uma economia que lhe escapa e uma sociedade cuja coesão se encontra ameaçada. Diversos fatores explicam essa defasagem. Um deles é central: os cidadãos esperam orientações na ordem do simbólico, ao passo que os políticos trazem respostas na ordem econômica.

Na Grécia antiga, a separação entre o público e o privado correspondia a uma dicotomia entre o familiar — lugar da administração e das necessidades da vida — e o político — lugar dos negócios da cidade. Na esfera privada, tratava-se do interesse particular, do trabalho das mulheres e dos escravos. A economia, como "gestão do lar", era indigna de aparecer em praça pública. A esfera pública, ao contrário, era valorizada como espaço de discussão. Apenas o interesse público era digno de consideração. O homem de bem podia mostrar aí seu valor e obter a consideração de seus concidadãos. "O domínio público era reservado à individualidade, escreve Hannah Arendt, era o único que permitia ao homem mostrar o que ele era, de fato, aquilo que possuía de insubstituível. É por poder verificar-se essa oportunidade, por amor a uma cidade, que os cidadãos aceitavam assumir sua parte de cargo da defesa, da justiça e da administração" (Arendt, 1961). A ideologia gerencialista leva a inverter os valores entre a política e a economia. A política, longe de suscitar o amor e a consideração, tornou-se o lugar do cálculo. Pagar impostos é sentido como cargo e até como tara, escapar à fiscalização é sinal de inteligência e de tino. A imagem do empreendedor que se comprometia para defender o bem público é substituída pelo modelo do estratego que sabe valorizar seus interesses privados. A política é percebida como se colocar a serviço dos interesses dos especuladores. A coisa pública é desvalorizada.

Essa inversão das relações entre o econômico e o político é a causa profunda do descrédito que atinge esse último. Mais grave ainda: a economia, que é um dos motores essenciais do desenvolvimento social, contribui para destruí-lo. "A economia, entregue a seu próprio movimento, agora joga contra a sociedade" (Perret e Roustang, 2001). Quando os políticos afirmam de um lado que o consumo é o motor do crescimento que condiciona o emprego, e do outro, que é preciso recusar a sociedade de mercado, eles estão em pleno paradoxo. Cabe à sociedade adaptar-se às necessidades do desenvolvimento econômico ou à economia se colocar a serviço do bem-estar coletivo? A política está condenada a gerenciar os efeitos do desenvolvimento econômico ou deve organizar a economia para colocá-la a serviço de um projeto de civilização respeitoso pelo meio ambiente, pelos direitos do homem, pela repartição harmoniosa das riquezas produzidas, pela educação das crianças e pela transmissão da cultura? Um projeto para a humanidade, mais do que para uma taxa de crescimento.

A educação a serviço da economia

É sem dúvida no campo da educação que a pressão da ideologia gerencialista é mais evidente e mais inquietante. Transformar as crianças em clientes do sistema educativo representa, com efeito, uma regressão maior em relação à "escola republicana". Roger Sue (2001) descreve o empreendimento crescente dos meios econômicos sobre a educação e as pressões dos grandes industriais, junto à Comissão Europeia em Bruxelas, para acelerar a privatização do ensino. "A educação deve ser considerada como um serviço prestado ao mundo econômico", indica o relatório da mesa redonda europeia dos industriais.[1] A OCDE anuncia que a educação deveria ser garantida por prestadores de serviço e que o papel dos poderes públicos devia limitar-se "a garantir o acesso da aprendizagem daqueles que jamais constituirão um mercado rentável e cuja exclusão da sociedade se acentuará uma vez que outros irão continuar a progredir" (OCDE, 1995). Construídas a partir das teorias do capital humano, essas tomadas de posição consideram que a educação tem como finalidade produzir agentes adaptados às necessidades da economia, ou seja, de "produzir o humano" (sobre os registros cognitivos, físicos e psíquicos) conforme os mesmos processos que a produção dos serviços comerciais e dos bens de consumo. O assalariado deve ser adaptável e flexível para integrar permanentemente as novas competências, necessárias para a evolução dos modos de produção. Ele é reconhecido pela "aquisição das evoluções da demanda e de seu instrumento de produção" (Trépo e Ferrari, 1998).

A pressão para submeter o sistema educativo às normas gerencialistas é permanente. Ela é mais desenvolvida nas

---

[1] *Une éducation européenne, vers une société qui apprend*. ERT, fevereiro de 1995. Ver também G. de Sélys, 1998.

Américas, tanto do Norte como do Sul, como na Europa. No México, os professores são notados com um sistema de pontos, calculados a partir de um coeficiente que mede o número de artigos nas revistas para comitês de leitura (que são elas mesmas classificadas em função de sua notoriedade), o número de colocações em congressos, o número de estudiosos seguidores. A qualidade das pesquisas realizadas ou dos ensinamentos dispensados não é levada em consideração, pois ela não é mensurável. Conta apenas a produtividade quantitativa, ponderada por uma classificação dos estabelecimentos, das revistas científicas e dos editores. O conformismo e o individualismo reinam como senhores. Os pesquisadores abandonam qualquer espírito crítico para preencher objetivos de produção. Ainda mais que uma parte importante de seu salário, de 40 a 60%, depende da avaliação do Conselho Nacional das Ciências e Tecnologias (Conacyt). A avaliação, sem dúvida necessária para desenvolver a pesquisa, transforma-se em controle baseado sobre critérios que não medem de forma alguma o interesse científico da produção. Além do mais, os professores pesquisadores perdem o sentido de sua missão, submetidos a uma dolorosa contradição entre "a adesão a um mito igualitário e a inscrição efetiva nas lógicas arbitrárias" (Taracena, 1997).

Se a Europa parece mais protegida em relação à colocação em prática desses sistemas de gestão, podemos temer que isso não seja mais que uma questão de tempo. A plataforma proposta na França pela União para a Maioria Presidencial (UMP) ilustra a introdução nos programas políticos da ideologia gerencialista. O primeiro capítulo trata da construção da "escola do sucesso". Ele propõe uma série de objetivos: "Apresentar o projeto realista de levar 100% de uma faixa de idade à obtenção de um diploma e à aquisição de uma qualificação no fim do programa escolar. Erradicar o intolerável fenômeno da violência escolar, combinando um trabalho de prevenção desde a escola primária com o princípio da tolerância zero. Devolver a confiança aos professores e apoiar sua autoridade por meio de uma formação mais adaptada à realidade de sua profissão, que dê um lugar maior à prática, e por meio de uma gestão de carreira que dê uma parte mais importante ao mérito e ao investimento pessoais. Diversificar os programas e os ritmos. Como cada criança é 'única', é preciso que a escola possa oferecer a cada forma de inteligência, desde o colégio, o programa mais individualizado possível. Promover uma gestão de proximidade do sistema educativo..."

Os termos são eloquentes: pragmatismo, qualificação, tolerância zero, gestão de proximidade, encontramos aqui todos os elementos das teorias do capital humano. O sistema educativo deve produzir, conforme esse programa, alunos empregáveis, adaptados ao mercado do trabalho e às "necessidades da economia". Em uma sociedade de mercado, cada aluno deve assimilar desde muito cedo os cânones da ideologia gerencialista.

Muitos eleitos parecem hipnotizados pela gestão, que eles assimilam ao rigor e à eficácia. Eles consideram o capitalismo como um dado e a economia liberal como uma referência inevitável, a partir da qual convém pensar o político. A economia se torna a prioridade. Resta apenas gerenciar as consequências sociais do desenvolvimento econômico. É a razão pela qual muitos responsáveis políticos consideram o crescimento econômico como o único meio de assentar uma política social. É preciso dinheiro para reduzir as desigualdades, melhor proteger os mais desfavorecidos, desenvolver a colocação social, assumir as aposentadorias, financiar a proteção social, reduzir o déficit da Segurança Social. O "domínio contábil" torna-se o prisma que determina o pensamento político.

A ditadura da cifra

A crise do político vem em parte daí. Mais do que debater sobre a organização da cidade, da democracia, do bem-

-estar da população, das finalidades da existência humana ou do bem comum, debate-se sobre as taxas de crescimento, sobre os impostos obrigatórios, sobre o montante dos déficits públicos, sobre o soldo da balança comercial etc. Citam-se indicadores estatísticos e financeiros, deixando de lado a discussão sobre o sentido desses indicadores, sobre aquilo que eles medem e sobre aquilo que eles esquecem de medir. Por não poder medir o qualitativo, o debate se desloca sobre o quantitativo. As opções políticas são cada vez mais determinadas por considerações puramente financeiras. O "controle das despesas contábeis", a "redução dos déficits", o "abaixamento dos encargos", a "redução da massa salarial", a baixa do número de funcionários, objetivos tais que são a expressão da "cifrocracia": a ditadura da cifra invade o campo político.

Uma taxa de crescimento não é boa em si mesma. Se ela dá conta do aumento global da riqueza produzida, como todo indicador quantitativo, ela mede agregados, cuja soma não dá conta da qualidade e da natureza da riqueza produzida. Há muito tempo fez-se a crítica disso. Por exemplo, a produção de riquezas aumenta a poluição, que desenvolve a produção de antipoluentes contabilizados nas taxas de crescimento. Da mesma forma, quando se assimila crescimento e criação de empregos, em geral se esquece que o crescimento participa na supressão e na transformação de um grande número. As evoluções das taxas de crescimento e das taxas de desemprego não medem a natureza dos empregos criados ou as consequências dos empregos destruídos. Sabemos que atualmente a maioria dos empregos criados é mais precária.

As taxas da delinquência e as taxas de desemprego tornaram-se os critérios de avaliação do sucesso ou do fracasso de uma política. As reflexões sobre o bem público, o estar junto e o bem comum reduzem-se a porcentagens, curvas, taxas e índices. O debate instrumental — sobre os instrumentos de medida — instala-se em um vazio reflexivo sobre a melhoria da vida individual e coletiva, sobre as finalidades da existência humana e social.

Patrick Viveret (2003) nota, a respeito do crescimento: "Dispomos de um curioso termômetro, pois não sabemos se ele nos indica a boa temperatura. Devemos alegrar-nos com uma grande taxa de crescimento de nosso produto interno bruto? Sim, caso se trate de criar riquezas e empregos suscetíveis de melhorar o nível e a qualidade de vida de uma coletividade. Não, se esse crescimento for devido ao aumento dos acidentes, à progressão de doenças oriundas da insegurança alimentar, à multiplicação das poluições ou à destruição de nosso meio ambiente natural. Por não estabelecer um mínimo de distinção, não nos limitarmos a uma contabilização monetária, sem proceder a uma avaliação da natureza das riquezas produzidas ou destruídas, estamos condenados a ver nossos instrumentos atuais facilitarem comportamentos perigosos do ponto de vista do bem comum".

A política produz sua própria impotência ao se preocupar mais com as taxas de crescimento do que com o bem-estar dos concidadãos. Se o crescimento é necessário, ele não pode ser considerado como uma finalidade em si, nem como a medida do progresso. A ideologia gerencialista erige o crescimento como dogma e invalida os debates sobre seu conteúdo. "Resistir ao mesmo tempo à condenação do crescimento e a sua sacralização aparece, desse modo, como a primeira condição para a superação da impotência do político" (Laville, 1999).

A ausência de distância crítica em relação à gestão em seu conjunto e a aceitação da ideologia gerencialista é acompanhada de uma concepção negativa do papel do Estado, que não é mais considerado como um elemento central de regulação, mas como um aparelho não rentável, que convém "modernizar". Com efeito, importam para ele os modelos de gestão supostos como eficazes, sem que uma reflexão de fundo tenha sido realizada sobre sua pertinência. Como nas empresas privadas, preconiza-se mais flexibilidade, uma redução dos efetivos considerados pletóricos e uma melhoria do serviço prestado. Para alguns, trata-se de se dirigir para uma privatização generalizada; para outros, de aplicar no setor público as técnicas de gestão do privado. As lógicas financeiras e comerciais são projetadas como fatores de progresso e como elementos de "realidade". Os funcionamentos atuais são desvalorizados, considerados como arcaicos e burocráticos. Os funcionários são estigmatizados por seu corporativismo e por sua improdutividade. Cúmulo do inaceitável, eles se beneficiam da segurança do emprego, como se a segurança fosse um privilégio que conviria combater e como se a insegurança do emprego fosse obrigatoriamente um fator de dinamismo, de motivação e de progresso.

A contaminação da política pela gestão leva a abalar a hierarquia dos valores e do sentido da ação. "Com toda a evidência, escreve Alain Caillé (1997), a corrente dominante, tanto no seio do pensamento de esquerda como no seio do pensamento liberal, continua persuadida de que os problemas centrais da sociedade humana são em primeiro lugar problemas 'reais', provindos da raridade material objetiva, e que tudo o mais, as ideias, os símbolos, os valores, as identidades, o psiquismo, tudo isso é tão somente literatura".

Quando a sociedade é concebida como uma empresa que é preciso gerenciar, quando os critérios de gestão são mais importantes que a análise política, assistimos a uma inversão entre os meios e os fins, entre o peso das normas financeiras e as missões "políticas" das instituições.

A gestão do habitat social

Depois da guerra de 1939-1945, uma parte da população vivia em favelas e alojamentos insalubres. Altos funcionários esclarecidos, sob o impulso de Paul Delouvrier e François Bloch-Lainé, desenvolveram um vasto programa de alojamentos sociais para oferecer abrigos decentes e confortáveis às categorias sociais que não tinham meios de se abrigar no mercado privado. Centenas de milhares de abrigos são construídos, e escritórios, encarregados de gerenciar esses alojamentos, são estabelecidos, com a tarefa de atribuir esses alojamentos àqueles que deles tinham maior necessidade.

Para garantir essa missão, diretores do escritório da HLM (habitação de baixo aluguel) devem conciliar uma exigência contábil de equilíbrio orçamentário e uma exigência de serviços que consistem em manter os alojamentos em bom estado, garantir sua manutenção, velar pelo bom desenvolvimento da vida no local, e até em favorecer o estabelecimento de equipamentos sociais. Bem depressa surgiu uma contradição entre a missão social desses organismos — acolher as populações mais desfavorecidas — e o interesse financeiro — acolher locatários solvíveis, na posse de ganhos estáveis e consequentes. Ainda mais que os habitantes que não têm problemas financeiros investem mais em seu local de vida e velam pela boa conservação de seu alojamento, o que favorece as relações de boa vizinhança, a conservação do patrimônio e a tranquilidade social.

Em toda organização, os indivíduos adaptam seu comportamento aos parâmetros segundo os quais pensam ser julgados. O "bom" gestionário é aquele que sabe reduzir as "taxas de inadimplentes". Desse modo, a grande maioria dos quadros das antenas de gestão organizou a "caça aos inadimplentes", ou seja, a expulsão dos maus pagadores e a recusa, nas comissões de atribuição, daqueles que arriscariam tornar-se inadimplentes. Aquilo que, de início, era um simples indicador contábil, tornou-se com o tempo um objetivo de gestão. E esse objetivo levou uma maioria dos escritórios HLM a enrijecer os modos de atribuição, rejeitando as pessoas mais desfavorecidas ou aquelas que tinham ganhos modestos, em favor das pessoas que tinham recursos suficientes e, portanto, de situações sociais mais favorecidas. Os responsáveis de antena que não aplicaram essa política viram sua porção se transformar em gueto social, concentrando as famílias mais desfavorecidas.

Esse exemplo permite individuar três processos no coração da lógica gestionária:

• a dominação dos critérios financeiros sobre as outras considerações;
• a tradução dessa exigência em cálculo e, portanto, em instrumento de medida quantitativo;
• a desvalorização das finalidades sociais.

A racionalidade dos meios leva a perder de vista as finalidades sociais e humanas ainda que essas finalidades sejam constitutivas da própria existência da instituição. Os diretores de escritórios são de início avaliados a partir de critérios de gestão orçamentária, e em segundo lugar a partir de suas capacidades de preencher a missão para a qual o organismo foi estabelecido. Um responsável por escritório declinava seu papel nos seguintes termos: "O desenvolvimento social não é meu cavalo de batalha. Um escritório é uma empresa. Não é preciso que tenha de perder alojamentos vazios, de inadimplentes. O que o conselho de administração quer são resultados, e não estados de alma..." (Gaulejac, Bonetti e Fraisse, 1989).

Um "bom" gestionário deve ser realista, concreto e eficaz. Desse modo, transformamos os locatários em produtos. Alguns são rentáveis, outros não. Essa evolução levou bom número de OPHLM (escritórios públicos de habitações a baixo aluguel) a pôr em ação regulamentos internos para fixar os critérios de recursos mínimos para a atribuição de um alojamento. Na prática corrente, os candidatos não devem concentrar mais de 30% de seus ganhos ao pagamento de suas despesas de locação, o que é chamado de "taxa de aplicação". Em certos escritórios pede-se até que se disponha de 10 euros de recursos por dia e por pessoa, depois de saldados todos os gastos.

Essa situação levou o DAL (associação direito ao alojamento) a impetrar um recurso contra um escritório público de locação e de construção (OPAC) diante do tribunal administrativo, que realizou seu julgamento no dia 23 de abril de 2001. Os considerandos são interessantes: o tribunal recorda que "a atribuição de alojamentos sociais participa da colocação em prática do direito ao alojamento, a fim de satisfazer as pessoas de recursos modestos e as pessoas desfavorecidas [...]. Os critérios forjados pelo locador social que tendem a excluir os candidatos mais modestos e, particularmente, as famílias numerosas, estão diretamente contrários à letra e ao espírito do código da construção". Por conseguinte, o tribunal pediu à OPAC que suspendesse os critérios de recursos exigidos. Em sua defesa, o locador social indicava que esses critérios haviam sido votados por um conselho de administração no qual estavam presentes representantes da prefeitura, da caixa de locações familiares e representantes de locatários. Se os recursos são raros, as práticas são constantes, mesmo nos organismos chamados de "sociais" (B. Bissuel, *Le Monde*, 3 de maio de 2001). Os indicadores de gestão são construídos sobre paradigmas de objetivação financeira, que transformam os locatários em recibos de quitação, sua "aplicação" em taxas e os habitantes em dossiês.

A ideologia gerencialista mata a política

Fascinados pelo modelo gerencialista e pelos valores que ele veicula, os membros da alta função pública e a maioria dos ministros são impregnados de valores em defasagem e frequentemente até hostis aos das administrações e das empresas públicas das quais estão encarregados. Em uma pesquisa realizada no seio dos gabinetes ministeriais, Aude Harlé (2003) resume os pressupostos veiculados por seus membros:

• O modo de funcionamento da administração é burocrático e desmotivador, ao passo que deveria ser eficaz e reativo.

• O estatuto do funcionário é um obstáculo para a iniciativa, para as tentativas de risco e para a motivação.

• Os regulamentos que indicam a permissão e a proibição, as prescrições e os interditos não permitem a responsabilização dos agentes.

• A justificativa pelo tempo de trabalho ou pelos concursos deve ser substituída pela corrida ao mérito e pelos resultados.

• A justiça considera menos uma partilha igualitária das riquezas e dos bens do que a recompensa pelas contribuições de cada um.

• À rigidez e à multiplicidade de textos burocráticos devem substituir a fluidez, a reatividade, o compromisso das pessoas, o gerenciamento por projeto.

• O governo por contrato deve substituir o governo pela lei; a direção normalizadora deve ser substituída pela direção por objetivos, a comunicação deve substituir a prescrição.

• A centralização é um obstáculo para a eficácia. É preciso, portanto, privilegiar o indivíduo acima do grupo, a diversidade acima da uniformidade.

• O homem político ideal é aquele que realiza façanhas, que procura se superar, à imagem do esportista e do empreendedor.

Os membros dos gabinetes ministeriais celebram "a França que ganha", os homens "que fizeram a si mesmos", a ideia de que depende de cada um ter sucesso em sua vida. Eles celebram um mundo competitivo, o culto do desempenho, e estigmatizam aqueles que não têm sucesso. Os discursos compassivos para com as pessoas idosas, as com deficiência e "a França de baixo" coexistem com uma invalidação de todos aqueles que não souberam se realizar, como se a responsabilidade do sucesso ou do fracasso definitivamente dependesse apenas da vontade individual de lutar.

A partir do momento em que os homens políticos optam por *gerenciar* em vez de *governar*, defendendo os valores da empresa mais do que os do Estado, apelando para a mobilização dos indivíduos mais do que para a defesa dos serviços públicos, eles entram em uma armadilha. Produzem, sem perceber, o descrédito de sua função. Os eleitores lhes aplicam os critérios de avaliação presentes no mundo do trabalho. Se eles falharem será porque não foram suficientemente reativos e eficazes. Como acionistas descontentes com seu PDG que não oferece uma rentabilidade suficiente, o cidadão-gestionário exige uma rentabilidade para sua cédula de votação. Se o desempenho é considerado medíocre, ele rejeita seus homens políticos como incompetentes.

A ideologia gerencialista mata a política. Preconizando uma exigência de resultados e de eficácia, ela desloca a política para o terreno do desempenho e da rentabilidade. Nesse contexto, os valores se perdem. Homens políticos considerados como honestos são agradecidos com brutalidade; outros, condenados por abuso de bens sociais ou malversações, são reeleitos com sucesso. A política se torna um mercado, à imagem da Bolsa, em que as sondagens de opinião atribuem o "valor" das personalidades políticas. As revistas indicam a cada semana aquelas que estão em alta e aquelas que estão em baixa. A televisão se torna a cena essencial sobre a qual se apresenta sua imagem, tornando-se o *marketing* político um elemento estratégico maior para ganhar uma batalha eleitoral. Cada cidadão é um convidado para realizar suas opções políticas, assim como o consumidor escolhe produtos de marca. Convém então manter um discurso que "cole" com as preocupações da opinião.

Os paradigmas da gestão contaminam o discurso político. O debate é sobredeterminado pelo prisma da comunicação. As "doutrinas políticas" são consideradas como arcaicas diante da eficácia gestionária e do pragmatismo da ação. A política é decalcada sobre a abordagem do *marketing* para ajustar constantemente a oferta a uma demanda formatada a partir das sondagens de opinião. A oposição é assimilada à concorrência. O eleito deve-se vender como um produto, os partidos devem-se organizar sobre o modo da empresa que vende sua imagem com grande reforço de publicidade. O discurso empresarial substitui o discurso político: o bom senso contra a ideologia, o pragmatismo contra as convicções, a eficácia contra os princípios, a ação contra os discursos. O eleito deve-se pôr a serviço do cidadão, assim como a empresa deve estar a serviço do cliente.

O cidadão-cliente

A política torna-se um mercado cujas diferentes partes partilham as fatias. Nessa conquista, convém, assim como para a grande distribuição, favorecer as fusões e as concentrações para ser mais forte e ditar sua lei aos pequenos. Essa evolução leva a uma mistura de desilusão e de desafeto. A política não é mais portadora de esperança. Ela não encarna mais um projeto de mudança, o sonho de uma sociedade melhor, uma melhoria do estar junto, uma exaltação dos valores democráticos e republicanos. A partir do momento em que "o" político segue a opinião pública, ele não é mais portador de convicções fortes. Seu discurso adapta-se aos diferentes públicos, ao contexto, às emoções coletivas. Ele deve estar em fase com o cidadão-consumidor, estar à "escuta do terreno" e não chocar ninguém. Deve seguir o curso do vento, ser capaz de dizer uma coisa e seu contrário, assumir compromissos sem se preocupar demasiadamente em saber se vai conseguir mantê-los. O pragmatismo não é compatível com a afirmação de convicções demasiadamente claras.

A colocação da ação como valor leva a desconsiderar os valores como guia para a ação. As finalidades são enunciadas em curto prazo, dirigidas a problemas concretos que se pretendem resolver de imediato. Os políticos pensam renovar sua legitimidade pondo-se à escuta dos problemas na instantaneidade. Por não pensar na sociedade de amanhã, eles gerenciam as exigências do presente. Essa absorção do futuro pelo presente leva ao abandono progressivo das categorias da esperança, da expectativa ou da utopia (Laïdi, 1994). A política perde seu poder visionário e suas capacidades de mobilização sobre projetos coletivos que não podem ser realizados a não ser com tempo. "Em um mundo em que, dizem-nos, é preciso antes de tudo adaptar-se rapidamente, como se pode ainda adaptar o mundo na duração? Quando a palavra de ordem é reatividade, pode-se ainda ter a ambição de curvar a realidade?" (Jauréguiberry, 2003).

A abstenção traduz a desconfiança em relação à palavra dos eleitos e uma crise da democracia. O cidadão, transformado em consumidor passivo, manipulado por campanhas de publicidade simplistas, desinteressa-se da coisa pública. Quando o voto é assimilado a uma relação comercial, ele perde seu valor simbólico, não tem mais sentido. Quando o debate político não permite mais discutir em torno de projetos de sociedade, de definir orientações para o futuro, de confrontar visões do mundo diferentes, a vitalidade democrática se torna obsoleta, perde sua própria substância. A política é tão somente o teatro de ambições pessoais, de confronto de discursos formatados, de pequenas frases ou de grandes negócios, que se tornam os títulos de jornais televisivos, que o expectador consome como uma partida de futebol ou um folhetim. No momento do voto, a abstenção ou o voto nulo são as duas faces, uma resignada e passiva, a outra revoltada e ativa, do desafeto pelo político.

Paradoxalmente, tanto a desilusão como o desafeto não levam à indiferença. Quando o cidadão é tratado como um cliente, ele se torna mais exigente. Quanto mais é desapossado da possibilidade de ser ator no jogo político, mais ele vai exigir o que lhe é devido e tratar o sistema político como um guichê de reclamação que deve estar a seu serviço. À imagem dos *managers*, tomados na empresa da organização hipermoderna, o eleito deve ser polivante, multifuncional, flexível e disponível. À escuta do cliente-cidadão, ele deve reagir instantaneamente diante dos acontecimentos imprevistos da vida social. Submetido ao terreno, assim como o empreendedor é submetido ao mercado, pedem-lhe que esteja disponível a todo momento, reativo diante de cada acontecimento, adaptável para se colocar à altura dos diferentes públicos encontrados. Entre política e gerenciamento, as fronteiras se tornam porosas. Assistimos a uma privatização do político que é apenas um sintoma entre outros da privatização do mundo.

Perda de credibilidade e impotência

A assimilação da sociedade a uma empresa faz com que a política perca sua nobreza e sua importância. A satisfação dos interesses individuais e dos interesses categoriais faz com que se perca de vista o interesse geral. O Estado não é feito para "gerenciar" a sociedade. Ele é a garantia da segurança de todos, da igualdade de direitos, do desenvolvimento da democracia, do fato de que cada um possa ter um lugar sejam quais forem suas origens, suas competências, suas convicções e seus meios. Ao querer gerenciar o Estado como uma empresa, os funcionários são considerados como efetivos que é preciso reduzir, seu orçamento como um fardo insuportável, suas intervenções como entraves para a iniciativa individual.

A fiscalidade não é mais considerada como contribuição necessária para financiar a saúde, a educação, a solidariedade ou a cultura, mas como um custo sempre demasiadamente elevado que é preciso aliviar a qualquer preço. O pagamento do imposto não é mais um ato de cidadania, fundado sobre a honra de contribuir com o bem comum, mas uma corveia que é preciso o quanto possível suprimir, utilizando as múltiplas oportunidades de desfiscalização, ou instalando-se em "paraísos fiscais". O mundo político, que colabora para a denigração do imposto, é bem cego visto que encoraja os cidadãos-eleitores a diminuir seus meios de ação. Dessa mesma forma, ele favorece a demagogia, a perda de confiança nas instituições e nos serviços públicos, designados como ineficazes, inutilmente custosos e mal administrados.

Temos então um paradoxo dramático para todos aqueles que esperam que a política construa um mundo mais harmonioso: em nome da eficácia, procura-se pôr o Estado a serviço do desenvolvimento econômico, enfraquecendo suas capacidades de regulação. Isso faz com que a política perca sua missão essencial, ou seja, sua capacidade de preservar o relacionamento social.

Quando a política busca seus modelos na gestão, ela contribui para produzir sua própria impotência. Quanto mais a globalização econômica se desenvolve, mais os políticos parecem perder sua capacidade de ação e sua legitimidade. A razão frequentemente evocada para compreender esse fenômeno se refere ao duplo processo de desterritorialização e de abstração do capital. A circulação "em tempo real" dos capitais e a desnacionalização das empresas "multinacionais" ou transnacionais fizeram com que os Estados perdessem sua capacidade de controle. Eles se deixaram despojar, de um lado, de sua soberania, permitindo que os mercados financeiros assumissem sua autonomia e confiando a bancos centrais independentes o cuidado de gerenciar sua moeda. A abertura das fronteiras para favorecer o comércio mundial e a livre troca apenas acentuou o processo. O desenvolvimento das tecnologias de comunicação e de informação acelerou suas modalidades de colocação em prática. Os Estados perdem sua possibilidade de controlar os capitais, as informações, a moeda e a circulação das mercadorias. Eles conservam tão somente um poder sobre a circulação dos homens, o que não é o menor dos paradoxos de um sistema que se proclama liberal.

Assistimos então a disjunções entre as três esferas constitutivas das sociedades integradas: a econômica, a social e a política. Numerosos autores evocaram a fratura entre o econômico e o social (Perret e Roustang, 2001). Insistimos sobre a ruptura entre as lógicas financeiras e as lógicas de produção, que levam a desterritorializar as primeiras e a deslocalizar as segundas. Tendo sido externalizadas as consequências sociais e os custos financeiros dessas evoluções, as empresas não têm mais razões "racionais" de levá-las em conta.

Os políticos parecem impotentes para dominar o mundo, para oferecer perspectivas de futuro portadoras de progresso, para promover a emancipação dos povos. Eles se encerram em uma gestão laboriosa dos "efeitos da crise", crise que parece de fato instalar-se duravelmente, o que mostra, se houvesse necessidade, que se trata de um funcionamento estrutural e não de um estado conjuntural. Deixando-se contaminar pela gestão, a política perde sua credibilidade e até sua legitimidade. Para uns, ela se "vendeu ao grande capital", para os outros, ela é impotente para impedir a instauração de uma sociedade de mercado na qual o homem é gerenciado como não importa qual outra mercadoria. Uma evolução que invalida o próprio coração daquilo que deveria estar no fundamento do político: a instauração de um mundo comum (Tassin, 2003).

A construção de um mundo comum

Sobre o palácio dos reitores da cidade de Dubrovnik, podemos ler uma inscrição gravada na pedra: "Esqueçam seus interesses privados pelo interesse geral". Durante seu mandato, os reitores não deviam sair do palácio, a fim de se consagrar inteiramente a seu cargo. Eles se inspiravam nos valores da Grécia antiga, que consideravam que não havia nada de mais nobre nem de mais invejável do que se ocupar dos negócios da cidade.

Marcel Gauchet analisa a impotência do político por meio de um movimento paradoxal: a vinda do Estado social, que permitiu aos indivíduos saírem de sua dependência originária, familiar e de vizinhança, propiciou ao indivíduo "a liberdade de não ter de pensar que ele está em sociedade" e, por conseguinte, de consagrar o triunfo do modelo do mercado em nossas sociedades (Gauchet, 1998). Tendo em vista que o Estado se torna de algum modo responsável pela produção do relacionamento social, o indivíduo não se sente mais responsável para "fazer sociedade". Ele se dobra então sobre a contabilidade de suas vantagens e de seus interesses, que ele procurará otimizar ao máximo. O indivíduo hipermoderno esquece que vive em sociedade. Assistimos ao desenvolvimento do "privatismo", que incita o indivíduo a se desprender das relações sociais. "O privatismo tira do ator social sua capacidade de se inscrever em uma comunicação social e nas interações coletivas relativas à sociedade; ele o priva do espaço público de ação, das condições intersubjetivas da reflexividade e também de sua consistência pública."[2] Ele desenvolve uma propensão à desafiliação e ao desinteresse, que é uma das causas maiores do desinvestimento da esfera política, reforçada pela comercialização da vida social e pelo desmantelamento do Estado-providência. Perdendo-se na gestão, os próprios políticos contribuem para produzir sua impotência e seu descrédito.

Voltar ao coração do político é preocupar-se, de início e antes de mais nada, com tudo aquilo que favorece "o estar junto". É celebrar uma sociedade na qual os indivíduos não são considerados de início como trabalhadores e consumidores, mas antes de tudo como cidadãos, ou seja, sujeitos que agem juntos. Não uma agregação de indivíduos que vivem lado a lado, partilhando um bem supostamente comum, mas uma comunidade de atores cuja preocupação maior é a de construir um *mundo comum*. "Viver juntos democraticamente não é tanto um *estar junto* e sim um *agir junto*. E o cidadão não é tanto o membro de uma dada comunidade, mas o coautor de uma comunidade em ato" (Tassin, 2003).

O que contribui para construir a sociedade, para estabelecer a convivialidade, para celebrar o prazer do viver junto, o que caracteriza uma verdadeira atividade cívica hoje é desvalorizado. O interesse privado é mais importante que o interesse geral. Para reencontrar sua nobreza, a política deve não só se desligar da ideologia gerencialista, mas combatê-la frontalmente. Sua finalidade não é gerenciar a sociedade, mas governar homens para construir um mundo melhor.

---

[2] O termo "privatismo" foi proposto por Ota de Leonardis. Ele é retomado por Jean-Louis Laville (1999), p. 162.

Entre a política e a gestão, as concepções da ação coletiva se opõem e se completam. A gestão considera os indivíduos a partir de sua funcionalidade econômica, como acionistas, trabalhadores e consumidores. A política deve solicitá-los para ser cidadãos-atores, que esperam o reconhecimento de sua contribuição para o bem comum, mais do que de seu enriquecimento pessoal. Um favorece o estar junto, o outro a luta pelos lugares. Convém então sair da armadilha que submete a política às leis da gestão, destruindo aquilo que é seu próprio fundamento.

A democracia se constrói todos os dias pelo estabelecimento cotidiano de relações humanas, "que de nenhuma forma são dadas nem totalmente predeterminadas, mas se inventam e se desfazem em função das situações, das relações de força, dos conflitos, das ações realizadas de comum acordo" (Tassin, 2003). Construir solidariedades concretas, tornar o mundo menos injusto, pacificar as relações entre os homens, combater as incivilidades, celebrar as virtudes de hospitalidade, contribuir para o bem comum, dar oportunidade à alteridade — é na ação cotidiana de cada um que a democracia pode-se reforçar.

A política recupera sua credibilidade quando ela se põe a serviço de um projeto de civilização respeitoso da dignidade e do bem-estar de cada concidadão, atento ao meio-ambiente, aos direitos do homem, a uma repartição equilibrada das riquezas produzidas. Um mundo mais acolhedor para as crianças, mais justo para as pessoas mais fracas (Sansot, 1991), mais pacífico para todos.

Capítulo 13

A ligação vale mais que o bem

> A inteligência não consiste em se fixar ao mesmo tempo sobre duas ideias contraditórias, sem por outro lado deixar de funcionar? Deveríamos, por exemplo, compreender que as coisas são sem esperança e, entretanto, estarmos decididos a mudá-las.
>
> *Francis Scott Fitzgerald*, "La Fêture"

Digamos, de início, que os remédios para a "doença da gestão" não são simples. Não há, em sua ocorrência, nem poção mágica nem cirurgia reparadora. As respostas estão mais do lado da homeopatia: um remédio suave, com paciência e delicadeza, cuja eficácia não é comprovada de uma vez por todas e que exige grande implicação do próprio indivíduo para produzir efeitos. Entre a expectativa militante de uma grande noite e as respostas facilmente operatórias, há lugar para respostas clínicas, que consistem em coconstruir o diagnóstico e os remédios com os atores implicados.

Nosso diagnóstico põe em evidência diferentes sintomas: perda de sentido, perversão dos valores, comunicação paradoxal, explosão dos coletivos, vontade de poder desmedida, transformação do humano em recurso, pressão sobre os indivíduos em uma competição sem limites, assédio generalizado, exclusão para uns, estresse para outros, perda de confiança no político. Esse quadro é esmagador. Alguns pensarão que ele é denigratório, outros que ele está aquém da realidade. Conforme as sensibilidades, alguns deles deduzirão que é preciso sair do sistema capitalista para mudar radicalmente as relações entre o capital e o trabalho e pôr novamente em questão a primazia da lógica financeira. Para outros, que é preciso regular as relações internas da empresa a fim de novamente equilibrar as relações entre os acionistas, os clientes e os empregados, confiando ao gerenciamento o poder de encontrar mediações entre esses diferentes atores. Outros insistirão sobre a batalha ideológica contra o ultraliberalismo, por meio da construção de um imaginário social que permita pensar diferentemente as relações entre o econômico, o social e o político.

O canteiro de obras está aberto há tempo. Nosso propósito não é o de reescrever *O Capital* de Marx, nem um tratado de gestão democrática da empresa, e menos ainda elaborar um programa político. Mas simplesmente definir algumas orientações simples para pensar a gestão de modo diferente: visar as organizações como microssociedades, cujo funcionamento remeta tanto à gestão como à antropologia; considerar o homem como um sujeito, mais que um recurso; analisar a empresa como uma instituição social e não um organismo com finalidade estritamente econômica, reconsiderar a importância do dom para o fundamento daquilo que "faz sociedade", construir uma economia mais solidária e preocupada com o laço social.

Uma gestão mais humana dos recursos

A "ciência gerencial" é modelada entre duas tendências. Uma põe à frente a preocupação operatória de desenvolver instrumentos e técnicas a serviço da eficácia e dos desempenhos da empresa. A outra põe à frente a preocupação científica de desenvolver teorias e métodos a serviço de uma compreensão global da empresa, abordagem global e, portanto, pluridisciplinar, que deve apoiar-se sobre a economia e sobre o conjunto das ciências sociais. A economia não pode ser pensada independentemente da sociedade. O *oiko nomos* significa, em grego, a "organização da casa". Essa "eco-nomia" deveria desenvolver-se respeitando três princípios fundamentais:

• O respeito pelo *oikos logos*, ou seja, pela ecologia e pelo desenvolvimento durável. A economia deve garantir a renovação dos recursos que ela destrói e contribuir para proteger nosso meio ambiente, que constitui a "Terra-Pátria" (Edgar Morin), o bem comum para toda a humanidade. Essa exigência deve estar no coração da preocupação de todos os governos, assim como deve reunir o conjunto dos "cidadãos do mundo" em uma mobilização permanente.

• O respeito pelo *anthropos logos*, ou seja, pela espécie humana e pela sociedade. A finalidade da atividade humana não é o desenvolvimento do capitalismo. A economia só tem sentido uma vez que ela contribui para o desenvolvimento do laço social, para o bem-estar coletivo, que é diferente do "possuir" ou ainda do "possuir mais". A melhoria das relações entre o ser do homem e o ser da sociedade está no coração do projeto que deve fundar uma concepção antropológica da gestão.

• O respeito pela *psychè logos*, ou seja, pela vida psíquica. "A organização da casa" deve ser concebida para favorecer o bem-estar de cada um, a satisfação das necessidades individuais e coletivas. A economia a serviço da vida humana, não somente para elevar o nível de vida e favorecer o consumo, mas para desenvolver condições de vida harmoniosas, que respeitem os ritmos biológicos. Uma economia solidária, fundada sobre a resposta às necessidades existenciais dos indivíduos.

Esses três princípios visam a empresa como uma construção antropológica, em ruptura com os paradigmas apresentados no capítulo 2.

- A gestão não deve ser apreendida a partir de modelos teóricos inspirados nas ciências exatas, e sim nas ciências sociais.
- A finalidade da empresa não é exclusivamente econômica e financeira, mas em primeiro lugar humana e social.
- O trabalho não pode ser considerado unicamente sob o ângulo da produção e dos resultados, mas igualmente sob o ângulo do sentido da atividade.
- A subjetividade e a vivência são variáveis tão importantes quanto a produção e a rentabilidade.

Nós voltamos ao projeto de construir uma antropologia das organizações, "que repousa, de um lado, sobre certa abertura disciplinar e, do outro, sobre o retorno a dimensões centrais frequentemente esquecidas pelo mundo da gestão" (Chanlat, 1990 e 1998). A empresa deve ser analisada como um *fenômeno social total* e, portanto, como um conjunto de processos em permanente construção. Como todo fato social, a empresa é condicionada por uma multiplicidade de determinantes, sem que possamos isolar um deles, que seria a chave explicativa do conjunto. A necessidade do lucro é sem dúvida inevitável, mas a lógica financeira é apenas um aspecto das coisas. As leis que regem o funcionamento de uma empresa obedecem a ordens disciplinares diferentes, sem que possamos decidir *a priori* que uma é superior às outras. A organização é uma construção social que envolve mecanismos econômicos, mas igualmente políticos, ideológicos e afetivos. A polissemia dos fatos sociais leva a abandonar o modelo da causalidade linear e unívoca: o fato social é sempre o produto de outros fatos e contribui para produzir fatos novos, assim como para transformar os elementos que o produziram (Morin, 1990).

Criticamos a "subida da insignificância", para retomar uma expressão de Cornelius Castoriadis, e de todos os discursos prescritivos que se consideram motivar os empregados e favorecer a adesão. Em muitos casos, essa adesão é tão somente de fachada. A gestão recuperará a credibilidade que perdeu se puder trazer mais sentido e menos insignificância, mais compreensão e menos prescrição, mais análise qualitativa e menos medida quantitativa. Uma gestão mais humana, que recuse instrumentalizar os homens, considerando-os como um custo ou como um recurso.

Do indivíduo-recurso ao indivíduo-sujeito

A perspectiva utilitarista e o primado da racionalidade instrumental levam a negar uma dimensão particularmente essencial do humano. Os seres humanos não são coisas. Convém, portanto, considerar o indivíduo não como um recurso, mas como "o produto de uma história da qual ele procura se tornar o sujeito" (Gaulejac, 1999). No próprio fundamento do humano há uma aspiração de se construir como um ser singular, ligado aos outros em um desejo de realização. É esse paradigma central que deve fundar o conhecimento e a concepção da ação humana. A busca de cada homem de se tornar um sujeito tem múltiplos aspectos. Ele se exprime no registro do conhecimento, no do direito, mas também nos registros sociais e psíquicos.

O indivíduo humano é caracterizado por sua capacidade reflexiva e deliberativa: capacidade de pensar o mundo, de se pensar no mundo, de ter uma atividade racional e calculadora, mas também por sua capacidade de pôr em questão a si mesmo e seu meio ambiente. O indivíduo reflexivo pode pensar alguma coisa diferente daquilo que existe. O imaginário não se opõe ao real, mas é uma de suas formas de expressão. A imaginação pode ser "conservadora", quando ela se calca sobre uma realidade percebida como intangível, ou "progressista", quando ela salienta aquilo que o real tem de insuportável, desenhando os contornos de um mundo diferente. É imaginando outros possíveis que os homens podem transformar a sociedade na qual vivem. A atividade deliberada se opõe à atividade instrumentalizada. Ela favorece a emergência de indivíduos reflexivos. Ela oferece a possibilidade para cada ser humano de pôr em prática uma coerência entre sua reflexão e suas ações. Nenhuma organização, por mais tecnocrática ou burocrática que seja, pode funcionar sem que se exerça um mínimo de pensamento crítico. Cada agente desenvolve uma inteligência permanente para que "isso funcione", como complemento ou como contradição com as prescrições que "o sistema" enuncia. Todavia, com maior frequência, as capacidades deliberativas são, principalmente nas organizações de massa, ou inibidas ou canalizadas para objetivos quantitativos. Para inverter essa tendência, seria preciso ter confiança nos trabalhadores, mais do que nas prescrições, na inteligência deles do que nos procedimentos, em sua capacidade de ação, mais do que nos regulamentos. O sujeito reflexivo sabe desenvolver suas capacidades criativas em um meio ambiente em que a confiança é mais importante que o controle, a iniciativa mais que a medida dos resultados, a sublimação mais que a onipotência.

    Cada um pode e deve contribuir para a produção do sentido da ação coletiva. A racionalidade instrumental é uma negação do humano. Tudo aquilo que tende a objetivar e a instrumentalizar os indivíduos, tanto na reflexão como na ação, choca-se constantemente com a vontade, mais ou menos afirmada conforme os indivíduos, de serem considerados como sujeitos. Nos processos de produção de bens, de serviços, assim como na produção do conhecimento, é preciso favorecer aquilo que concorre para o desenvolvimento das capacidades reflexivas individuais e coletivas.

Cada indivíduo deve também ser reconhecido como um sujeito de direito, ou seja, igual a qualquer outro "em direito e em dignidade", conforme o enuncia o artigo 1 da Declaração Universal dos Direitos do Homem. Não pode haver acesso à autonomia verdadeira fora de uma base jurídica que enuncie as regras necessárias para viver em sociedade, regras que se impõem a todos. A violência das relações sociais e da luta pelo poder só pode ser canalizada pelo reconhecimento dos direitos. Elaborar uma lei comum, reconhecida por todos, fator de democratização, deveria ser uma das preocupações maiores da gestão dos homens e das organizações. O poder gerencialista deveria preocupar-se tanto com a livre circulação dos capitais e das mercadorias como a defesa do direito do trabalho e da proteção social.

A ideia de que a desregulamentação do trabalho é fator de liberdade é uma ideia falsa. Uma liberdade é efetiva com a condição de ser garantida pelo direito. Da supressão da escravatura e do trabalho das crianças até a regulamentação do tempo de trabalho e da aposentadoria aos 60 anos, os progressos nesse domínio são sempre o resultado de leis. As deslocalizações e a globalização em seu conjunto levam a um alinhamento dos direitos sociais sobre as legislações menos favoráveis aos trabalhadores. Notamos, no capítulo 1 o desequilíbrio entre o FMI, ao OMC e o BIT quanto à harmonização das políticas nacionais e à capacidade desses organismos de impor regras comuns. Se a circulação dos capitais e as trocas comerciais se beneficiam de uma liberdade garantida em nível internacional, as legislações sociais e o direito do trabalho são deixados à discrição dos diferentes países. Mais grave ainda, um reforço dos direitos dos trabalhadores se traduz imediatamente por uma ameaça de fuga dos capitais. Podemos esperar que a Europa vá fazer pressão para mudar esse estado de coisas. A liberdade não se divide. A liberdade das trocas comerciais e da circulação do capital deve ser acompanhada de uma melhoria da proteção dos tra-

balhadores e da colocação em prática de um direito universal do trabalho, a fim de garantir a liberdade e a dignidade dos trabalhadores. São esses apoios jurídicos que produzem a segurança social (Castel, 2003) de que cada um necessita para ser sujeito. Ser sujeito de direito é uma das condições necessárias para poder afirmar-se como sujeito sócio-histórico.
Cada indivíduo é produtor da sociedade e das organizações nas quais ele vive. Dizemos em geral "às quais ele pertence". Ser sujeito é não pertencer a ninguém, nem a pessoas físicas nem a pessoas morais. O sujeito pertence apenas a si mesmo. Por outro lado, ele sabe que não se pode ser sujeito sem se confrontar com a alteridade, sem se inserir em um coletivo, sem contribuir com o bem comum. A própria essência da colaboração e da criatividade humana encontra sua fonte em formas de organização que permitem a cada um de seus membros desenvolver suas potencialidades próprias, ao mesmo tempo respeitando os outros. A gestão deveria, portanto, preocupar-se com aquilo que "faz sociedade". A empresa não encontra sua finalidade em si mesma. Ela é um meio, entre outros, para produzir a sociedade e melhorar o bem-estar coletivo, até daqueles que não lhe "pertencem". Ela deve, portanto, levar em conta as consequências humanas, sociais e do meio ambiente de seu funcionamento, integrando esses diferentes parâmetros em seu sistema de gestão.
Cada indivíduo é igualmente um ser de desejo. A autonomia, tanto no pensamento como na ação, apoia-se sobre o reconhecimento de seus desejos sem se deixar submeter ao desejo do outro ou se deixar dominar por seus fantasmas. O desejo de onipotência, a busca insaciável de reconhecimento, a procura de um domínio absoluto sobre o mundo, a vontade de ser o número um, todos esses fantasmas são eminentemente destrutivos. Estar suficientemente consciente de seus desejos inconscientes e de suas angústias para poder "estar no mundo", ou seja, conciliar seu próprio desenvolvimento

com o desenvolvimento daquilo que "faz sociedade". Não se trata mais então de canalizar a energia libidinal para lógicas de lucros e de interesses — quer sejam pessoais, materiais, financeiros ou outros —, mas para objetivos de bem comum e de bem-estar, onde o estar junto aparece como mais importante do que o interesse individual.

Dar novamente sentido à ação

A gestão não teria se tornado uma ideologia dominante se não viesse preencher um vazio. Mas a ética dos resultados não pode satisfazer a necessidade de crer que, em nossas sociedades hipermodernas, o declínio das religiões não funciona mais. O contrato social deve, antes de tudo, dar de novo à troca simbólica um lugar central entre o imaginário social capitalista, dominado por fantasmas de onipotência e de descomedimento, e um real econômico limitado pela pobreza, pela fome, pelo excesso de produção e de exploração.

Como todo universo social, o mundo da empresa combina três registros que são todos necessários, tanto uns como outros:

• a realidade concreta e material da organização como conjunto de bens, lugares, objetos, agentes, procedimentos e modos de funcionamento;
• as representações construídas sobre essa realidade por todos aqueles que contribuem para produzi-la;
• as normas, as regras, as linguagens, as significações que fixam a ordem simbólica, ou seja, o sistema de referência que permite produzir sentido sobre essa coletividade humana.

A gestão tem a tendência de apoiar-se no registro material, sem perceber que ela constrói um sistema de representação parcial e truncado. É a razão pela qual ela não fornece respostas satisfatórias sobre o registro simbólico. O valor de cada coisa e de cada homem é menos função de sua utilidade econômica, do que do conjunto das contribuições que ele fornece a essa coletividade. O "valor" simbólico confere mais preço ao reconhecimento do que à produtividade, às qualidades humanas do que às ratios financeiras, ao bem-estar coletivo do que aos resultados econômicos. Os homens não podem trabalhar e viver sem dar sentido a sua ação. O homem racional que procura otimizar seus recursos e defender seus interesses por meio de comportamentos estratégicos é um homem amputado de suas paixões, de suas capacidades imaginativas e principalmente amputado da necessidade de dar sentido a sua existência. A ordem simbólica é a expressão dessa necessidade. Em primeiro lugar, por meio da linguagem, que permite comunicar, elaborar, colocar em palavras. Em segundo lugar, na construção permanente de símbolos que fixam os "achados" e as referências necessárias para a vida social. Quando a ética de resultado substitui outras considerações, ela produz uma forma de simbolização abstrata e desencarnada, que não pode satisfazer a necessidade de crer. A quantofrenia, o "falar vazio", a insignificância, a normalização do ideal são todos eles processos que ilustram a falência simbólica dos discursos gestionários.

O paradoxo, instrumento do poder gerencialista, faz perder a razão, no sentido próprio e no sentido figurado. Por exemplo, quando assalariados recebem, na mesma semana, um bônus pelos bons resultados obtidos no ano anterior e o anúncio do fechamento do local em que trabalham. O anúncio simultâneo de planos sociais e de resultados positivos se tornou prática corrente. Quando os efetivos baixam, as ações sobem. Esses exemplos são "desastres simbólicos". A dupla linguagem sobre o trabalho produz uma mobilização subjetiva, porque ela cria uma obrigação de resultado, e uma imobilização da ação, porque ela não fornece os meios operativos para realizá-la. "Essa situação torna difícil, até impossível, a simbolização do conflito. Como resultado, a pessoa toma sobre si esses conflitos sem nome" (Dujarier, 2004). É a própria essência do poder gerencialista que prende os trabalhadores em paradoxos, em impasses, em conflitos não simbolizados.

A escola de Palo Alto fez a demonstração de que um sistema de comunicação paradoxal podia tornar a pessoa louca, e que o único meio de escapar à loucura era comunicar sobre o próprio paradoxo (Bateson, 1977). Evocamos a esse respeito um nível "meta", que permite escapar do paradoxo analisando-o a partir do exterior. O registro simbólico é da mesma natureza, porque ele permite refundir um sentido fora do sistema de legitimação interna, que todo poder põe em prática. Para sair da repetição, é preciso sair do quadro no qual pensamos o problema, ou seja, da armadilha, que consiste em procurar a solução a partir de elementos que são sua causa. Por exemplo, as múltiplas técnicas para aprender a gerenciar seu estresse só podem mantê-lo, pois é o próprio modo de gestão que é responsável por ele. Nessas condições, a libertação do estresse não é da ordem da aprendizagem de um comportamento operativo, mas da ordem da compreensão em profundidade de suas causas e de seus efeitos. Para dele se libertar, é preciso dar ao indivíduo os meios de fazer ligações entre a pressão do trabalho e seu funcionamento psíquico (Aubert e Pagès, 1989). Propor "gerenciar o estresse" apenas o mantém, na melhor das hipóteses, aprendendo-se a suportá-lo. Para escapar do estresse, o indivíduo deve sair do universo da gestão. Caso contrário, ele se prende em um paradoxo, que consiste em procurar a solução do problema naquilo que o produz.

A gestão recuperará credibilidade se, mais do que legitimar os paradoxos do poder gerencialista, ela produzir um conhecimento que permita compreendê-los. Para isso, seria necessário que ela estivesse menos submetida a critérios de utilidade. A distinção entre a utilidade e o sentido é essencial aqui. Hannah Arendt dá uma ilustração luminosa a respeito (1958). De um lado, o *homo faber*, cuja ação e os motivos para agir estão totalmente submetidos a critérios de utilidade, como se fosse preciso primeiro responder à questão "para que serve isso?". Do outro, o sujeito que "dá as costas ao mundo objetivo das coisas de uso para retornar à subjetividade do próprio uso" (Arendt, 1961). O que importa, antes de tudo, não são os resultados da ação mas a própria ação, o modo como ela é realizada. A utilidade instaurada como sentido gera o não sentido. No mundo da gestão em que tudo deve servir a alguma coisa, o próprio sentido se torna paradoxal. Porque um fim, depois de atingido, deixa de ser um fim e perde sua capacidade de guiar e de justificar a ação. Querer ser o número um não tem sentido no tempo. Podemos concebê-lo, rigorosamente, como um objetivo transitório. Depois de atingido, ele perde seu sentido. Ele se torna até destrutivo, uma vez que submete a empresa a uma corrida insensata para frente. A acumulação capitalista não pode encontrar seu sentido em si mesma. Ela não pode conceber-se fora de uma outra finalidade, a de produzir riqueza para o bem comum.

O único modo de novamente dar sentido à gestão é, portanto, libertar-se do "mundo objetivo das coisas de uso", para encontrar o essencial, o confronto das subjetividades, a fim de definir um sentido comum, aceitável por todos. Trata-se de compreender como cada um produz o sentido de suas ações, desenvolvendo a possibilidade, para todos os atores da empresa como profissionais, mas também como cidadãos e como sujeitos, de definir quais valores ele lhes dá. Convém sair de uma lógica de avaliação para desenvolver "ações comunicativas emancipadoras" (Habermas, 1987). Desenvolvemos a esse respeito o conceito de *avaliação dinâmica* (Gaulejac, Bonetti e Fraisse, 1989). Ela visa a pôr em prática dispositivos leves de mudança dos procedimentos, dos modos de comunicação e de informação, das relações entre os diferentes parceiros de uma organização, associando-os desde sua concepção. Participando na realização dos diagnósticos, o pessoal toma consciência das transformações necessárias e contribui para sua colocação em prática. Quando a atividade faz sentido para o sujeito, sua adesão está adquirida. Ele pode então mobilizar todas as suas capacidades reflexivas e criativas. Não há nenhuma necessidade de grandes discursos quando há uma coerência entre os objetivos perseguidos e os meios postos em prática. Espera-se da gestão essa coerência que cruelmente faz falta nas empresas gerencialistas entre o vivido e o conceito, entre o prescrito e o realizável, entre a cifra e o que ela mede. A discussão coletiva, o confronto dos pontos de vista, permitem dar novamente sentido à ação, avaliar sua pertinência, pôr novamente regulação em um mundo ameaçado pelo caos.

Encontrar de novo a alegria de dar em público

Se a empresa é uma microssociedade humana, convém gerenciá-la levando em conta a regra social primordial, constitutiva de toda sociedade: "a tríplice obrigação de dar, de receber e de devolver" (Mauss, 1924). Nem a utilidade nem o interesse são os motores da relação social: "Antes até de produzir bens ou filhos, é primeiro a ligação social que importa edificar. Pois a ligação importa mais que o bem, eis o que afirma o dom" (Caillé, 2000). O dom está no fundamento da ligação social, o que não quer dizer que ele seja gratuito, sem motivo, sem razão de ser, sem "interesse". Mas simplesmente que o interesse e a utilidade do dom não pertencem ao registro comercial, especulativo ou contábil. Não é o lucro que é buscado ou a satisfação de um interesse próprio. "A mão que dá está acima da mão que recebe", diz um provérbio burkinabê, resumindo perfeitamente a tese de Marcel Mauss.

O dom sela a aliança uma vez que aquele que dá procura satisfazer seu interesse próprio por meio da satisfação do interesse do outro. É rivalizando dons que os homens criam ligações entre si. O dom garante a reciprocidade, a possibilidade de um confronto com a alteridade, a perspectiva de construir uma sociedade de sujeitos, ao passo que a sociedade comercial transforma o indivíduo em consumidor, o ator em produtor e o cidadão em cliente. Quando a contribuição de cada um para a sociedade se traduz em termos monetários, o cidadão esquece o gosto da gratuidade, o sentido do bem comum. Ele se perde no cálculo entre o que ele gasta e o que ele recebe. Ao contrário, a preocupação com o bem público e a construção do estar juntos supõem encontrar uma harmonia entre o interesse pessoal e o interesse geral. O dom não se mede em termos contábeis. O "retorno" não deve ser apreendido nos termos da equivalência, e sim nos da troca simbólica.

A existência social de cada um se revela tanto na profundidade da subjetividade, que funda o sentimento de existir, como na materialidade do estatuto, dos ganhos dos empregos necessários para essa existência. Longe de se opor, subjetividade e objetividade se conjugam. Valor de uso (utilidade funcional), valor de troca (interesse pecuniário), valor simbólico (instância de significação) devem-se combinar. Cada um é totalmente necessário para fundar uma aliança que permite a passagem da guerra para a paz, da desconfiança à confiança, da concorrência para a colaboração, da competição para a solidariedade. A dimensão simbólica é a base a partir da qual as relações sociais se constroem. O símbolo é um modo de selar um acordo entre os homens, de aceitar significações comuns.

É o primado do econômico sobre o simbólico que apresenta problema. A "crise" é constantemente evocada por meio do crescimento, do desemprego, dos déficits públicos, dos encargos, das variações da Bolsa. Sobre o registro político, evoca-se a impotência das instituições e do Estado, o arcaísmo dos serviços públicos, o peso dos impostos e das regulamentações. Essa construção imaginária da sociedade desvaloriza a ação pública. Quando se espera do econômico a solução para os problemas da cidade, quando se considera "o social" como o conjunto dos problemas colocados pelas populações pobres, desvaloriza-se aquilo que funda a própria sociedade: o dom, a gratuidade, a reciprocidade, a vida democrática, a busca de justiça e de liberdade.

O universo da gestão substitui o dom pelo interesse, a gratuidade pelo enriquecimento, a obrigação de devolver pela defesa da propriedade individual, a dignidade pela utilidade, a solidariedade coletiva pela celebração do mérito individual, a honra pela estratégia. Ele transforma as relações humanas em relações comerciais, os cidadãos em clientes que reclamam o que lhes é devido e os políticos em provedores de serviços. É preciso encontrar novamente "a alegria de dar em público, o prazer da prodigalidade artística generosa, o da hospitalidade e da festa" (Mauss, 1924). Na linha de Mauss, a moral social deve-se fundar "sobre o respeito mútuo e sobre a generosidade recíproca, que garantem a redistribuição da riqueza acumulada. É a condição da felicidade dos indivíduos e dos povos" (Fournier, 1994, p. 521). A honra, o desinteresse e a solidariedade são valores de base necessários para a vida social. Os homens deveriam preocupar-se mais com essa moral do que com o sucesso individual. Em vez de querer "pôr as pessoas no trabalho", para mobilizá-las na corrida para a produtividade, seria tempo de encontrar novamente o prazer da gratuidade, da troca e da partilha sem cálculo.

São numerosos os movimentos alternativos que proclamam que um outro mundo é possível. "Vivemos sob um modelo hegemônico de desenvolvimento que, tanto no Sul como no Norte, produz destruição, pobreza, exclusão social e política, desemprego etc. Esse modelo não reconhece como legítimas as atividades indispensáveis para a vida em sociedade e ameaça o futuro do planeta [...]. Estamos comprometidos com um processo de construção de uma economia solidária, que põe de novo em questão a concepção segundo a qual as necessidades humanas poderiam ser satisfeitas por meio do mercado único e de suas pretensas leis naturais."[1] Esse texto é tirado da declaração final de um encontro organizado em Lima, reunindo representantes de 32 países do Norte e do Sul. Ele se inscreve no movimento altermundialista, que reúne os partidários de uma concepção diferente da globalização. Trata-se nele de economia solidária, de comércio eqüitativo, de indicadores de bem-estar, de taxação dos capitais especulativos, de desenvolvimento local... Toda uma reflexão sobre outras relações entre desenvolvimento econômico e desenvolvimento social, a fim de que a economia não se estenda mais "contra a sociedade".

Da sociedade de mercado à economia solidária

"Entre a confiança dos mercados e a confiança do povo, é preciso escolher. A política que visa a conservar a confiança dos mercados perde a confiança do povo." Podemos sair dessa alternativa colocada por Pierre Bourdieu? Há uma antinomia radical entre os mercados e o povo? É preciso manter a esse respeito um discurso que relembra a luta de classes? Entre Davos e Porto Alegre,[2] a ruptura também é indiscutível? É interessante notar que muitas organizações e partidos políticos se fazem representar nos dois. Podemos,

---
[1] Declaração de Lima, julho de 1997, Ortiz e Muñoz (eds.), 1999.
[2] Davos é o lugar altamente simbólico onde se realiza todo ano um "apogeu", que reúne as elites econômicas e políticas do mundo inteiro. Porto Alegre é a cidade em que aconteceram diversos "contra-apogeus" dos altermundialistas.

com efeito, esperar conservar por muito tempo a confiança dos povos fora de um projeto econômico de desenvolvimento durável? Constatamos isso cada vez que um governo de esquerda toma o poder: para manter seus compromissos em relação ao povo, ele deve garantir o apoio das forças econômicas e obter a confiança dos mercados. Do contrário, podemos verificar que se essa preocupação vem à frente da cena, o desencantamento é rápido, o que é sempre o caso quando o econômico toma a ascendência sobre o político, quando as considerações em termos de gestão importam mais que as considerações em termos de governo dos homens. Como encontrar novamente um equilíbrio entre o econômico, o social e o político? Para que a economia não se desenvolva contra a sociedade, convém reconsiderar a relação com a riqueza e renovar os termos de um contrato social em nível mundial, que não esteja exclusivamente dominado por considerações produtivistas, mas por preocupações políticas e existenciais. Como os homens podem viver juntos na harmonia e na paz? Bastaria para isso encontrar de novo alguns princípios, talvez utópicos, mas todavia essenciais: promover uma não violência econômica que pregue a solidariedade como contrapeso para a competição; aliviar a pressão do trabalho e do culto do ativismo; considerar a riqueza como um meio para reforçar a coesão social.

A empresa tem necessidade do capital, do trabalho e do mercado para se desenvolver. O gerenciamento não deve colocar-se a serviço de um ou de outro desses três polos, mas vigiar para que as expectativas de uns e de outros sejam satisfeitas e que as lógicas de ação que os subentendem entrem em sinergia umas com as outras. Resta inventar os dispositivos organizacionais, os procedimentos jurídicos e os princípios de gestão que garantam essa mediação equilibrada.

Podemos evocar, nessa direção, o fundo de pensão criado em 1983 pela FTQ (Federação dos Trabalhadores do Québec), uma das centrais sindicais do Québec. Gestionária de fundos para seus membros, a FTQ criou um fundo de pensão que se tornou um ator essencial da economia do Québec. A originalidade desse fundo é dupla. De um lado, ele exige, como contrapartida de seu investimento em uma empresa, que esta se comprometa em preservar o emprego, o direito do trabalho e o meio ambiente. Um balanço financeiro e um balanço social são realizados antes de qualquer decisão de investimento em uma empresa. Por outro lado, um representante do fundo de pensão é integrado ao conselho de administração da empresa. Contra qualquer expectativa, esse fundo de pensão se verificou como um dos de maior desempenho (no plano da rentabilidade financeira) do Québec. Na França, o desenvolvimento da poupança salarial leva os sindicatos a se implicar nessa direção. Vemos instaurar-se uma marca de "investimento socialmente responsável" que leva em conta, ao lado do interesse financeiro, as políticas sociais e meio ambientais das empresas.

A emancipação passa por um reequilíbrio das relações entre o trabalho e o capital em todos os níveis. Primeiro em nível internacional, para evitar que as disparidades entre os países favoreçam uma inflação em sentido oposto à proteção dos trabalhadores. Devemos evoluir para um melhor reconhecimento da ação sindical em nível mundial, continental e nacional. Finalmente, mais do que se pautar pelo "mínimo social", é preciso valorizar as empresas que defendem da melhor forma a proteção de seus empregados. Podemos esperar que as ações sobre a "responsabilidade social das empresas" (RES) favoreçam esse reequilíbrio.

Da mesma forma, é preciso imaginar dispositivos que protejam os trabalhadores diante dos efeitos nefastos da flexibilidade. A organização de "mercados de transição" (Gazier, 2003) caminha nesse sentido. Trata-se de negociar, entre os parceiros sociais, arranjos sistemáticos do tempo de trabalho ao longo da vida. Por exemplo, favorecendo as licenças por motivos familiares, as licenças por formação e todas as formas de flexibilidades escolhidas. A colocação em prática de contas de poupança-tempo permite compensar as consequências da flexibilidade decidida pela direção. As obrigações impostas em um momento dado concedem direitos para aliviá-los em seguida por créditos de tempo que melhorem o domínio do assalariado sobre a contagem de seu tempo de trabalho. Experiências desse tipo foram realizadas na Dinamarca e na Finlândia. Um programa europeu, "Translam", está atualmente em curso para favorecer essas evoluções.

No mesmo espírito, os "sistemas de trocas locais" (SEL) propõem desenvolver uma economia cuja finalidade é a troca, e não tanto a produção e a venda. O dinheiro é substituído por uma moeda simbólica. Os aderentes propõem trocar bens, serviços, saberes, negociando livremente seu valor. Por exemplo, as redes recíprocas de saber propõem colocar em relação ofertas e demandas de saber, "saberes funcionais (saber preencher formulários...) aos saberes clássicos (literatura, instrumento musical...) ou ainda aos *know-hows* (utilização de logiciais informáticos, cozinha, jardinagem...)" (Héber-Suffrin, 1992). Essas trocas não monetárias desenvolvem uma cultura da reciprocidade, independente da solvibilidade dos aderentes. Elas dependem de um compromisso voluntário, baseado sobre relações de confiança e de igualdade. A hora de cada um tem o mesmo valor, sejam quais forem seus status, seus diplomas, suas competências.

Podemos constatar, por meio dessas experiências, uma procura de gratuidade, de trocas não comerciais, de relações sociais fundadas sobre valores diferentes dos preconizados pelo universo gestionário. É igualmente o caso do comércio eqüitativo. Fundado sobre a solidariedade, a reciprocidade e a justiça, o comércio eqüitativo visa a reatar relações entre os produtores e os consumidores que o desenvolvimento do comércio internacional quebrou. O comércio eqüitativo visa a dois objetivos:

• melhorar a situação dos pequenos produtores do Sul, marginalizados por falta de meios financeiros e de experiência, criando vazões para comercializar os produtos agrícolas ou artesanais junto aos consumidores do Norte, preocupados em participar de uma melhor solidariedade Norte-Sul;
• ser uma rede de consumidores, sensibilizando a opinião pública para as injustiças das regras do comércio internacional e empreendendo ações junto aos que detêm as decisões políticas e econômicas (Ritimo-Solagral, 1998).

A economia solidária preconiza uma outra relação com o dinheiro: "O financiamento solidário constitui um instrumento para combater o avanço da polarização social entre ricos e pobres. Trata-se de democratizar o acesso ao crédito e de melhor acompanhar a criação de atividades" (Laville, 1999). Diferentes fórmulas foram testadas de investimentos éticos, de participação no capital, de clubes de poupança. A mais conhecida é a dos "clubes de investidores para a gestão alternativa e local da poupança" (Cigales) lançada em 1983. "A poupança solidária de proximidade apoia-se simultaneamente sobre a ligação social e cria a ligação social ou a desenvolve entre aqueles que se tornam poupadores associados. Esse duplo movimento é uma condição necessária da dinâmica do sistema" (Servet, 2000). A poupança solidária permite, graças a produtos financeiros clássicos (fundos comuns de investimento, títulos populares, carnês...), ajudar empresas com vocação social ou projetos de inserção de pessoas com dificuldade. Uma vintena de estabelecimentos financeiros propõe no momento atual "produtos solidários", entre os quais o crédito cooperativo, a caixa de depósitos e consignações, habitat e humanismo ou o crédito agrícola. O montante investido nesse tipo de projeto era de quase 100 milhões de euros em 2002, com um crescimento de 28% por ano. 13% das 31 mil empresas novas, criadas na França em 2002 por desempregados de longa data, puderam manter-se com o apoio dos financiamentos solidários. Depois de cinco anos, 80% das empresas criadas ainda estão em atividade (Couvreur, 2003).

Esses diferentes exemplos de economia solidária mostram que existem alternativas possíveis à sociedade comercial. O comércio eqüitativo permite encontrar melhores equilíbrios no comércio internacional protegendo melhor os pequenos produtores e implicando os consumidores em solidariedades ativas em relação aos países pobres. As finanças solidárias dão novamente sentido ao dinheiro investido na economia e sustentam iniciativas que são rejeitadas pelos bancos tradicionais. As redes de trocas não monetárias favorecem a troca simbólica em detrimento da troca comercial. Essas práticas privilegiam o desenvolvimento local, a constituição de solidariedades ativas, a proteção e o aprofundamento das ligações sociais, o desenvolvimento de uma economia de serviço, essencial para a coletividade. Elas constroem novas formas de produção e de viver junto. Elas mostram que uma alternativa é possível diante do "triunfo cultural do modelo de mercado de nossas sociedades, que reduz a ligação local a um efeito global de agregação de ações em que cada um tem em vista apenas suas próprias vantagens e seus próprios interesses" (Gauchet, 1998).

A economia solidária é um projeto equivalente à não violência na política. Ela procura construir uma sociedade apaziguada, na qual a economia ajuda a reduzir as desigualdades entre os ricos e os pobres. Uma economia mais justa, que concilia os interesses em vez de opô-los, uma economia concreta, mais próxima dos produtores, dos consumidores e dos investidores, uma economia humanista, reconciliada com a política (Laville, 1999). Trata-se de romper com a ideia segundo a qual apenas a economia de mercado é produtora de riquezas. Mais do que submeter a criação de atividade ao crescimento comercial, trata-se de desenvolver o crescimento "sustentável", que melhora a qualidade de vida, permite criar serviços comunitários, preconiza "atividades familiares, conviviais, de auxílio mútuo [...], garantindo uma relação de generosidade, na qual cada um assume o outro incondicionalmente, como fim absoluto" (Gorz, 1988). Não pode existir desenvolvimento harmonioso em um jogo de oposição em que o aumento do lucro é pago com uma diminuição dos salários e uma redução dos efetivos, em que a melhoria dos produtos e dos serviços é paga por uma eliminação dos consumidores não solvíveis, em que a proteção das vantagens adquiridas de alguns trabalhadores gera a precariedade e a exclusão de outros. Como ficar satisfeito com uma gestão econômica na qual a superprodução põe em dificuldade a sobrevivência de empresas agrícolas, ao passo que bilhões de indivíduos não comem suficientemente? Ou, ainda, na qual uns sofrem de esgotamento profissional, quando os outros morrem por não poder trabalhar? Para sair desse ciclo infernal, convém repensar os problemas que levanta "a preocupação conjunta da eficácia social e da equidade, colocando em primeiro plano as liberdades individuais" (Sem, 1999). Afirmar que a ligação importa mais que o bem, é dar novamente sentido a uma concepção da gestão reconciliada com a sociedade.

Conclusão

> Ser cidadão não é *viver* em sociedade;
> é mudar a sociedade.
> *Augusto Boal*

Se uma sociedade não se cuida, podemos, todavia, pensar em transformá-la. Bastaria que cada um resistisse um pouco mais a se tornar o gestionário de uma sociedade comercial para se tornar produtor de um outro mundo, mais preocupado com a alteridade do que com o lucro. Como conclusão, lembremos as razões pelas quais a gestão tornou doente nossa sociedade e os remédios que permitiriam lutar contra essa contaminação. Os clínicos pensam que a terapia está contida no diagnóstico. É, com efeito, a pertinência da análise que determina as respostas a fornecer, assim como a elaboração de outros modos de fazer e de ser. A análise crítica do mundo tal como ele é leva a construir um imaginário social diferente.

Inicialmente, evocamos o poder e a ideologia gerencialistas como duas figuras do capitalismo financeiro e da mundialização. Entre o capital e o trabalho, o gerenciamento tende a mobilizar o segundo a serviço dos interesses do primeiro e a subordinar o conjunto das funções da empresa à lógica financeira. Ele se torna tão mais inatingível quanto mais abstrato e desterritorializado for. As multinacionais e as grandes instituições financeiras apoiam-se mutuamente para garantir o desenvolvimento de uma gestão mundial sem governo mundial. O campo do político tende então a se restringir uma vez que a economia lhe dita sua lei. Ele fica confinado em um papel de gestão dos efeitos sociais do desenvolvimento econômico. Vemos até homens políticos preconizarem gerenciar a sociedade como uma empresa, para torná-la mais eficaz e mais rentável.

A ideologia gerencialista reforça esse processo, legitimando uma representação do mundo que tende a transformar o humano em um recurso explorável ao mesmo título que os recursos financeiros, as tecnologias e as matérias-primas. Assistimos ao triunfo da racionalidade instrumental diante da razão, da inteligência comutativa — a do cálculo — sobre a inteligência compreensiva — que produz sentido. A gestão tende a aplicar ao ser humano instrumentos concebidos para gerenciar as coisas. A finalidade desse "sistema" é transformar cada indivíduo em trabalhador e cada trabalhador em instrumento adaptado às necessidades da empresa.

O poder gerencialista se encarregou dessa mutação. Um poder fundado sobre a mobilização psíquica e o investimento de si mesmo, pondo seus empregados diante de um paradoxo que os engana. Por sua adesão, eles se tornam os principais atores de uma dominação que eles suportam. São pegos na armadilha de seus próprios desejos. Por meio desse processo, uma boa parte de sua energia psíquica é captada pela empresa, que a transforma em força de trabalho a serviço da rentabilidade financeira.

Quando o sentido proposto pelos gestionários se reduz à imposição dos interesses dos acionistas, o capitalismo não tem mais outro princípio de legitimação do que seu próprio desenvolvimento. O sentido do trabalho é posto, então, em suspenso. Os diferentes elementos que permitem dar um sentido para a atividade, valorizar as obras, investir-se em um coletivo de trabalho protetor e solidário, perdem sua substância e sua consistência. Quando os dispositivos de reconhecimento estabelecidos na empresa não correspondem mais aos que os empregados utilizam para si mesmos, quando a corrida ao mérito exacerba o individualismo em um contexto em que a produção depende da qualidade do trabalho de equipe, a experiência do trabalho perde suas virtudes socializadoras e as capacidades do indivíduo afundam em um universo paradoxal que ele não compreende mais. O único projeto que subsiste é o de ganhar. Ganhar fatias de mercado, tornar-se o número um, ser o melhor em seu domínio, acumular sempre mais, definitivamente, ganhar sempre mais dinheiro. O dinheiro, símbolo dos símbolos, mata o simbólico. De meio para favorecer a realização das aspirações humanas, o dinheiro se torna a finalidade da existência. A partir do momento em que o sucesso se mede em termos financeiros, em que o reconhecimento e a existência sociais não têm mais um outro valor a não ser o monetário, o registro simbólico perde sua substância humanista. Entra-se em um mundo sem limites, que exacerba a onipotência, o narcisismo e a inveja, gerando uma corrida para frente ilusória e destrutiva. Tudo à imagem dos mercados financeiros, que instauram um jogo cuja finalidade é uma competição perpétua, motor principal da guerra econômica.

A cultura do alto desempenho se traduz de um lado por um aumento notável da produtividade, da rentabilidade e da eficácia e, do outro, por uma pressão intensa sobre as empresas e seus assalariados. É preciso fazer sempre melhor, cada vez mais depressa, com menos meios. Aqueles que não seguem as exigências de flexibilidade e de adaptabilidade são considerados inúteis. O desenvolvimento de planos sociais maciços é um dos sintomas de uma tensão estrutural do mercado do emprego a partir do momento em que os efetivos são considerados como um custo que convém aliviar ao máximo. O desempenho ilimitado é o motor de um assédio sem fim. Ele gera uma lógica de obsolescência implacável.

As empresas devem destruir permanentemente aquilo que elas produzem para poder produzir outra coisa. As máquinas, as tecnologias, os *know-hows*, as competências, as profissões, as fábricas, os empregos que eram necessários em um dado momento se tornam rapidamente ultrapassados na corrida louca da competição mundial.

As consequências dessa evolução são contraditórias. De um lado, os desempenhos tecnológicos e financeiros são um motor do crescimento. Ainda que as curvas sejam caóticas, o dinamismo econômico é inegável e o crescimento da riqueza produzida demonstra a vitalidade desse sistema. Do outro lado, assistimos a uma degradação das condições de trabalho, que se traduz por um aumento das doenças profissionais, da precarização dos estatutos, do sofrimento no trabalho e da insegurança social. A cultura da ansiedade torna-se a norma: medo de jamais fazer o suficiente, de não estar à altura, de não preencher seus objetivos, de se tornar alvo de atenção, de perder seu emprego. O esgotamento profissional e o estresse são moeda corrente. A distância crescente entre as recompensas esperadas e as retribuições efetivas favorece um contexto de assédio generalizado. A desagregação dos coletivos e a individualização das relações no trabalho contribuem para "psicologizar" as causas do sofrimento induzido pela pressão do sempre melhor. Por não poder transformar as condições de trabalho para torná-las menos patogênicas, cada trabalhador é remetido a si próprio. O estresse, a ansiedade, o esgotamento profissional são tratados em nível individual em seus efeitos psíquicos ou psicossomáticos, com o auxílio de psicólogos e de psiquiatras. A empresa externaliza desse modo as consequências da violência das relações de trabalho que ela gera. O desemprego, assim como o estresse, não é um problema para a empresa, pois ela não sofre suas consequências. Cabe aos trabalhadores e aos cidadãos assumir seu fardo psicológico e financeiro.

A guerra econômica, a concorrência implacável e a abertura dos mercados são outras tantas razões que permitem legitimar essas "violências inocentes". Inocentes uma vez que esse mundo se apresenta como civilizado, aberto, convivial, moderno e dinâmico. No positivismo ambiente, falar de violência parece algo totalmente incongruente. E, no entanto, a batalha devassa. *Business is war!* A guerra permite justificar práticas todavia contrárias a qualquer moral e muito frequentemente ao direito do trabalho, cujas regras são contornadas ou não aplicadas. A conquista é apresentada como uma questão de sobrevivência. O desempenho ou a morte! Em tal contexto, todos os golpes são permitidos. Os assalariados têm um dever de mobilização. Aqueles que não participam no combate são fardos, quando não traidores. Nada nem ninguém devem vir perturbar a "confiança dos mercados", que ditam sua lei com toda a impunidade. A ética da necessidade, do capitalismo industrial, é substituída pela ética do resultado. Apenas os resultados importam.

O conjunto da sociedade é ordenado a se mobilizar a serviço da economia. Hoje, tudo se gerencia: os bens, a vida, as emoções, a inteligência, a família, a saúde, a educação, a cidade. O modelo gestionário serve como referência para um mundo que deve ser sempre mais produtivo e rentável. Cada um se torna o empreendedor de sua própria vida. A família se transforma em pequena empresa, encarregada de produzir indivíduos autônomos, com bom desempenho e empregáveis. A educação deve-se pôr a serviço da economia para satisfazer as necessidades do mercado de emprego. Todos os aspectos da existência humana são apreendidos no registro da gestão. Da infância à aposentadoria, a gestão de si mesmo torna-se uma necessidade para se integrar.

Cada indivíduo é remetido a si próprio para fazer para si um lugar, para existir socialmente. Em uma sociedade dominada pelas leis do mercado, a luta pelos lugares devassa. Assistimos a uma explosão das classes sociais e dos coletivos, que fixavam os sentimentos de pertença e as identidades sociais. A injunção de mobilidade, as desestruturações dos polos de produção industriais, a volatilidade dos mercados financeiros levam a uma transformação profunda dos processos de socialização e de construção das identidades individuais e coletivas. A classe operária assim como a burguesia parecem se desagregar. Os grandes movimentos sociais, que simbolizavam os confrontos entre patrões e operários, entre a burguesia e o proletariado, entre os ricos e as classes populares, mudam de natureza. A sociedade parece explodir em uma multiplicidade de interesses categoriais, de grupos portadores de identidades parciais. Mas a explosão das classes sociais não significa o fim das desigualdades. A instabilidade crescente das posições sociais não produz com isso uma mobilidade social ascendente para o maior número. As desigualdades são sempre persistentes. Diante da luta pelos lugares, vale mais dispor, de início, de um capital econômico, social e cultural. Os herdeiros são sempre os melhores equipados.

O mundo político, quando não reforça essas evoluções, em nome de um liberalismo ingênuo, parece impotente para dominar suas causas. Quando muito, ele tenta gerenciar seus efeitos. Os dirigentes econômicos ditam hoje sua lei para os políticos. Eles contribuem desse modo para desacreditar a coisa pública. Os políticos eleitos participam de sua própria desvalorização quando preconizam uma eficácia maior, conforme o modelo da gestão empresarial, para reforçar a ligação social que se desagrega pelo próprio fato de usar esse modelo. A abstenção, os votos para a extrema direita ou para a extrema esquerda exprimem a impaciência crescente diante da falência política. Mas podemos esperar o reencantamento em programas que preconizam de um lado a exclusão e do outro uma improvável revolução? Apesar desse risco de impasse, os "partidos de governo" persistem em aplicar a ideologia gerencialista como modelo de governabilidade. O cidadão, transformado em cliente, protesta contra a baixa de qualidade do serviço político, exige uma baixa dos preços por meio do alívio dos impostos, ou ameaça abster-se de votar, da mesma forma que o cliente descontente recusa pagar se o produto não corresponder àquilo que ele espera. Quando a política consiste em gerar os negócios do Estado sobre o modelo gerencialista, ela perde ao mesmo tempo sua legitimidade e sua credibilidade.

Os paradigmas da gestão foram concebidos para gerenciar as coisas. Eles não podem ser aplicados aos homens sem ultrajar o princípio moral que impõe tratar a pessoa humana como um fim em si mesma. Evoca-se a importância do fator humano na empresa, sem se perceber que o próprio fato de considerá-la como um "fator" contribui para instrumentalizá-la. Repensar a gestão é imaginar outras formas de governabilidade, capazes de construir mediações entre os interesses dos acionistas, dos clientes e do pessoal, levando em conta o respeito pelo meio ambiente, as solidariedades sociais e as aspirações mais profundas do "ser do homem".

O ser humano não pode deixar-se assimilar a um recurso da empresa. Alguma coisa nele resiste inelutavelmente. O pensamento utilitarista participa na produção de uma crise simbólica. Uma crise das significações e das finalidades que confunde o sentido da ação. A "doença gestionária" encontra aqui sua fonte. Ela orienta a produção de riqueza para um projeto de acumulação sem limites, que destrói tecidos inteiros da sociedade. Ela confronta o ser humano com um sistema paradoxal no qual a riqueza e o bem-estar se opõem, em vez de se completar.

A gestão leva a canalizar as energias e os pensamentos sobre uma ordem social submetida a interesses econômicos. Sua crítica se abre sobre uma reabilitação da ação política em sua concepção mais nobre: construir um mundo comum, no qual a preocupação com o outro importe mais que o interesse individual. Um mundo no qual a competição seria reservada para o jogo e a colaboração para a economia. Um mundo no qual a riqueza produzida seria consagrada a reduzir as desigualdades sociais e erradicar a miséria. Um mundo no qual a exploração dos recursos não seria mais concebida pelo modo da pilhagem, mas pelo da conservação e da renovação dos recursos naturais. Um mundo construído para que cada ser humano possa ter um lugar como cidadão, como sujeito e como ator. Um mundo no qual o bem-estar de todos seria mais precioso do que o ter de cada um. Não mais um mundo a gerenciar, mas um mundo a amar, mundo que estaríamos orgulhosos de transmitir a nossos filhos.

Referências bibliográficas

ABÉCASSIS, F. E ROCHE, P., *Précarisation du travail et lien social. Des hommes en trop?* L'Harmattan, Paris, 2001.
ACHARD, M.-O., CHASTEL, V., e DELL'ACCIO, P., "Perte d'emploi et santé", *Le Concours medical*, outubro de 1998.
AGLIETTA, M., *Régulation et crises du capitalisme*. Odile Jacob, Paris (1976) 1997.
AKOUN, A., e ANSART, P. (eds.), *Dictionnaire de sociologie*. Le Robert-Seuil, Paris, 1999.
ARENDT, H., *La Condition de l'homme moderne*. Calmann-Lévy, Paris, 1961.
ARON, R., *L'Opium des intellectuels*. Gallimard, Paris, 1968.
AUBERT, N., *Le Culte de l'urgence*. Flammarion, Paris, 2003*a*.
_____. *La Métamorphose des identités*, tese de habilitação para dirigir pesquisas, Laboratório de mudança social, Universidade de Paris 7-Denis Diderot, 2003*b*.
_____. *L'Individu hypermoderne* (ed.). Érès, Ramonville-Saint-Agne, 2004.
AUBERT, N., e GAULEJAC, V. de, *Le Coût de l'excellence*. Seuil, Paris, 1991.
AUBERT, N. e PAGÈS, M., *Le Stress professionel*. Klinksieck, Paris, 1989.
AUDI, P., *L'Éthique mise à nu par ses paradoxes même*. PUF, Paris, 2000.
AULAGNIER, P., *La Violence de l'interprétation*. PUF, Paris, 1981.

BACHELARD, G., *La Formation de l'esprit scientifique.* Vrin, Paris, (1938) 1978.
BARDI-GEORGIN, N., *Jeunes cherchant place.* Desclée de Brouwer, 2000.
BARREL, Y., *La Société du vide.* Seuil, Paris, 1984.
BARUS-MICHEL, J., "Sens ou efficience. Démarche clinique et rationalité instrumentale", *Revue internationale de psychosociologie*, vol. IV, n. 8, 1997.
BATESON, G., *Vers une écologie de l'esprit.* Seuil, Paris, 1977.
BAUDRILLARD, J., *Le Système des objets.* Gallimard, Paris, 1968.
BAUER, M., e BERTIN-MOUROT, M., *Radiographie des grands patrons français. Les conditions d'accès au pouvoir (1985-1994).* L'Harmattan, Paris, 1997.
BEAUD, S., e PIALOUX, M., *Retour sur la condition ouvrière.* La Découverte, Paris, 1999.
BERGERET, J., *La Pathologie narcissique.* Dunod, Paris, 1996.
BERRET, J.-É., *L'Analyste financier parisien: argent facile, pression du travail, pouvoir reel, pouvoir fantasmé, conflit d'intérêt. Un acteur de la finance dans la tourmente*, tese de DEA de sociología do poder, Laboratório de mudança social, Universidade de Paris 7-Denis Diderot, 2002.
BERTAUX, D., *Destins personnels et structure de classe.* PUF, Paris, 1977.
BLANCHOT, M., *L'Entretien infini.* Gallimard, Paris, 1986.
BOLTANSKI, L., e CHIAPELLO, E., *Le Nouvel Esprit du capitalisme.* Gallimard, Paris, 1999.
BONETTI, M., e GAULEJAC, V. de, "Condamnés à réussir", *Sociologie du travail*, n. 4, 1982.
BOUDON, R., BESNARD, P., CHERKAOUI, M., e LÉCUYER, B.-P., *Dictionnaire de sociologie.* Larousse, Paris, 1999.
BOUFFARTIGUE, P. (ed.), *Le Retour des classes socials.* La Dispute, Paris, 2004.
BOUILLOUD, J.-P., e GUIENNE, V. (eds.), *Questions d'argent.* Desclée de Brouwer, 1999.

BOULLOUD, J.-P., e LÉCUYER, B.-P. (eds.), *L'invention de la gestion*. L'Harmattan, Paris, 1994.
BOURDIEU, P., *La Distinction*. Éd de Minuit, Paris, 1975.
_____. *Les Structures sociales de l'économie*. Seuil, Paris, 2000.
BOURDIEU, P., e PASSERON, J.-C., *Les Héritiers*. Ed. de Minuir, Paris, 1972.
BOURDIEU, P. e WACQUANT, L., "La nouvelle vulgate planétaire", *Le Monde diplomatique*. Maio de 2000, n. 554.
BRUNEL, V., *Les Managers de l'âme. Le développement personnel: gestion de la subjectivité et modèle régulatoire dans l'entreprise*, Laboratório de mudança social, Universidade de Paris 7-Denis Diderot, 2003.
BRUNSTEIN, I., *L'Homme à l'échine pliée* (obra coletiva). Desclée de Brouwer, Paris, 1999.
BULARD, M., "Retour de la mal-vie dans le monde du travail", *Le Monde diplomatique*, dezembro de 2001.

CAILLÉ, A., "De la libération de la rareté à la libération du travail. Crises et mutations planétaires". Centro internacional Pierre Mendès, França, n. 2, 1997.
_____. *Anthropologie du don*. Desclée de Brouwer, Paris, 2000.
CASTEL, R., *Les Métamorphoses de la question sociale*. Fayard, Paris, 1995.
_____. *L'Insécurité sociale*. Seuil, Paris, 2003.
CASTORIADIS, C., *L'Institution imaginaire de la société*. Seuil, Paris, 1975.
_____. *Les Carrefours du labyrinthe III*. Seuil, Paris, 1990.
_____. "La montée de l'insignifiance", *Carrefours du labyrinthe IV*. Seuil, Paris, 1996.
_____. "La 'racionalité' du capitalisme", *Revue internationale de psychosociologie*, vol. IV, n° 8, Ed. ESKA, 1997.
CHANLAT, J.-F., *L'Individu dans l'organisation. Les dimensions oubliées* (obra coletiva). Presses de l'Université de Laval, Montréal, 1990.

CHANLAT, J.-F., *Sciences sociales et management*. Presses de l'Université de Laval, ESKA, Paris, 1998.

CHAUVEL, L., "Classes et générations, l'insuffisance des hypotheses de la théorie de la fin des classes sociales", *Actuel Marx*, n. 26, 1999.

CLOT, Y., *Le Travail sans l'homme*. La Découverte, Paris, 1995.

_____. *La Fonction psychologique du travail*. PUF, Paris, 1999.

COHEN, D., *Nos temps modernes*. Flammarion, Paris, 2000.

COLETIVO "SCIENCES HUMAINES DAUPHINE", *Management et organisation en question(s)*. L'Harmattan, Paris, 1989.

COMMISSARIAT AU PLAN, *Les Mobilités professionelles, de l'instabilité dans l'emploi à la gestion des trajectoires*. La Documentation française, Paris, fevereiro de 2003.

COURPASSON, D., *L'Action contrainte*. PUF, Paris, 2000.

COUVREUR, A., "Les Français et l'épargne solidaire", *Baromètre des finances solidaires*. Credoc, 2003.

CROZIER, M. e FRIEDBERG, E., *L'Acteur et le système*. Seuil, Paris, 1977.

CRU, D., "L'analyse organisationnelle au service de la prévention", *Cultures em mouvement*. N° 48, junho de 2002.

DEBOUT, M., *Le Harcèlement moral au travail*, Relatório do Conselho econômico e social. Ed. des Journaux officiels, Paris, abril de 2001.

DEJOURS, C., 1998, *Souffrance en France*. Seuil, Paris, 1998.

DELBERGHE, M., "Les professions les moins valorisées seraient les plus exposées au stress". *Le Monde*, 9-10 de junho de 2002.

DETHYRE, R. e ZEDIRI-CORNIOU, M., *La Revolte des chômeurs*. Laffont, Paris, 1992.

DUBET, F. e LAPEYRONNIE, D., *Les Quartiers d'exil*. Seuil, Paris, 1992.

DUCLOS, D., *Société monde, le temps des ruptures.* La Découverte, Paris, 2002.

DUJARIER, M.-A., *Il faut réduire les effectifs! Petit Lexique du management.* Mots et Cie, Paris, 2001.

_____. *L'Idéal au travail dans les organizations de service de masse*, tese de doutorado, Laboratório de mudança social, Universidade de Paris 7-Denis Diderot, 2004.

DURAND, J.-P., *La Chaîne invisible. Travailler aujourd'hui: flux tendu et servitude volontaire.* Seuil, Paris, 2004.

DURKHEIM, E., *De la división du travail social.* PUF, Paris, (1893) 1930.

_____. *Les Regles de la méthode sociologique.* PUF, Paris, (1895) 1981.

DUVAL, G., "Ford était-il fordiste?", *Alternatives économiques*, n. 220, dezembro de 2003.

EHRENBERG, A., *Le Culte de la performance.* Calmann-Lévy, Paris, 1992.

_____. *Les Règles de la méthode sociologique.* Odile Jacob, Paris, 1998.

ENGELS, F., *Origine de la famille, de la propriété e de l'État.* Éditions Sociales, Paris, (1884) 1972.

ENRIQUEZ, E., *Les Jeux du decir et du pouvoir dans l'entreprise.* Desclée de Brower, Paris, 1998.

ENRIQUEZ, E. e HAROCHE, C., *La Face obscure des démocraties modernes.* Eres, Ramonville-Saint-Agne, 2002.

ESPINASSE, C., "À propos de *Du "temps"* de François Jullien", em *Modernité: la nouvelle carte du temps.* Encontro de Cerisy, coordenado por François Ascher e Francis Godade, Datar, L'Aube, 2003.

EUZÉBY, A., "L'Organisation internationale du travail dans la tourmente de la mondialisation", *Le Monde*, 5 de dezembro de 2000.

FOUCAULT, M., *Surveiller et punir*. Gallimard, Paris, 1975.
_____. *La Volonté de savoir*. Gallimard, Paris, 1976.
FOURNIER, M., *Marcel Mauss*. Fayard, Paris, 1994.
FREUD, S., "Psychologie collective et analyse du moi", em *Essais de psychanalyse*. Payot, Paris, (1921) 1975.
FURTOS, J., *Actes du colloque "Souffrances sociales et psychiatrie"*. Caen, novembro de 1998.

GADREY, J., *Nouvelle économie, nouveau mythe?* Flammarion, Paris, 2000.
GALBRAITH, J.-K., *Le Nouvel État industriel. Essai sur le capitalisme américain*. Gallimard, Paris, 1968.
GAUCHET, M., *Le Désenchantement du munde*. Gallimard, Paris, 1985.
_____. "Essai de psychologie contemporaine", *Le Débat*, n. 99, março-abril de 1998.
GAULEJAC, V. de, "L'organisation managériale", em *Organisation et management en question(s)*, Coletivo "Sciences humaines Dauphine". L'Harmattan, Paris, 1988.
_____. *L'Histoire en heritage*. Desclée de Brouwer, Paris, 1999.
GAULEJAC, V. de, Bonetti, M., e FRAISSE, J., *L'Ingénierie sociale*. Syros, Paris, 1989.
GAULEJAC, V. de, e ROY, S., *Sociologies cliniques*. Desclée de Brouwer, Paris, 1992.
GAULEJAC, V. DE e TABOADA-LÉONETTI, I., 1994, *La Lutte des places*. Desclée de Brouwer, Paris, 1994.
GAZIER, B., *Tous "sublimes". Vers un nouveau plein-emploi*. Flammarion, Paris, 2003.
GÉNÉREUX, J., "Manifeste pour l'économie humaine". *Esprit*, 2002.
GIUST, A.-C., "La défaillance des instances symboliques", *Cultures en mouvement*, nº 48, junho de 2002.
GODECHOT, O., *Les Traders. Essai de sociologie des marchés financiers*. La Découverte, Paris, 2000.

GORZ, A., *Métamorphoses du travail. Quête du sens.* Galilée, Paris, 1988.

———. "Tous entrepreneurs?", *Révue Partage*, n° 161, 2003.

GOUX, D. e MAURIN, E., *La Nouvelle Condition ouvrière*, note de la Fondation Saint-Simon, 1998.

GRÉAU, J.-L., *Le Capitalisme malade de sa finance.* Gallimard, Paris, 1978.

GUIHO-BAILLY, M.-P., e GUILLET, D., "Quand le travail devient une drogue", *Projet.* Paris, n. 236, 1996.

HABERMAS, J., *Théorie de l'agir communicationnel.* Fayard, Paris, 1987.

HANIQUE, F., *Le Sens du travail.* Érès, Ramonville-Saint-Agne, 2004.

HARLÉ, A., *Des hommes au Coeur des cabinets ministériels*, mémoire de DEA de sociologie du pouvoir. Universidade de Paris 7-Denis Diderot, 2003.

HÉBER-SUFFRIN, C., *Échanger les savoirs.* Desclée de Brouwer, Paris, 1992.

HIRIGOYEN, M.-F., *Le Harcèlement moral. La violence perverse au quotidien.* Syros, Paris, 1998.

HODEBOURG, J., *Le travail c'est la santé?* VO Éditions, Paris, 2000.

JAURÉBUIBERRY, F., *Les Branchés du portable.* PUF, Paris, 2003.

JULLIEN, F., *Du "temps". Éléments d'une philosophie du vivre.* Grasset, Collège de philosophie, Paris, 2001.

KENNEDY, K., *Les Désarrois de Ned Allen.* Belfond, Paris, 1999.

KOHUT, H., *Le Soi grandiose.* PUF, Paris, 1974.

La Boétie, É. de, *Discours de la servitude volontaire*. Payot, Paris, (1576) 2002.
Laborit, H., *L'Éloge de la fuite*. Laffont, Paris, 1999.
Laïdi, Z., *Un monde privé de sens*. Fayard, Paris, 1994.
Laville, J.-L., *Une troisième voie pour le travail*. Desclée de Brouwer, Paris, 1999.
Lazarus, A., *Une souffrance qu'on ne peut plus cacher*, relatório do grupo de trabalho "Ville, santé mentale, précarité et exclusion sociale", Delegação interministerial para a cidade, 1995.
Lécuyer, B.-P., "Deux relectures des expériences Hawthorne. Problèmes d'histoire et d'épistémologie", em J.-P. Bouilloud e B.-P. Lécuyer (eds.), *L'Invention de la gestion*. L'Harmattan, 1994.
Léotard, M.-C. de, *Le Dressage des élites, de la maternelle aux grandes écoles. Un parcours pour initiés*. Plon, Paris, 2001.
Levi, Primo, *Les Naufragues et les rescapés*. Gallimard, Paris, 1989.
Lévi-Strauss, C., "Préface" à *Sociologie et anthropologie*, de Marcel Mauss. PUF, Paris, 1950.
Lévy, Pierre, *World philosophie*. Odile Jacob, Paris, 2000.
Lhuillier, D., *Placardisés. Des exclus dans l'entreprise*. Seuil, Paris, 2002.
Linhart, D., Rist, B. e Durand, E., *Perte d'emploi, perte de soi*. Érès, Ramonville-Saint-Agne, 2002.
Lordon, F., *L'Année de la régulation*. La Découverte, Paris, 2000.
_____. *La Politique du capital*. Odile Jacob, Paris, 2002.
_____. *Et la vertu sauvera le monde... Après la debacle financière, le salut par "l'éthique"?* Raisons d'agir, Paris, 2003.
Lyotard, J.-F., *La Condition postmoderne*. Éd. de Minuit, Paris, 1979.

MARCUSE, H., *Éros et civilization*. Éd. de Minuit, Paris, 1967.
_____. *L'Homme unidimensionnel*. Éd. de Minuit, Paris, 1972.
MARTINET, A.-C. (ed.), *Épistémologies et sciences de gestion*. Economica, Paris, 1990.
MARTY, P., *Les Mouvements individuals de vie et de mort. Essai d'économie psychosomatique*. Éd. PdP, Paris, 1976.
MAURIN, É., *L'Égalité des possibles. La nouvelle société française*. Seuil, Paris, 2002.
MAUSS, M., "Essai sur le don. Forme et raison de l'échange dans les sociétés archaïques", em *Sociologie et anthropologie*. PUF, Paris, (1924) 1950.
MILGRAM, S., *La Soumission à l'autorité*. Calmann-Lévy, Paris, 1974.
MISPELBLOM, F., *Au-delà de la qualité*. Syros, Paris, 1999.
MOEGLIN, P., "La mobilité entre ubiquité et omniprésence", em *Actes du séminaire "Action scientifique"*, n°5, France Telecom, 1996.
MOREAU-DEFARGES, P., *La Gouvernance*. PUF, Paris, 2003.
MOREL-JAYLE, F., *Gestion psychique du chômage: le deuil d'une relation exclusive au travail*. Tese de psicologia, Universidade Lumière-Lyon 2, 2000.
MORIN, E., *Introduction à la pensée complexe*. ESF, Paris, 1990.

NOYÉ, D., "Le parler creux sans peine", *Réunionites: guide de service*. Insep Consulting Edition, 1998.

OCDE, *Adult Learning and Technology in OCDE Countries*, 1995.
ORLÉAN, A., *Le Pouvoir de la finance*. Odile Jacob, Paris, 1999.
ORLÉAN, A. e AGLIETTA, M., *La Monnaie entre violence et confiance*. Odile Jacob, Paris, 2002.
ORTIZ, H. e MUÑOZ, I. (eds.), *Globalización de la solidaridad. Un reto para todos*, 1999.

PAGÈS, M., "Pour un laboratoire de Changement social", número especial da revista *Changement social*. Universidade de Paris 7, setembro de 2000 (www.multimania.com/laboratoirelcs).

PAGÈS, M., BONETTI, M., GAULEJAC, V. DE e DESCENDRE, D., *L'Emprise de l'organisation*. Desclée de Brouwer, Paris, 2001.

PÉRILLEUX, T., *Les Tensions de la flexibilité*. Desclée de Brouwer, Paris 2001.

PERRET, B. e ROUSTANG, G., *L'Économie contre la société*. Seuil, Paris, 2001.

PETERS, T., *Le Chaos management*. InterÉditions, Paris, 1988.

PETH, C. e ZRIHEN, R., "Les mythes budgétaires: dégageons le bon grain de l'ivraie", *Échanger*, n. 166, maio de 2000.

PETRELLA, R., "L'Évangile de la compétitivité", em "Le nouveau capitalisme", *Manière de voir*, n. 72, dezembro-janeiro de 2003-2004.

PHILONENKO, G. e GUIENNE, V., *Au carrefour de l'exploitation*. Desclée de Brouwer, Paris, 1997.

PINÇON, M. e PINÇON-CHARLOT, M., *Grandes fortunes, dynasties familiales et formes de richesse en France*. Payot, Paris, 1996.

PROCHASSON, D., *L'Action contrainte*. Seuil, Paris, 2000.

RAMANENS, M., *Maltraitance au travail*. Desclée de Brouwer, Paris, 2003.

RITIMO-SOLAGRAL, *Pour un comerse équitable. Expériences et propositions pour un renouvellement des pratiques commerciales entre les pays du Nord e ceux du Sud*. Éditions Charles-Léopold Mayer, Paris, 1998.

SALMON, A., *Éthique et ordre économique*. CNRS, Paris, 2002.

SANSOT, P., *Les Gens du peu*. PUF, Paris, 1991.

SCHUTZ, W., *The Human Element: Productivity, Self-Esteem, and the Bottom Line*. Jossey-Bass Publishers, San Francisco, 1994.

SÉLYS, G. DE, *Tableau noir. Appel à la résistance contra la privatisation de l'enseignement.* EPO, Bruxelas, 1998.
SEN, A., *L'économie est une science morale.* La Découverte, Paris, 1999.
SENNETT, R., *Les Tyrannies de l'intimité.* Seuil, Paris, 1979.
SERVET, J.-M., *Une économie sans argent.* Seuil, Paris, 2000.
SIBONY, D., *Violence. Traversées.* Seuil, Paris, 1998.
SIMON, H., *The New Science of Management Decision.* Harper & Row, New York, 1960.
SINGLY, F. de, *Libres ensemble. L'individualisme dans la vie commune.* Nathan, Paris, 2000.
SMITH, A., *An Inquiry into the Nature and Causes of the Wealth of Nations.* W. Strahan & T. Padell, Londres, 1776.
STIGLITZ, J.-E. *La Grande Désillusion.* Fayard, Paris, 2002.
STORA, B.-J., "Le Coût du stress", *Revue française de gestion*, janeiro-fevereiro de 1998.
SUE, R., *Renouer le lien social.* Odile Jacob, Paris, 2001.

TARACENA, E., "Les effets pervers de la modernization au Mexique. Le système d'évaluation des enseignants universitaires", *Revue internationale de psychosociologie*, vol. IV, nº 8, outono. ESKA, 1997.
TASSIN, E., *Un monde commun.* Seuil, Paris, 2003.
TAYLOR, F. W., *Principes d'organisation scientifique des usines.* Dunod, Paris, 1912.
TOURAINE, A., *Critique de la modernité.* Fayard, Paris, 1992.
THÉBAUD-MONY, A., *Industrie nucléaire, sous-traitance et servitude.* Éd. de l'Inserm, Paris, 2000.
TRÉPO, G., e FERRARY, M., "La gestion des compétences, un outil stratégique", *Sciences humaines*, nº 81, março de 1998.

ULRICH, F.-H. *Le Jardin d'Éden.* Éd. de Minuit, Paris, 1965.

VALLET, L.-A., "Quarante années de mobilité sociale en France", *Revue française de sociologie*, janeiro-março de 1999.
VERRET, M., *La Culture ouvrière.* ACL, Paris, 1988.

Viveret, *Reconsidérer la richesse*. L'Aube Nord, Paris, 2003.

Wagner, A.-C., *Les Nouvelles Élites de la mondialisation, une immigration dorée en France*. PUF, Paris, 1998.

_____. "La bourgeoisie face à la mondialisation", *Mouvements*, n. 26, março-abril de 2003.

Wallerstein, I., *Le Capitalisme historique*. La Découverte, Paris, 1985.

Watzlawick, P., Helmick-Beavin, J. e Jackson, D., *Une logique de la communication*. Seuil, Paris, (1967) 1972.

Weber, H., *Du ketchup dans les veines. La production de l'adhésion chez McDonald's*. Érès, Ramonville-Saint-Agne, 2005.

Weber, M., *L'Éthique protestante et l'esprit du capitalisme*. Plon, Paris, (1920) 1969.

Yourcenar, M., *Les Yeux ouverts. Entretiens avec Matthieu Galey*. LGF, Paris, 1981.

Zrihen, R., *Rôle informel du contrôle budgétaire: le cas d'une entreprise multinationale nord-américaine*. Tese de gestão defendida na Universidade de Paris 9-Dauphine, setembro de 2002.

Zweig, S., *Amerigo. Récit d'une erreur historique*. Belfond, Paris, (1941) 1992.

Anexo I

Matriz de notação de qualidade (1999)

Quadro elaborado a partir da brochura da *European Foundation for Quality Management*, EFQM Publications, Bruxelles, 2000; Institut Qualité et Management, Bagneux, 2000.

Critérios	%	Subcritérios	%	Número de Indicadores (por subcritérios)	%	Número de itens (por indicadores)	%
Liderança 1	10	a	2,5	8	0,31		
		b	2,5	5	0,5		
		c	2,5	6	0,41		
		d	2,5	5	0,5		
Política e estratégia 2	8			1,6	3	0,53	
				1,6	7	0,22	
				1,6	10	0,16	
				1,6	4	0,4	
				1,6	4	0,4	
Pessoal 3	9	a	1,8	7	0,25		
		b	1,8	8	0,225		
		c	1,8	5	0,36		
		d	1,8	4	0,45		
		e	1,8	6	0,3		
Parceria e recursos 4	9	a	1,8	7	0,25		
		b	1,8	5	0,36		
		c	1,8	9	0,2		
		d	1,8	6	0,3		
		e	1,8	6	0,3		
Processos 5	14	a	2,8	5	0,56		
		b	2,8	9	0,311		
		c	2,8	5	0,56		
		d	2,8	4	0,7		
		e	2,8	6	0,446		

Critérios	%	Subcritérios	%	Número de Indicadores (por subcritérios)	%	Número de itens (por indicadores)	%
Resultados clientes 6	20	a	5	4	1,75	5	0,21
						6	0,21
						8	0,21
						3	0,21
		—	—	—	—	—	—
		b	15	4	3,75	3	0,178
						8	0,178
						3	0,178
						7	0,178
Resultados pessoais 7	9	a	6,75	2	3,375	11	0,153
						11	0,153
		—	—	—	—	—	—
		b	2,25	4	0,562	3	0,26
						6	0,26
						8	0,26
						4	0,26
Resultados impacto sobre a coletividade 8	15	a	1,5	4	1,25	5	0,02
						4	0,02
						4	0,02
						5	0,02
		—	—	—	—	—	—
		b	4,5	4		1	0,4
						1	0,4
						5	0,4
						1	0,4
Resultados desempenho chaves 9	15	a	7,5	2	3,75	6	0,375
						4	0,375
		—	—	—	—	—	—
		b	7,5	6	1,25	10	0,33
						6	0,33
						7	0,33
						4	0,33
						4	0,33
						6	0,33
Total			37		174	159	

Os coeficientes de cada critério são indicados na brochura do EFQM. Eles são proporcionais, exceto para os subcritérios 6a e 8a, que "recebem 75% dos pontos atribuídos", os subcritérios 6b e 8b que recebem 75% dos pontos, e os subcritérios 7a, que recebem 75% dos pontos, ao passo que o 7b recebe 25% dos pontos. Vemos, então, toda a complexidade da aplicação desse modelo, que consiste em calcular as notas em porcentagem dos 174 indicadores e 159 itens levados em conta a fim de chegar a uma nota global em uma escala de zero a mil.

Anexo 2

The Philips Way[1] ("O Espírito da Philips"), 1993

Introdução

Esta brochura tem como finalidade apresentar os princípios gerais, que permitem a todo *manager* fazer um julgamento sobre suas ações e seus resultados. Mais que uma filosofia de empresa ou um ideal a atingir no futuro, é um modelo de comportamento para hoje.

Estamos todos de acordo para dizer que nossa empresa tem necessidade de "atos" e não de "palavras". O único modo de levar os outros a agir é dar o exemplo.

Trata-se de princípios gerais, e estes não podem pretender cobrir cada um dos comportamentos individuais dentro da Philips.

Cremos que as finalidades de nossa Companhia estejam agora claramente definidas — o modo como cada um irá aplicar esses princípios constituirá uma medida de suas próprias capacidades e de seu próprio compromisso.

Nosso Projeto

O Projeto de nossa Companhia é claro:

• melhorar a vida de nossos clientes, tanto em casa como no trabalho, fornecendo-lhes produtos, logiciais e serviços inovadores, atraentes e conviviais;

---

[1] Extratos de uma brochura editada pelo "Group Management Committee" da Philips em 1993.

- aumentar a satisfação de nossos acionistas, atingindo ou ultrapassando nossos objetivos em matéria de lucros e de investimentos;
- fazer de modo que trabalhar na Philips seja uma experiência interessante, enriquecedora e estimulante;
- fazer de modo que o nome Philips inspire orgulho e confiança;
- conduzir nossas atividades com o senso da ética e no respeito para com nossos clientes, nossos colaboradores, nossos acionistas, nossos fornecedores e as comunidades nas quais evoluímos.

Nossas Convicções

Para realizar nosso Projeto, devemos não só conhecer os objetivos de nossa Companhia, mas também desenvolver um conjunto de Convicções que subentendem nossas ações quotidianas. Nossos resultados só podem ser melhorados se cada um acreditar naquilo que faz. É o papel de todo *manager* demonstrar a todos que ele age em função dessas Convicções.

Por meio de nossa Companhia, acreditamos que:

- o conjunto de nossos colaboradores quer fazer um bom trabalho;
- cada colaborador tem um papel primordial e sabe melhor que ninguém como o realizar;
- o sucesso está ligado ao senso das responsabilidades de cada um;
- esse senso das responsabilidades só pode ser adquirido se forem dados a cada um sinais de confiança, de colaboração franca e de respeito;
- a motivação de cada um passa pelo meio de uma comunicação aberta e recíproca.

Isso significa que, em nossa qualidade de *manager*, acreditamos que:

"Devemos encorajar nossos colaboradores a se sentirem responsáveis por seus resultados, levando em conta sua contribuição e dando-lhes a ocasião de participarem da organização e da conduta de seu próprio trabalho".

"Devemos promover o trabalho em equipe para todos."

"Devemos manter nossos colaboradores informados e ouvir suas opiniões."

"Somos responsáveis pela detecção e desenvolvimento das competências e dos talentos dos membros de nossas equipes."

"Devemos incitar nossos colaboradores a tomarem iniciativas, dando-lhes as orientações, a autonomia e a assistência necessárias para serem criativos."

"Devemos garantir que as funções exercidas permitam a cada um desenvolver suas aptidões e sejam uma fonte de novos desafios pessoais."

"Cada colaborador deve ter oportunidades iguais de reconhecimento e de desenvolvimento de carreira. Para isso, devemos gerenciar e apreciar os desempenhos com profissionalismo, e recompensá-los com equidade."

Nossos valores

Além dessas convicções de base, é preciso que compartilhemos um conjunto de Valores que demonstrem claramente como pretendemos realizar nosso Projeto. Graças a pesquisas internas e externas, chegamos a Cinco Valores da Empresa, que devem constituir a pedra angular de nosso desenvolvimento e de nosso sucesso:

1. satisfazer plenamente nossos clientes;
2. considerar nossos colaboradores como nosso recurso principal;

3. introduzir Qualidade e Excelência em todas as ações;
4. tirar o melhor partido de nosso capital investido;
5. encorajar o espírito de empresa em todos os níveis.

Nosso Ideal em matéria de Gerenciamento

A fim de obter o consenso sobre nossas Convicções e a adesão a nossos Valores, devemos adotar um procedimento claro no Gerenciamento da Companhia. Para chegar a isso, devemos assumir os seguintes compromissos:

- explorar nossas competências estratégicas com eficácia;
- desenvolver a cooperação trans-organizacional;
- eliminar as práticas de gerenciamento contraprodutivas;
- pôr imediatamente em prática métodos de gerenciamento novos e mais eficazes.

Acima de tudo, nosso objetivo de gerenciamento é criar uma atitude de responsabilidade coletiva, orientada para a realização de nosso sucesso econômico comum. Para nós, *managers*, nosso credo deve ser:
"Eu compreendo o Projeto da Empresa e nele creio. Sinto-me pessoalmente comprometido a contribuir para sua realização por meio de minha adesão a nossas convicções, nossos valores e nossos ideais de gerenciamento."

Esta obra foi composta em CTcP
Capa: Supremo 250g – Miolo: Book Ivory Slim 65g
Impressão e acabamento
Gráfica e Editora Santuário